NORBERT NACHTWEIH
MIT MATHIAS LIEBING

ZWISCHEN ZWEI WELTEN

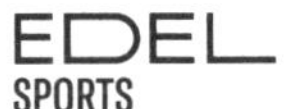

Dieses Buch widme ich meinen
Enkeln Joel, Nela, Davi und Ella.

INHALT

DIE CHANCE VON BURSA

Der Amerikaner in der Bar

Die Spätsommersonne ist ein Traum. Ich, der vielleicht größte Traumtänzer des deutschen Fußballs, stehe am Rande der großen Hotelterrasse. Die Millionenstadt Bursa liegt wie ein Teppich vor mir. Der sachte Wind weht den Ruf des Muezzins aus der berühmten Grünen Moschee herüber. Unten auf der Straße sucht eine muntere Hochzeitsgesellschaft den Weg in den Park. Weiter hinten erhebt sich das Uludag-Gebirge. Bis zu seinem Abriss 2016 wäre sogar das Atatürk-Stadion zu sehen gewesen. 45 Jahre nach meinem letzten Besuch bin ich dahin zurückgekehrt, wo das Abenteuer meines Lebens begann. Und bin auf einer Großbaustelle gelandet. Das Celik Palas Hotel, seit seiner Eröffnung in den 1920er-Jahren die erste Adresse für ausländische Besucher der Stadt, wird runderneuert. Inklusive des Hamams, ein großer Kuppelbau mit einem stattlichen Thermalbecken und einer selbst während des Umbaus atemberaubenden Akustik. Sogar die Stille klingt besonders. Angeblich kämen Künstler für Gesangsstunden hierher. Vor Jahren waren Liz Taylor und Audrey Hepburn da, noch früher Kemal Atatürk. Und die DDR-Olympiaauswahl, mit der ich im November 1976 in Bursa mein letztes Länderspiel gemacht habe. Die Reise in meine Vergangenheit beginnt genau hier.

Ganz ehrlich, ich habe kaum Erinnerungen an das alles. Ich weiß noch, dass ich an der Bar saß. Und ich weiß, dass die meisten meiner Mannschaftskameraden sich im Pool vergnügten. Aber ob wir als U21-Nationalmannschaft, in der anders als heute keine Jungmillionäre, sondern echte Junioren spielten, überhaupt in das

Thermalbad durften? Keine Ahnung. Ich vermute, den Jungs wird der normale Pool mit Blick über die Stadt gereicht haben. So etwas kannten wir nicht von den Hotels, in denen wir üblicherweise übernachteten: zwischen Ostsee und Erzgebirge. Und schon gar nicht von unseren Vereinen wie meinem Halleschen FC Chemie, in denen wir noch Jugendspieler waren.

Wenige Stunden zuvor hatten wir gegen die Türkei ein 1:1-Unentschieden erreicht. Ich könnte jetzt sagen, dass ich der beste Mann auf dem Platz gewesen war. Aber das wäre gelogen. Denn auch an das Spiel habe ich kurioserweise keine Erinnerungen mehr. Es ist wie ausgelöscht. Schon komisch, weil sich in genau jenen Stunden mein Leben für immer veränderte. Ach, viel mehr: Ich beendete mein altes Leben auf einen Schlag und startete in ein Abenteuer, das eigentlich bis heute anhält.

Dieses Abenteuer beginnt an der Bar. Was ich noch weiß, ist, dass sich mein guter Freund Jürgen Pahl mit einem anderen Hotelgast sehr angeregt unterhielt. Jürgen, unser Torwart, war schon damals ein Außenseiter. Heute würde man sagen, ein Intellektueller, oder mit dem Abstand von ein paar Jahren und einem Augenzwinkern: ein Schwurbler. Aber egal, ich saß da, vor mir eine Cola, die wir von der Delegationsleitung des Fußballverbands genehmigt bekommen hatten. Neben mir Jürgen und ein Amerikaner.

Ein Amerikaner! Natürlich durften wir das nicht. Westkontakte waren den Auswahl- und Klubmannschaften bei Auslandsaufenthalten strengstens untersagt. Vor Reisen wurde uns das immer wieder eingeschärft. Oftmals kam ein Parteisekretär aus Halle zu uns ins Training, um uns auf Linie zu bringen und vor allem zu erklären, was die Imperialisten alles Böses mit uns vorhatten. Er zeigte dann Fotos, Ausschnitte aus der *Bild*-Zeitung und erzählte, wie das Verbrechen im Westen grassierte. Wie gefährlich es nachts auf den Straßen war. Schuld war immer der

Kapitalismus. Der Westen und seine Bruderstaaten waren das Böse, wir die Guten. Schwarz-Weiß, ganz einfach.

An diesem Abend des 15. November 1976 war im Hotel gut was los. Die Türken hatten unsere Delegationsmitglieder unten im Saal des Hotels zu einem Bankett eingeladen. Was waren die nervös. Für den Empfang wollten sie sich rausputzen. Für uns bedeutete diese Ablenkung vor allem ein zweites Getränk. Ich weiß noch, dass ich immer wieder zwischen der Bar und einer Gruppe von Spielern pendelte. Und dass wir glücklich waren, mal eine echte Coca Cola zu trinken. Bier oder andere alkoholische Getränke waren uns strengstens untersagt. Und daran haben wir uns meistens gehalten. Währenddessen vertiefte sich Jürgen, der im Gegensatz zu mir gut Englisch sprach, immer mehr in das Gespräch mit dem Ami, einem Reiseleiter, der am nächsten Tag mit seiner Gruppe weiter nach Istanbul wollte. Ich verstand wenig, bekam aber mit, dass irgendwas verabredet wurde. Es muss 23.10 Uhr gewesen sein, alle anderen Spieler waren schon weg. Auch Jürgen und ich hätten schon seit zehn Minuten auf unseren Zimmern sein müssen, als die schwere Lifttür aufging und einige Delegationsmitglieder erschienen. Als sie uns sahen, zeigten sie mit dem Daumen zum Lift und sagten: „Das kostet!“

Für uns war damit Abpfiff. Ich sehe noch das Gesicht des Amerikaners vor mir, der nicht verstehen konnte, wie wir mit uns umspringen ließen. Uns hat das auch genervt, aber wir mussten uns das gefallen lassen. Als wir aufstanden, flüsterte der Amerikaner Jürgen etwas zu und zeigte uns den Schlüssel mit der Zimmernummer. Es war ein bisschen wie in einem Hollywoodfilm. Wir hatten also eine nächtliche Verabredung, eine streng geheime. Was mich vor eine gewisse Herausforderung stellte. Denn ich teilte mir mit Lutz Eigendorf das Zimmer. Er war Spieler des Stasiklubs BFC Dynamo Berlin. Ein paar Jahre später würde er als Republikflüchtling von der Stasi ermordet werden. Das konnte ich in diesem Moment aber nicht im Geringsten ahnen. Vielmehr war klar, dass ich gerade ihm, dem Spieler des Vereins von Erich Mielke, nichts von der heimlichen Verabredung erzählen konnte. Also sagte ich Lutz, ich würde noch einmal zu Jürgen ins Zimmer gehen. Das war so weit unverdächtig, und auch die Gefahr, dass Lutz mitkommen wollte, bestand nicht. Denn er war ein Einzelgänger.

Als wir um eine Stunde nach Mitternacht zur verabredeten Zeit vor dem Zimmer des Amerikaners standen und vorsichtig klopften, machte er uns sofort auf. Er hatte auf uns gewartet. Auf dem Tisch stand eine Flasche Whiskey. Ich erinnere mich, dass das Fenster seines riesigen Zimmers, vermutlich eine Suite, geöffnet war und die Gardinen sich leise im Wind bewegten. Und an die Flasche mit den bauchigen Gläsern auf dem Tisch erinnere ich mich auch. Einen Whiskey hatte ich bis dahin noch nie getrunken. Die ersten Schlucke vor einer Reise, mit der ich mein altes – noch junges – Leben hinter mir ließ. Ohne zu wissen, was mich erwarten würde.

Der Traum von der Bundesliga

Ein paar Monate zuvor in Halle an der Saale: Am oberen Boulevard befand sich damals einer meiner Lieblingsorte. Das Casino war eine Mischung aus Vereinskneipe und Verwaltungsgebäude. Unten die Gastwirtschaft, oben Büroräume und Wohnungen für Spieler. Hier, mitten in der Stadt zwischen Hauptbahnhof und Marktplatz, schlug damals das Herz des Halleschen FC Chemie. Getäfelte Wände, vergilbte Gardinen. Urgemütlich. Hier tranken unter der Woche Spieler und Fans an einem Tisch ihr Feierabendbier. In den 1970ern war das ein Wohlfühlort, denn zumindest dem Klub ging es gut. Ich war im Sommer 1971 gerade nach Halle gewechselt und spielte dort in der Jugend. Als Aufsteiger hatte sich der HFC als Oberliga-Dritter zum zweiten

Mal für den Europapokal qualifiziert. In der ersten Runde des UEFA-Pokals schaffte Klaus Urbanczyk mit seinem Team ein 0:0 gegen den PSV Eindhoven. Vor dem Rückspiel ereignete sich dann die wahrscheinlich größte Katastrophe des DDR-Fußballs: Im Hotel in Eindhoven brach in der Nacht vor dem Rückspiel ein Brand aus. Beim Versuch, Mitspieler und andere Hotelgäste zu retten, zogen sich einige HFC-Spieler zum Teil schwere Verletzungen zu. Den Nachwuchsspieler Wolfgang Hoffmann haben sie nicht herausholen können, er kam nie aus Eindhoven zurück.

Als Nachwuchsspieler beim Oberligisten Hallescher FC Chemie ging es uns gut. Ziemlich gut. Und das war mir bewusst – mir war klar, dass ich ein privilegiertes Leben führe. Ich habe an der Kinder- und Jugendsportschule nach der zehnten Klasse den Abschluss gemacht und danach eine Lehre begonnen. In der Schule war ich nicht schlecht, trotz der häufigen Ausfälle wegen Trainingslagern und Junioren-Länderspielen. Das Leistungssportsystem der DDR bot hier einige Freiheiten, die ich alle genutzt habe. Und so habe ich nicht mehr gemacht als nötig. Im Englischunterricht war ich beispielsweise ein selten gesehener Gast. Oder, um ganz ehrlich zu sein: Englisch hieß für mich Freistunde. Ich war fast nie da. Wozu sollte ich Englisch einmal brauchen? Eine Antwort hatten die Verantwortlichen in der Kinder- und Jugendsportschule und im Verein darauf auch nicht. Also „easy going", wie ich heute sagen würde.

Als ich den Schulabschluss in der Tasche hatte und die Lehre als Maschinen- und Anlagenmonteur begann, wurden die Freiheiten noch ein wenig größer. In der DDR hatte jeder Fußballer noch einen offiziellen Beruf. Aber richtig gearbeitet haben die allerwenigsten. Meist wurde die ohnehin geringe Arbeitszeit im Pausenraum mit Kaffee oder in der Chefetage des jeweiligen Kombinats verbracht. Das war nichts anderes als eine Art verschleierter Profifußball. Denn vom Halleschen FC Chemie bekam ich offiziell kein Gehalt, mein Grundeinkommen zahlte der Betrieb. Ob ich da an der Werkbank stand und in der Berufsschule saß oder nicht. Hinzu kamen Prämien für die Oberliga-Einsätze. Und dann bekamen alle Juniorennationalspieler noch regelmäßig Besuch vom „Berliner" – zumindest haben wir den so genannt. Das war ein Parteifunktionär der SED, der uns regelmäßig besuchte und jedem Auswahlspieler ein Kuvert mit Bargeld in die Hand drückte. Bei mir waren da immer so 200 bis 250 Mark drin. Das war im Osten gutes Geld. Dazu gab es weitere Privilegien. Obst zum Beispiel. Während sich meine Eltern ein paarmal im Jahr für Bananen die Beine in den Bauch standen, da die Obst- und Gemüseläden in den Dörfern nur selten Südfrüchte im Angebot hatten, lebten wir im Überfluss. Wir wurden mit Apfelsinen und anderen begehrten Köstlichkeiten überhäuft, sodass ich bei meinen Wochenendbesuchen die heiße Ware aus Kuba (oder wo auch immer die Früchte herkamen) mit nach Polleben brachte. Damit aber nicht genug. Als Auswahlspieler bekamen wir auch noch Adidas-Schuhe, was ein echtes und vielleicht das wichtigste Statussymbol war. Denn die trugen am Ende nur die Nationalspieler. Alle anderen in der Oberliga mussten die DDR-Fußballschuhe von Ilmia tragen. Die wurden im thüringischen Stadtilm gefertigt und waren sicher nicht schlecht, aber am Ende nicht mehr als ein Verschnitt. Sie hatten entweder einen dicken Streifen wie Puma-Schuhe oder zwei schmale Streifen nebeneinander. Qualitativ konnten die Dinger mit den Adidas-Modellen natürlich nicht mithalten.

Als Fußballer war man schon wer. Alles zusammengenommen, mein Lehrlingsgehalt, die Prämien und die Umschläge des Berliners, kam ich schon mit 16, 17 Jahren im Monat auf knapp über 1000 Ostmark. Damit habe ich etwas mehr verdient als mein Vater, der Bergmann war. Zudem hatten wir kaum Kosten, nicht für die Zimmermiete, kaum für die Ernährung. Und so hatten wir genug, um auch in der Woche regelmäßig in Halle um die Häuser zu ziehen, auch wenn das Angebot überschaubar war. Halle war noch nicht die Studentenstadt wie heute, sondern eine graue Schlafstätte für Schichtarbeiter. Viele Hallenser, gerade diejenigen aus der in den 1960ern auf der grünen Wiese hochgezogenen Neustadt, waren Chemiearbeiter und wurden in aller Herrgottsfrühe mit Bussen in die Großbetriebe nach Leuna, Buna oder Schkopau gekarrt.

Wir Fußballer hatten es da besser. Also waren wir Stammgäste im Palette oder, wie wir sagten: „in der Palette". Heute finden da immer noch Konzerte und Partys statt. Damals war es wahrscheinlich Halles einziger Nachtclub mit einer großen Bar, tollem Licht, Tanzflächen, Tischen und vor allem langen Öffnungszeiten. Ab und zu ging es auch schon mal handfest zur Sache, da mussten wir Fußballer wiederum aufpassen, um keinen weiteren Ärger zu kriegen. Ganz ehrlich: Dass mit dem Aufpassen ist mir nicht immer gelungen. Ich erinnere mich an einen Abend, an dem tatsächlich die Fäuste flogen. Ein Idiot hatte uns angemacht und ließ einfach nicht locker. Da ich, geschult durch Dorffeste in meiner Heimat und die Raufereien als Kind, das Handwerk beherrschte, verpasste ich dem Typen einen Volltreffer. Dumm nur, dass meine Hand irgendwann anfing, ordentlich zu schmerzen. Mir war klar, dass das Ärger nach sich ziehen würde. Und den konnte ich mir nicht leisten, da wir aufgrund unserer abendlichen Touren unter den Verantwortlichen des HFC nicht nur Freunde hatten. Sie hatten uns und nicht zuletzt mich auf dem Kieker. Ins Krankenhaus zu gehen, war also keine Option. Was sollte ich machen? Mir fiel nichts Besseres ein als bis zum nächsten Training zu warten, bei dem ich mich dann gleich am Anfang gekonnt fallen ließ. Genau auf die Hand. So ein Pech aber auch! Mit dieser Nummer bin ich damals gerade nochmal durchgekommen.

Neben der Palette war eben das Casino unsere Lieblingsadresse. Und mit ein paar Oberliga-Einsätzen auf dem Buckel und dem Wissen, dass wir unseren Weg beim HFC in den nächsten Jahren schon machen würden, veränderten sich unsere Gespräche. Jürgen Pahl, Burkhard Pingel und ich – wir alle spielten mittlerweile in der Olympia-Auswahl – stellten uns immer häufiger diese eine Frage: Sind wir gut genug für die Bundesliga? Heute weiß ich, dass wir vor allem reichlich naiv waren. Nicht wegen der Einschätzung unseres Leistungsvermögens, sondern mit Blick auf mögliche Mithörer. Im Casino ging vermutlich auch die Staatssicherheit ein und aus. Offiziell, aber auch inoffiziell. Da es auch ein Verwaltungsgebäude war, ist es auch nicht ausgeschlossen, dass die Räumlichkeiten sogar verwanzt waren. Aber wir drei jugendlichen Trottel saßen da und dachten laut darüber nach, ob wir das Zeug dazu hätten, mit Beckenbauer, Netzer und Körbel mitzuhalten. Ob und was die Stasi von uns mitbekommen hat, weiß ich bis heute nicht. Und ich werde es wohl nur erfahren, wenn ich mich dazu entscheide, mir meine Stasiakte anzusehen. Denn seit Jahren ringe ich mit mir, ob ich das tatsächlich machen soll. Will ich wissen, was da drinsteht, wer mich verraten und wegen was auch immer angeschwärzt hat?

Sportlich wurden wir schrittweise an die erste Mannschaft herangeführt, für die ich bis zu meiner Flucht immerhin 35 Oberliga-Partien bestritten habe. Wir waren die jungen Wilden, die eine Mannschaft wie unsere gut gebrauchen konnte. Wir waren so ein bisschen ein Versprechen für die Zukunft, um vielleicht auch mal wieder europäisch anklopfen zu können.

Derjenige, der sich aus unserer Gruppe am wenigsten Sorgen in Sachen möglicher Bundesliga-Tauglichkeit machen musste, war Burkhard Pingel. Ein riesiges Talent und dazu ein feiner Kerl. Zu meiner Zeit in Halle war er mein bester Freund und der ungekrönte König des HFC. Oder sagen wir besser Königssohn, mit Blick auf eine goldene Zukunft. Wir beide waren blond.

Auffällig blond. Auch weil wir in der Phase fast alles gemeinsam gemacht haben, nannte man uns gern „die Zwillinge". Im Gegensatz zu mir war er immer etwas zurückhaltender und vorsichtiger. Trotz seines großen fußballerischen Talents war auch er sich nicht sicher, ob er gut genug war für die Bundesliga. Diese Unsicherheit ist übrigens keine Koketterie. In den vergangenen Jahren habe ich viel darüber nachgedacht und bin zu dem Schluss gekommen, dass unsere Zweifel auch damit zu tun hatten, dass die Bundesliga einfach viel besser aussah. Während bei den Oberliga-Spielen, wenn es hochkam, drei Kameras herumstanden und Schwarz-weiß-Bilder lieferten, sah der Bundesliga-Fußball aus wie großes Kino. Es gab Nahaufnahmen, bei denen die Tricks und Finten richtig zur Geltung kamen, mit denen auch viel Atmosphäre eingefangen wurde, während bei uns jedes Spiel im Prinzip gleich aussah.

Der tatsächliche Qualitätsunterschied der beiden Systeme war vielleicht gar nicht so groß. Klar, individuell waren die Stars des Westfußballs den Sternchen aus dem Osten etwas überlegen. Aber für die breite Masse galt das nicht unbedingt. Zumal dort die Qualitäten des DDR-Fußballs zum Tragen kamen: Die Physis, die sehr gute technische Ausbildung und die klaren Vorgaben. Auf der einen Seite gab es also die gut bezahlten Freigeister, auf der anderen die in Stellung gebrachten kickenden Kollektive. Zwei Welten.

Wir drei waren uns in Sachen Bundesligatauglichkeit also nicht sicher. Aber wir sprachen immer mehr von der Bundesliga und malten uns aus, wie es sein würde, dort zu spielen. Und das vor allem aus sportlichen Gründen. Wobei wir ahnten, dass im Westen nicht nur der Fußball anders funktionierte. Ein prägendes Erlebnis war dabei ein Turnier mit einer Junioren-Nationalmannschaft in der Schweiz. Mit unserem Taschengeld, das wir für die Auslandsreisen bekamen, konnten wir nicht viel reißen. Als DDR-Fußballer waren wir zwar privilegiert, allein schon was das Reisen anging, aber sich als Sportler ein richtig schönes Leben aufzubauen, ging nur im Westen. Und so nahm bei jedem unserer Gespräche im Casino, in der Palette und manchmal auch beim Training unser Traum von der Bundesliga mehr und mehr Gestalt an. Wir wollten, wenn wir die Chance dazu bekämen, uns selbst beweisen, dass wir auch da drüben bestehen können.

Alles auf eine Karte

Zurück ins Hotel nach Bursa. Der Whiskey war kaum ausgetrunken, da klingelte schon der Wecker. Der Mannschaftsbus wartete. Mit ihm fuhren wir am Morgen nach Istanbul. Es sollte dann weiter über Budapest nach Ost-Berlin gehen. Am Mittag waren noch zwei Stunden Freizeit auf dem großen Basar in der türkischen Metropole vorgesehen. Ich guckte aus dem Fenster, während draußen alles nur so vorbeiflog: die Hänge mit den Obstbäumen, buntes Laub, karge Feldwege, riesige Plantagen, eine nach der anderen. Der Bus kurvte über die Landstraßen, Serpentinen hoch und wieder runter. Irgendwann war das Marmarameer zu sehen. Eine ausgebaute Fernstraße wie heute gab es damals nicht. Stattdessen ging es durch das Hinterland. Und das dauerte Ewigkeiten. Während draußen die Zeit still zu stehen schien, hatte ich ein Gewitter von Gedanken im Kopf. Machen oder nicht machen? Was, wenn irgendetwas schiefgeht? Was war das für ein Blick von Burkhard? Macht Jürgen einen Rückzieher? Beobachtet mich jemand? Ahnt einer was? Haben die uns in der Nacht vielleicht doch gesehen? Ist mir was anzumerken? Was passiert mit meinen Eltern, meinen Geschwistern? Mit mir? Will ich alles auf eine Karte setzen? Ich hatte doch ein gutes Leben, warum alles riskieren? War ich überhaupt gut genug für die

Bundesliga? Dann dachte ich immer wieder an das Spiel des Vortages oder irgendetwas anderes, um nicht durchzudrehen.

Der Plan, der in der Nacht zuvor im Hotelzimmer des Amerikaners geschmiedet wurde, war einfach. Wir sollten ganz normal in den Mannschaftsbus einsteigen, mit der Truppe auf den Basar gehen, ein bisschen mitschwimmen, uns dann zurückfallen lassen und zu einem guten Zeitpunkt in ein Taxi steigen, um damit zu dem Amerikaner zu fahren. Mit ihm hatten wir im Hotelzimmer durchgerechnet, ob das Taschengeld, das wir von unserer Delegationsleitung bekommen hatten, für das Taxi ausreichen würde. Es passte. Jeder von uns bekam bei den Auslandsreisen für Anlässe wie den Basarbesuch immer ein wenig Bares, damit wir etwas mitbringen konnten. Große Reichtümer waren das natürlich nicht. Es war ungefähr so viel, dass es mit etwas Verhandlungsgeschick oder internen Tauschgeschäften für einen Ledermantel reichen sollte. Das war etwas, was es so in der DDR in den 70ern kaum gab. Echtes Leder war sauteuer und oft nur unter der Hand zu kriegen. Um so ein Stück zu bekommen, hast du Kontakte und deutlich mehr Kleingeld gebraucht. Aber klar war auch: Mit so einem Ledermantel hätten wir auf dem oberen Boulevard in Halle, wo das Casino war, oder in der Palette ganz schön was hergemacht.

Der amerikanische Reiseleiter war an diesem Tag ebenfalls nach Istanbul weitergereist. Wir kannten den Namen seines Hotels. Er hatte gesagt, er würde uns dort erwarten und alles Weitere regeln. Im Bus wollten wir kein unnötiges Wort wechseln. Keine Blicke austauschen. Nur keine Aufmerksamkeit auf uns ziehen. So hatten wir es besprochen.

Nach gut drei Stunden Fahrt hielt der Bus an einem großen Platz auf der europäischen Seite der Stadt, unweit der Hagia Sophia, die damals noch ein Museum war, und der Sultan-Ahmed-Moschee. Von dem Platz waren es vielleicht hundertfünfzig Meter bis zum großen Basar. In den Nebenstraßen standen einige Taxis.

Bevor wir aussteigen durften, bekamen wir noch die üblichen Hinweise. Wahrgenommen habe ich davon nicht viel, zumindest kann ich mich nicht an Details erinnern.

Ich war nervös, Jürgen Pahl sicher auch. Nur Burkhard Pingel wusste bis dahin noch nichts. Ihn konnten wir erst jetzt informieren. Vor der Abfahrt oder im Bus wäre es viel zu gefährlich gewesen. Kaum waren wir drei unter uns, weihten wir ihn in den Plan mit dem Taxi und dem Amerikaner ein. Das war unsere Chance, von der wir seit vielen Monaten geträumt hatten. Unser Weg in die Bundesliga könnte genau hier beginnen. Hier, zwischen den Ledermantelhändlern, den Schuhverkäufern, den Teppichen und dem Tee. Nur noch rein ins Taxi und ab zum Amerikaner. An Burkhards Blick konnte ich aber erkennen, dass irgendetwas nicht stimmte.

Noch vor dem eigentlichen Eingang zum Basar gab es wie heute auch ein paar kleine Geschäfte. Wir gingen in den erstbesten Laden rein. Und wieder raus. Da wurden wir auch schon von den nächsten Händlern angesprochen und standen dann bei denen im Laden. Es roch nach Leder, Teppichen, Holz und Tee. Während wir die Entscheidung unseres Lebens treffen mussten, wurden wir von den ganzen Händlern vollgelabert. Wir wurden immer unsicherer und nervöser. Burkhard sprach auf einmal von seinem Opa. Der sei krank, da könne er doch jetzt nicht einfach rübermachen. Ich war platt. Ich dachte, was kommt er jetzt mit seinem Opa?! In den vergangenen Monaten war es nie um den alten Herren gegangen. Nie. Aber jetzt. Ich wurde immer unsicherer. Und dann wurde uns auch noch Tee serviert. In jedem dieser Läden gab es Tee. Ich trinke aber keinen Tee, höchstens wenn ich krank bin. Aber in dem Moment war ich krank. Krank vor Unsicherheit, Zweifel und Angst. Natürlich tranken wir den Tee. Viel zu viel davon. Denn wir kamen nicht weiter. Nicht mit den verdammten Ledermänteln, den Teppichen, die wir sowieso nicht brauchten. Und nicht mit Burkhard.

Mit jeder weiteren Minute, die das Ganze dauerte, wuchsen die Zweifel. Langsam kam der Zeitpunkt der Abfahrt des Busses näher. Mir war klar: Wenn du noch länger darüber nachdenkst, machst du es nicht. Hätte Jürgen jetzt einen Rückzieher gemacht, wäre ich sofort dabei gewesen. Da unser verrückter Torwart aber fest entschlossen war, die Gelegenheit beim Schopfe zu packen, ließ ich mich mitreißen. Außerdem wollte ich nicht als Angsthase dastehen. Als derjenige, der in den Monaten zuvor immer die große Klappe hatte, aber wenn es dann drauf ankam, den Schwanz einzog. Aber ganz klar: Ohne Jürgen hätte ich das nicht gemacht, wofür ich ihm bis heute sehr, sehr dankbar bin. Die Entscheidung fiel in letzter Sekunde, länger hätten wir nicht warten können: Burkhard blieb auf dem Basar. Jürgen und ich stiegen ins nächste Taxi. Tür zu, Jürgen nannte als Ziel den Hotelnamen – und los. Das Herz schlug mir bis zum Hals. Und zudem musste ich auch noch wie wahnsinnig pissen. Verfluchter Tee, verfluchte Lederjacken, verfluchter Opa.

Was mit Burkhard danach passierte, ist die Schattenseite meiner Flucht. Denn während Jürgen und ich den entscheidenden Schritt zur Erfüllung unseres Lebenstraumes machten, begann für Burkhard ein Albtraum. Es fing am vereinbarten Treffpunkt der Mannschaft an. Da war die Stimmung noch gut. Auch wenn zwei fehlten. Da es sich um Jürgen und mich handelte, war die naheliegende Erklärung, dass wir einfach die Zeit aus dem Blick verloren haben mussten – das hätte zu uns gepasst. Als unsere „Verspätung" immer größer wurde, wurde gemutmaßt, dass wir uns verlaufen hätten. An „Republikflucht" dachte da noch niemand. Das kam erst später.

Mit reichlich Verspätung fuhr die Mannschaft zum Flughafen. Und dann begann das große Theater. Die Linienmaschine musste warten, stand mit den übrigen Nationalspielern, der Delegation und den normalen Reisenden stundenlang auf dem Rollfeld.

Denn längst war Ost-Berlin informiert, was dazu führte, dass nun die Drähte glühten und nicht nur die türkische Polizei nach uns suchte, sondern auch der KGB, also der russische Geheimdienst. Bei der Delegation herrschte riesiger Stress, plötzlich stand man unter einem irrsinnigen Druck. Den Delegationsmitgliedern wird klar gewesen sein, dass ihre Vereins- und Parteikarrieren genau hier und jetzt endeten. Immer mehr konzentrierte sich das Interesse nun auf Burkhard Pingel. Unser Mitspieler beim HFC, mein bester Kumpel. Mein Zwillingsbruder. Die ärmste Sau.

Nachdem Jürgen und ich mit dem Taxi beim Hotel angekommen waren, nach dem Amerikaner gefragt hatten und dann vor seinem Zimmer standen, wirkte der ziemlich überrascht. Er bat uns aber sofort hinein. Sagte, dass er sich kurz umziehen müsse und wir dann zum amerikanischen Konsulat fahren würden. Als wir dort angekommen waren, schickten die Amerikaner erst einmal ein paar Mitarbeiter in geheimer Mission los, um unsere Delegation zu beobachten. Sie wollten wissen, wie diese Leute reagieren. Und dann auch gleich, wo wir denn in Amerika hinwollen würden. Ich schüttelte freundlich den Kopf und sagte nur: „Bundesliga." Meinte damit aber Deutschland. Für die Amerikaner war das kein Problem. Sie sagten, dass sie Kontakt zum westdeutschen Konsulat aufnehmen würden und wir dorthin könnten, sobald unsere Mannschaft die Türkei verlassen hatte. Bis dahin bekamen wir zu essen und zu trinken. Alle waren sehr freundlich und entspannt. Als wir dann später von einem Mitarbeiter des deutschen Konsulats abgeholt worden waren, riss der Kontakt zu dem amerikanischen Reiseführer ab. Ich kann mich nicht einmal mehr an seinen Namen erinnern. Was schade ist, denn auch ihm habe ich alles zu verdanken, was danach passierte.

In Istanbul ging es ins bundesdeutsche Konsulat, das den türkischen Geheimdienst einschaltete. Ich habe so viel vergessen, aber keines dieser Gespräche. Das war wie im Film. Einer der Türken hatte einen prächtigen Schnurrbart und rauchte wie ein Schlot. Der Raum war so vollgequalmt, dass wir zum Teil die Wände nicht sehen konnten. Und dann wurde es zäh. Wir selbst hatten uns bis zu diesem Zeitpunkt keine Gedanken darüber gemacht, ob uns die Türken vielleicht an die DDR ausliefern würden. Dann hätten wir dieses kleine Abenteuer teuer bezahlen müssen. Da sie aber der NATO angehörten, bestand diese Gefahr eigentlich nicht. Dennoch wirkten sie mit der Situation überfordert. Es dauerte Ewigkeiten. Am Ende wurde uns mitgeteilt, dass wir bei einem deutschen Pfarrer versteckt werden würden. Wir sollten uns unauffällig verhalten, nicht vor die Tür gehen, da niemand die Situation und vor allem die Reaktion der Russen und der DDR einschätzen konnte. Vermutet wurde, dass alle Geheimdienste nach uns suchen würden. Es herrschte Alarmzustand.

Jürgen und mir war aber schon am ersten Abend langweilig. Naja, und so sind wir beim Pfarrer abends ausgebüxt und haben ein, zwei Bier getrunken. Das war großartig und irgendwie auch komplett verrückt. Es sah aus wie in einem Film, wir waren am Bosporus, auf der Galata-Brücke und in den wuseligen Straßen und Gassen. Diese orientalische Metropole mit der fremden Sprache, den Rufen der Muezzins, den Gerüchen und dem Lärm überwältigte mich, zumal ich mit meinen 19 Jahren gerade einmal Halle mit seinen vielleicht 250.000 Einwohnern kannte. Außer zu irgendwelchen Fußballspielen war ich noch nicht einmal in Ost-Berlin gewesen. Wir müssen auch aufgefallen sein, im Istanbul der 1970er Jahre. Gerade ich, mit meinen etwas längeren blonden Haaren.

Dass es brenzlich war, erfuhren wir ein oder zwei Tage später. Wir waren am Taksim, dem großen Platz auf der europäischen Seite der Stadt, und sahen dort eine kleine Menschenansammlung. Die Leute standen vor einem Schaufenster und blickten auf ausgehängte Zeitungsseiten. Und wessen Bilder waren in der Zeitung? Genau, unsere. Die türkische Presse hatte Wind von unserer Flucht bekommen. Als wir unsere Fotos in der Zeitung sahen, liefen wir schnell wieder runter zum Wasser, wo wir uns in eine Bar setzten.

Das deutsche Konsulat war von unseren Ausflügen wenig begeistert und brachte uns nach drei Tagen zu einem anderen Pfarrer. Immer noch in Istanbul, aber weit entfernt vom Zentrum. Raus aus der Schusslinie. Hier waren wir zwar auch unterwegs, aber es war sicher nicht so gefährlich. Nach ungefähr zehn Tagen hieß es dann, wir würden zum Flughafen gebracht. Wir sollten uns auf zwei Autos aufteilen. Mit den beiden Wagen wurden wir bis auf das Rollfeld gebracht. Tür auf, Treppe hoch, tschüss Istanbul. Und vor allem: tschüss DDR!

Verrückt waren zwei Dinge. Im Flieger saßen wir neben einem Geschäftsmann aus West-Berlin, der Jürgen und mich offenbar erkannte und uns zu Hertha BSC vermitteln wollte. Er gab vor, er sei wegen uns in Istanbul gewesen. Und er wollte fragen, ob wir nicht Lust hätten, ein Probetraining bei der Hertha zu machen? Ob das stimmte? Keine Ahnung, aber nach West-Berlin wollten wir sowieso nicht. Ich erinnere mich genau an unsere Reaktion: Wir haben ihn gefragt, was mit ihm los sei? Wir gehen doch nicht nach West-Berlin, wo wir an jeder Ecke einen auf die Mütze bekommen könnten, um dann am Alexanderplatz im Osten wieder aufzuwachen. Nein danke!

Und dann ist da noch die Frage, die mich seither immer wieder beschäftigt: Warum hat die Stasi, der KGB oder wer auch immer keinen kurzen Prozess gemacht? In den Tagen in Istanbul waren Jürgen und ich Freiwild. Wie zwei naive Rehe hüpften wir quietschvergnügt über die Lichtung vom Bosporus und brachten uns immer wieder in Gefahr. Gab es eine Order aus Moskau oder Ost-Berlin? Oder waren die mit der Situation überfordert, dass zwei Fußballer ausgerissen waren? Oder waren wir als Talente des Halleschen FC einfach nicht bekannt genug? Oder hatten wir ein paar Schutzengel im Schlepptau?

Diesen Fragen bin ich nie nachgegangen. Erst aus Selbstschutz, und dann, seit der Wende, weil ich Angst hatte, zu viel zu erfahren. Zu viel von Mitspielern, Freunden und Bekannten. Von alten Nachbarn. Vielleicht sogar von nahen Verwandten.

HARTE REALITÄT

Mein großer Bruder

In Polleben ahnte am Tag nach dem Spiel gegen die Türken niemand etwas davon, was sich gerade am Bosporus abspielte. Niemand. Schon gar nicht meine Eltern. Hätte meine Mutter von unseren Phantastereien im halleschen Casino – gut genug für die Bundesliga und so – gewusst, sie hätte mich nicht mehr aus dem Haus gelassen. Ohne Quatsch. Ich wäre in einer Kammer gelandet, mit verriegelten und verrammelten Türen und Fenstern. Schicht im Schacht. Ich hätte ihr sogar zugetraut, dass sie mich bei der Polizei wegen Fluchtverdachts anzeigt. Nicht aus politischen Gründen, nur um sicherzugehen, dass ich nicht „rübermache".

Die Nachricht von meiner Flucht in Istanbul traf meine Mutter wie ein Blitz. Eine Nachbarin kam angelaufen, stürmte ins Haus meiner Eltern in Polleben und erzählte aufgeregt, dass im Radio gemeldet würde, dass Norbert weg sei. Zwei Junioren-Auswahlspieler. Abgehauen. Bei der Nationalmannschaft. In Istanbul. Republikflucht. Politisches Asyl.

Das Gesicht meiner Mutter habe ich in diesem Moment nicht gesehen. Aber ich kann es mir bis heute lebhaft vorstellen. Es muss der größte Schock ihres Lebens gewesen sein. Aus heiterem Himmel hat sie erfahren, dass ihr Kind weg ist. Nicht tot, aber so ähnlich.

Meine Kindheit war traumhaft. Geboren wurde ich am 4. Juni 1957 in Sangerhausen. Damals wie heute eine Kreisstadt, ungefähr 60 Kilometer westlich von Halle. Wir haben zunächst auch in Sangerhausen gewohnt. In einer normalen Arbeitersiedlung. Mein Vater war Bergmann und meine Mutter hat in den Mifa-Werken gearbeitet. Mifa war eine der beiden Fahrradmarken in der DDR. Diamant stellte die teureren Räder her, Mifa die Drahtesel für jedermann. Meine Mutter war dort in der Produktion tätig. Gewohnt haben wir einfach. Aber es war alles da: Vor dem Haus konnten wir Fußball spielen. Doch dort waren meist die Älteren. Hinter dem Haus, wo die Frauen die Wäsche aufhängten, haben wir Kleineren uns Spielfelder mit Toren zurechtgemacht. Was anderes hatten und brauchten wir nicht.

Im Juni 1963 bekam ich zu meinem sechsten Geburtstag einen Lederball. Einen richtigen Lederball. Das war in der DDR, zumindest in den Verhältnissen, in denen ich groß geworden bin, etwas ganz Besonderes. Den Ball habe ich nicht aus den Augen gelassen, gehegt und mit Lederfett gepflegt. Und natürlich habe ich ihn mit zum Kicken genommen, gerade dann, wenn wir zehn Minuten zu Fuß zum Vereinsgelände von Motor Sangerhausen liefen. Das war gleich hinter den Mifa-Werken. Bei dem Verein habe ich dann auch in der jüngsten Nachwuchsmannschaft gespielt.

Mein Vater selber hat bis zu einer Knieverletzung in der Betriebsmannschaft seiner Bergleute gekickt. Die haben zwar nur unregelmäßig gespielt, aber dafür waren die Feste umso besser. Nach einem Spieltag kam er gern mal ordentlich beschwipst nach Hause. Meine beiden Brüder haben sich nie sonderlich viel aus Fußball gemacht. Uwe, der sechs Jahre älter war als ich, war Boxer. In einer Baracke neben dem Fußballplatz von Motor Sangerhausen hatten die Faustkämpfer ihre Trainingsstätte. Das war Uwes Ding, zumindest das Training dort und da Zeit zu verbringen. Auf Wettkämpfe und allzu viele Regeln hatte er keine Lust. Mein zwei Jahre älterer Bruder Hein war zwar auch in meiner Fußballmannschaft, aber das fußballerische Talent war zwischen uns ungerecht verteilt. Meine große Schwester Jutta trug zu Hause die Verantwortung. Da meine Eltern beide arbeiteten, führte sie das Kommando. Wenn uns Jungs das zu viel wurde, sind wir raus. Dann hatte wieder Uwe das Sagen. Mit ihm und seinen Freunden sind wir dann häufig an die Helme, ein nahegelegener kleiner Fluss. Und dort hatten wir unseren Spaß: nackig baden, Fische fangen und grillen.

Das Verhältnis zu meinen Eltern und Geschwistern war sehr gut, die Familienbande waren intakt. Als mein Opa in Polleben gestorben war, verließen wir die Kreisstadt und zogen aufs Land. Polleben liegt idyllisch und verschlafen in einer Talsenke. In fast jeder Richtung waren die Abraumhalden zu sehen. Große, pyramidenartig aufgetürmte Schlackeberge, das Ergebnis harter Arbeit. Schon vor 600 Jahren wurde in dieser Gegend Kupferschieferbergbau betrieben. Aus vielen kleinen Abraumhalden sind in DDR-Zeiten dann riesige Spitzkegelhalden geworden. Wir wollten vor allem meiner Oma mit den Tieren helfen und zudem hatten wir dort für uns als Familie einfach mehr Platz. Wir lebten nun auf einem Mini-Bauernhof. Wir hatten Schweine, Hühner, Gänse und über 50 Karnickel. Zudem wurde im Garten noch alles Mögliche angebaut: Tomaten, Gurken, sogar Stachelbeeren hatten wir. Wie so viele andere Leute in den ländlichen Regionen der DDR waren wir Selbstversorger. Im Keller stapelten sich die selbst eingekochten Gläser mit Obst, in der Räucherkammer lagen die selbst geschlachteten Fleisch- und Wurstwaren. Bis auf Mehl und Zucker und vielleicht mal Brot und Brötchen mussten wir nicht viel kaufen.

Polleben war ein Wohlfühlort, 1960 wurde die Gemeinde sogar als schönstes sozialistisches Dorf des Landes ausgezeichnet. Statt Autos, die in den 1960er-Jahren noch Seltenheitswert hatten, waren auf den kleinen Straßen rund ums Haus alle möglichen Tiere unterwegs: Hunde, wilde Katzen, aber auch Hühner und Gänse. Und natürlich wir Kinder. Einen Steinwurf entfernt war das Freibad – mehr oder weniger ein Pool, so klein, wie es war.

Aber es war umgeben von einer schönen Wiese mit ein paar Bäumen. Ein traumhafter Ort, wo sich die Leute trafen. Wäre ich nicht Fußballer geworden, wäre ich gern der Bademeister gewesen. Aber es sollte anders kommen.

In Polleben habe ich auch Fußball gespielt, bei unserem kleinen Fußballverein im Ort. Richtig große Erfolge hatten wir keine, dafür jede Menge Spaß. Wir waren eine echte Dorftruppe und ich war der, der die Tore schießen musste. Stark waren wir besonders in der Halle, weil wir da nicht so viele Spieler brauchten. Mit Traktor Polleben sind wir in meinen Altersklassen regelmäßig Hallenmeister im Kreis geworden, weshalb wir zu den Bezirksmeisterschaften fahren durften, wo dann die deutlich größeren Klubs mit von der Partie waren. Bei diesen Turnieren in Halle wurde ich relativ früh gesichtet. Zudem spielte ich auch in der Schüler-Kreisauswahl. Einmal die Woche bekam ich daher ein Extra-Training in Eisleben, der nächstgelegenen größeren Stadt. Der Liga-Alltag fand aber in Polleben statt, mit den Nachbarskindern und auch mit meinem zwei Jahre älteren Bruder Hein. Es war herrlich. Zu den Auswärtsspielen sind wir meistens mit dem Fahrrad gefahren. Da es im Mansfeldischen, unweit vom Harz, schon recht hügelig ist, waren etliche dieser Fahrten im Grunde eigene Trainingseinheiten. Berg hoch, wieder runter, ins nächste Tal und nach dem Spiel wieder zurück. Meistens nahm ich das uralte Rad meines Großvaters. Ein riesengroßes Stahlross, an dem fast alles klapperte. Manchmal wurde uns aber auch die Ehre zuteil, chauffiert zu werden. Dafür gab es einen LKW mit zwei Sitzbänken aus Holz auf der Ladefläche. Der Motor tuckerte wie der von einem Traktor. Aufbau-Wagen hieß die Kiste. Damit konnten wir natürlich Eindruck schinden, so etwas hatte nicht jeder Verein. Und wenn wir an unserem Ziel ankamen, waren wir auch praktisch aufgewärmt: Jeder Muskel war mehrmals durchgeschüttelt worden. In meiner Liga bin ich sportlich auf jeden Fall aufgefallen. Auch in der Kreisauswahl, mit der wir dann an Bezirksmeisterschaften teilnahmen. Auch da hatte ich als Stürmer einen klaren Auftrag: „Norbert, Tore machen."

Je älter ich wurde, desto kleiner wurde Polleben. Aus rein sportlicher Sicht. Der normale Weg war, delegiert zu werden, und so wechselte ich in der Jugend zur BSG Mansfeld-Kombinat Eisleben. Dort konnte ich etwas höherklassiger spielen und hatte zum ersten Mal einen richtig guten Trainer. Aber der Aufwand war schon enorm. Meistens bin ich die sieben Kilometer mit dem Rad zum Training gefahren. Manchmal auch mit dem Bus. An den Wochenenden, an denen kaum Busse fuhren, wurde ich sogar mit dem Taxi abgeholt. Heute kann ich nicht mehr sagen, weshalb ich nach knapp zwei Jahren wieder zurück zum Verein nach Polleben gegangen bin. Es gab weder sportliche noch disziplinarische Gründe. Ehrlich gesagt: keine Ahnung. Und es war auch nicht so, dass ich das Gefühl hatte, irgendeine Chance vertan zu haben. Später einmal als Fußballer Karriere zu machen, hatte ich jedenfalls nicht im Sinn. Ich habe gespielt, weil es Spaß machte. Mir fiel das alles leicht, technisch war ich immer schon gut: Ich konnte gut dribbeln, gut schießen und war schnell. Beidfüßig war ich auch, weil ich das für mich trainiert hatte. Völlig aus eigenem Antrieb heraus. Denn mir fiel bei Fußball-Fernsehübertragungen auf, dass die meisten Kicker alles immer nur mit einem Fuß machten. Warum nicht mit beiden, habe ich mich gefragt, und hab im Training instinktiv mal alles mit links und am nächsten Tag alles mit rechts gemacht. Am Ende war ich beidfüßig.

Das erste große Turnier, das ich als Fernsehzuschauer bewusst miterlebte, war die Weltmeisterschaft 1966 in England. Damals war ich neun. Ich erinnere mich, wie mich Vater rief, als ich gerade mit einer Nachbarin draußen auf der Kopfsteinpflasterstraße Federball spielte. „Reinkommen", hat er gesagt, „jetzt läuft Fußball." Von da an habe ich immer alles geschaut, was im Fernsehen kam. In erster Linie meine ich damit die ARD-Übertragungen.

Das ZDF konnten wir in Polleben nicht empfangen. Das war vielleicht das größte Manko im Vergleich zu unserem vorigen Leben in Sangerhausen. In die Stadt hat es das Antennensignal problemlos geschafft, aber nicht mehr zu uns ins Tal. Überflüssig zu erwähnen, dass wir als treue und stolze DDR-Bürger das Westfernsehen eigentlich ignorieren mussten. Den Teufel haben wir getan! Und natürlich haben wir der BRD-Auswahl die Daumen gedrückt. Die DDR war in der Qualifikation an Ungarn gescheitert. Damit war der Blick auf die Leistungen des späteren Finalteilnehmers frei.

Später durfte ich sogar unter der Woche abends die Europapokal-Übertragungen anschauen. Dafür hat mein Vater großzügig Ausnahmen von der sonst geltenden Schlafenszeit gemacht. Zumal ich als Schüler in Polleben nie Probleme machte. Im Gegenteil: Ich gehörte immer zu den Besten in der Klasse, obwohl ich nie mehr als nötig für die Schule machte. Mein Trick war, dass ich im Unterricht gut aufpasste. Was ich da mitbekam, reichte, um am Ende gut abzuschneiden.

An der Pollebener Schule war ich ohnehin der Hahn im Korb. Die Lehrer liebten mich. Und ich genoss auch einige Freiheiten. So hatte ich in unserem Klassenraum im Erdgeschoss den besten Fensterplatz, der gerade in den warmen Monaten Gold wert war. Denn bei schweren Klassenarbeiten schrieb ich manches Mal Fragen auf einen kleinen Zettel, den ich an ältere Schüler weitergab, die vor dem Fenster standen. Und nach ein paar Minuten bekam ich die Antworten durchs Fenster hereingereicht.

Mein sportliches Talent war mein großes Plus. In der DDR wurde großer Wert auf Wettkämpfe aller Art gelegt. Überall haben wir als Schule mitgemacht. Ich war immer dabei. Von den klassischen Leichtathletik-Disziplinen über den modernen Dreikampf, der aus Laufen, Schießen und Schwimmen bestand, bis hin zu den Ballsportarten. Zeitweise war ich sogar in unserem Schießsportverein in Polleben. Dessen Schießstand war in der oberen Etage unserer Schule. Die Medaillen und Urkunden zu den Erfolgen aus den ganzen Wettkämpfen gab es dann meistens beim Fahnenappell auf unserem Schulhof. Das war immer ein furchtbar feierlicher Akt. Klassenweise nahmen wir Aufstellung, vorne stand der Direktor. Und im Schatten der DDR-Fahne und der Flagge der Thälmann-Pioniere wurden die Besten unseres Schülerkollektivs ausgezeichnet. Ohne Übertreibung: Ich habe so viele Auszeichnungen bekommen, ich konnte das gar nicht alles nach Hause tragen.

In meiner Freizeit haben wir Kirschen geklaut. Oder Äpfel. In jedem Fall musste ein kleiner Nervenkitzel dabei sein. Dann schmeckte das Obst, das wir gewöhnlich in rauen Mengen selbst zu Hause hatten, umso besser. Der Rest spielte sich zwischen dem Kino, der Schule, dem Freibad, dem Fußballplatz und den Wiesen rund ums Dorf ab. Und natürlich haben wir auch Mist gebaut, aber alles im Rahmen.

Bei meinem ältesten Bruder Uwe war dieser Rahmen schon immer etwas weiter gesteckt. Uwe war seit frühester Jugend auf Krawall gebürstet. Als wir noch in Sangerhausen wohnten, war er im Boxverein aktiv. Wettkämpfe oder Medaillen interessierten ihn aber nicht. Er wollte nur lernen, seine Fäuste richtig einzusetzen. Und das konnte er. Dazu war er ein mächtiger Brocken, breite Schultern und sehr kräftige Arme. Ein Freund vieler oder großer Worte war er nicht, was man ihm auch ansah. In dieser Zeit kam es öfter zu Schlägereien. In einem der Dörfer im Umland war an einem Tag am Wochenende eigentlich immer Disko – mal bei uns „offem Saal“, wie es hieß, oder eben woanders. Und dann kam es irgendwann fast zwangsläufig zur Schlägerei. Die Dorfrüpel von dort gegen die anderen. Im Prinzip war das Sport. Mit meinen 13 Jahren war ich da mehr oder weniger Zaungast. Aber ich weiß, wie meine Mutter darunter gelitten hat. In den Nächten, in denen wir Kinder unterwegs waren, hat sie kein Auge zugemacht. Sie saß in der Küche und wartete. Am längsten musste sie auf Uwe warten. Und nicht selten kam er mit zerrissenen und blutverschmierten Klamotten nach Hause. Wobei: Uwe hat immer mehr ausgeteilt, als er einsteckte.

Mit 19 Jahren bekam mein Bruder die Quittung. An diesem Abend war in Polleben Tanz, es floss eine Menge Bier und natürlich flogen die Fäuste. So, dass die Polizei gerufen wurde. Uwe war das egal und er machte bei den Beamten weiter. Widerstand gegen die Staatsgewalt. Die Strafe dafür hieß: ein Jahr Arbeitslager in Bautzen. Ich wusste nicht viel darüber, aber ich hatte gehört, dass Bautzen die schlimmste Ausfahrt war, die du in der DDR nehmen konntest. Für uns als Familie war das hart. Und natürlich bestätigten sich unsere Befürchtungen: Er kam härter wieder raus, als er rein ging. Viel härter. Wobei er über seine Erlebnisse in Bautzen kaum gesprochen hat. Als er nach einem Jahr wieder nach Hause kam und in der Küche stand, zog er nur sein Hemd aus: Er war überall tätowiert. Im Knast haben sie das selber gemacht. Es sah furchtbar aus. Dass es nicht noch schlimmer kam, lag an Anita. Sie ist Uwes Lebensglück. Die Frau an seiner Seite. Damals und heute. Sie hatte es nie leicht, aber sie hat es geschafft, dass der brodelnde Vulkan zur Ruhe kam und abkühlte. Als Uwe aus dem Knast zurückkam, war ich auf dem Sprung in den echten Fußball.

In meinen Jugendmannschaften schoss ich alles kurz und klein. Ich vermute, ich habe in einer Saison 70 oder 80 Tore geschossen. Ohne große Mühe. Bei einem Hallenturnier in Wolfen, an dem wir mit der Kreisauswahl teilnahmen, wurde ich von Leuten vom Halleschen FC Chemie angesprochen. Die sagten, ich solle an die Sportschule nach Halle kommen. Mit 14 Jahren änderte sich dadurch mein ganzes Leben: Statt im beschaulichen Polleben lebte ich jetzt in der Bezirksstadt. Samstags kam ich nach den Spielen mit meiner HFC-Jugendmannschaft zurück nach Hause. Knapp 30 Stunden Familie, Heimat, Freunde. Den Rest der Woche ging es um Fußball. Wenn wir auch am Sonntag ein Spiel hatten, stellte das für mich oft ein Problem dar, weil zu dieser Zeit der Bus öfter mal gar nicht kam, nicht hielt oder sich verspätete. Mir half der Mann meiner ehemaligen Klassenlehrerin, Frau Stückler. Sie und ihr Mann waren unsere Nachbarn. Und Herr Stückler arbeitete, glaube ich, auch an meiner alten Pollebener Schule. Auf jeden Fall besaß er ein Auto und fuhr mich. Ich musste nur fragen.

Diese Fahrten in dem Wartburg waren echter Luxus. Zumal es in dem Wagen schon ein Autoradio gab. Die gut halbstündige Fahrt verging wie im Flug. Wir unterhielten uns über den bevorstehenden Gegner. Und natürlich über die Schule und mein Leben in Halle. Dazu lief Musik. Ich merkte, wie stolz er und seine Frau waren, dass ich es aus unserem Dorf bis nach Halle und an die Sportschule geschafft hatte. Ich glaube, Herr Stückler mochte mich, und ich war ihm sehr dankbar, denn er hat mir ungemein geholfen. Ohne ihn und seine Absicherung bei Busausfällen hätte ich die Wochenenden mit Sonntagsspielen auch im Internat verbringen müssen.

Schulisch lief es nicht mehr so gut. Ich kam zwar durch, machte aber nicht mehr als nötig. Es blieb ja kaum Zeit. Neben dem sportlichen Programm an der Sportschule hatten wir das Vereinstraining, die Ligaspiele und dann kamen immer noch die Maßnahmen mit den DDR-Auswahlmannschaften dazu, für die ich nun auch noch nominiert wurde.

In Halle wehte ein anderer Wind. Als ich das erste Mal die Kabine auf dem Trainingsgelände am Gimritzer Damm betrat, lag dort ein Typ auf den Holzbänken und schlief. Die Beine lang, den Kopf auf den verschränkten Armen abgelegt. Das war Jürgen Pahl. Mein späterer Mannschaftskamerad, mit dem ich Jahre später in das Abenteuer meines Lebens aufbrechen sollte. Das lag damals natürlich noch außerhalb jeder Vorstellung. Jürgen kam aus Teuchern, einer Kleinstadt zwischen Leipzig und Gera, was bedeutete, dass Familienbesuche an den Wochenenden keine einfache Angelegenheit waren. Ich schaute den schlafenden Typen vorsichtig an und musste etwas schlucken. Jürgen war schon damals ein ziemlicher Büffel. Und mir war alles andere als wohl dabei, so einen als erste Amtshandlung aus den süßen Träumen zu holen. Aber zu spät, ich stand da in der Kabine. Und Jürgen kam langsam zu sich. Ganz gemütlich, ganz ruhig, nicht aggressiv, aber irgendwie komisch. Viele Worte haben wir nicht gewechselt, zumal er der Torhüter des Jahrgangs über mir war. Wenig später bekam ich mit, dass Jürgen im Ruf stand, ein etwas schräger Vogel zu sein. Er galt als Einzelgänger und etwas sonderbar, was man noch heute vielen Torhütern und Linksaußen nachsagt. Wir hatten zunächst einmal wenig miteinander zu tun, was sich mit den Berufungen zur U19- und U21-Nationalmannschaft allerdings änderte.

Mein bester Freund wurde sehr schnell Burkhard Pingel. Ein Riesentalent, ein Zauberfuß. Mit ihm habe ich nahezu alles gemeinsam gemacht während meiner Zeit in Halle. „Zwillinge" haben sie uns genannt. Und es lag sicher auch an ihm, dass ich in Halle nie Heimweh nach Polleben hatte. So wie es war, war es gut. Ich kam zurecht und konnte mich mit der neuen Situation gut anfreunden.

Das Verhältnis zu meiner Familie blieb dennoch herzlich und innig. Auch wenn wir uns von nun an nur noch wenig gesehen haben. Aber wenn ich da war, habe ich die Zeit mit meinen Geschwistern und meinen Eltern intensiv genutzt. Diese paar Stunden in der Woche, die ich in Polleben hatte, waren etwas ganz Besonderes. Ich tauchte ab in meine späte Kindheit, jeder Schritt war vertraut, jedes Gesicht bekannt. Während meine Welt immer größer und anders wurde, änderte sich in meiner Heimat nichts. Das gab mir Halt. Die Höhepunkte waren die großen Feste, allen voran Weihnachten. Bei uns gab es die Tradition, dass nach der Bescherung die Frauen ins

Wohnzimmer gingen, um Fernsehen zu schauen. Wir Männer, auch ich als Jugendlicher, sind in der Küche geblieben und haben mit meinem Vater und meinen zwei Brüdern Skat gespielt. Das hatte mir mein Vater schon vor der Grundschule beigebracht und ich war ziemlich gut darin. So gab es für mich zweimal Geschenke, einmal ganz normal am Nachmittag bei der Bescherung, das zweite Mal am Abend, wo natürlich um ein bisschen Geld gespielt wurde. Mein Vater wirkte an diesen Abenden so, als sei er stolz auf mich, auch wenn ich ihn und seine anderen Söhne nass gemacht habe. Er hat das nie so gesagt, aber das musste er auch nicht.

Es war aber auch nicht immer Festtagsstimmung im Hause Nachtweih. Mein Vater konnte auch mal laut werden. Auch mir gegenüber. Zum Beispiel wegen meiner langen Haare, die ich als Jugendlicher später trug. So etwas gefiel ihm gar nicht, das passte nicht in seine Welt. Aber eben in meine, und ich war standhaft genug, solche Konflikte auch einmal auszufechten. Zumal ich den Großteil der Woche meine Beine ohnehin nicht unter den väterlichen Küchentisch stellte, was vieles einfacher machte.

Im Nachhinein kann ich sagen, dass die Zeit in Halle und das Leben in der Sportschule für mich eine gute Vorbereitung auf das waren, was noch kommen sollte. Denn ich war es seit meinen Jugendtagen gewohnt, mehr oder weniger allein klarzukommen. Zumindest ohne die regelmäßige Mutterliebe, den Zoff mit den Geschwistern oder den anerkennenden Blick des Vaters. Unfreiwilliger Nebeneffekt des DDR-Sportfördersystem war diese Selbstständigkeit beziehungsweise das frühe Erwachsenwerden.

Meine Eltern wiederum waren auf all das weniger vorbereitet, was ihnen ab dem 16. November 1976 bevorstand. Meine Flucht in Istanbul erschütterte ihr Leben wie ein Erdbeben. Zumal sie für die damalige Zeit fast schon zu den Alten zählten: Mein Vater war 50 und meine Mutter 46, in der DDR und insbesondere auf dem Dorf waren die Rente und ein mehr als ruhiger Lebensabend damit nicht mehr fern. Dank mir herrschte nun aber Aufregung in und um den kleinen Bauernhof in Polleben. Als hätte der freche Norbert alle Gatter- und Käfigtüren aufgerissen, um mit wildem Geschrei alle Tiere aufzuschrecken.

Als erste Reaktion auf meine Flucht erhielten meine Eltern eine Vorladung in die Stasi-Zentrale in Halle an der Saale. Die lag damals unweit der Trainingsanlage meines HFC Chemie. Und dennoch gehörte der hiesige Sitz der Staatssicherheit nicht nur für mich zu einer ganz anderen Welt: Es war ein geschlossener Gebäudekomplex mit Einfahrtskontrollen mit großen Spiegeln und Überwachungstürmen an allen Ausgängen. Als normaler DDR-Bürger hatte man damit nicht viel zu tun. Wollte man auch nicht. Klar, es wurde darüber gesprochen, aber nur sehr vorsichtig und immer auch ein bisschen ängstlich. Dass es dort einen eigenen Supermarkt, Friseure und Maskenbildner für die Agenten und eigene Handwerksbetriebe gab, war kaum bekannt. Dass meine Eltern dahin einbestellt wurden, bedeutete nichts Gutes. Außerdem hatte man sie auch angewiesen, ihre Zahnbürsten mitzubringen. Wie ich von meinen Geschwistern erfuhr, gingen meine Eltern, allen voran meine Mutter, davon aus, dass sie in Untersuchungshaft bleiben müssten. Bestens vorbereitet hatten sie also auch ein paar Klamotten dabei.

Zu diesem Zeitpunkt war mein Vater schon nicht mehr Bergmann, sondern Maurer. Zwischenzeitlich hatte er auch als Hausmeister in meiner Schule in Polleben gearbeitet. Aber all der Trubel und die vielen Kinder dort waren nichts für ihn. Seit seiner Zeit als Bergmann war er auch Mitglied der Sozialistischen Einheitspartei Deutschlands, der SED. Erstaunlicherweise war letztlich die einzige nennenswerte Konsequenz, die meine Flucht für sie hatte, dass mein Vater aus der Partei ausgeschlossen wurde. Und das war etwas, das ihn genau so sehr interessierte wie die

Farbe der Blumengestecke zum nächsten runden Geburtstag. Also gar nicht.

Dennoch hat die Stasi Druck ausgeübt. Bei den Gesprächen mit meinen Eltern ging es darum, dass sie meinen Vater dazu bewegen wollten, mich zurückzuholen. Sie wollten ihn also in den Westen bringen, um mit mir zu reden und mich davon zu überzeugen, zurückzukommen. Da waren sie bei meinem Vater aber an der falschen Adresse. Anders verhielt es sich bei meiner Mutter. Die hatte Angst. Angst um mich. Angst um die Familie. Sie wollte natürlich den ganzen Ärger nicht und die Sache irgendwie aus der Welt schaffen. Mein Vater erzählte mir später, dass er nicht lange darüber nachdenken musste. Ihm war klar, dass wenn er mich zurückholt, alles viel schlimmer würde. Meine Fußballkarriere hätte ich vergessen können. Sportlich wäre mein Leben vorbei gewesen. Und da mein Leben aus Fußball bestand, hat er für sich beschlossen, mich zu schützen. Koste es, was es wolle.

Letztlich hat die Stasi meinen Eltern aber mehr gedroht, als dass sie sie tatsächlich drangsaliert hat. Gut, das Parteibuch war weg. Aber sonst haben beide wenig Ärger bekommen. Und nach dem Vorladungstermin in Halle durften sie zurück nach Polleben fahren. Die Zahnbürsten wurden nur für DNA-Proben oder irgendwelche Untersuchungen gebraucht, von denen der Normalbürger keinen Schimmer hatte. Auch in den Folgejahren mussten sie immer mal wieder in Halle antanzen und offenkundig wurden sie beobachtet, aber viel mehr auch nicht. Zumindest haben sie sonst nichts mitbekommen. Stattdessen haben meine Eltern versucht, mit meinen Geschwistern ein möglichst normales Leben zu führen. Nur mit einem erst einmal verlorenen Sohn. Später habe ich sie immer mal gefragt, ob sie Probleme mit der Stasi gehabt hätten. Aber sie erzählten mir, dass alles nicht so schlimm gewesen sei. Im Alltag hatte sich für sie wenig geändert. Offenbar hatte die Stasi schnell begriffen, dass meine Familie mit meiner Flucht nichts zu tun hatte.

Vom Zeltdach ins zentrale Aufnahmelager

In München wurden wir vom Verfassungsschutz bereits erwartet. Unser Flieger aus Istanbul war gerade gelandet, da wurden auch schon unsere Fingerabdrücke genommen. Beeindruckt hat mich, wie freundlich die Beamten dabei mit uns umgegangen sind. Aus der DDR war ich von Uniformierten andere Töne gewohnt. Zudem wurden alle unsere Daten aufgenommen und dann die Fragen gestellt, die wir in den kommenden Wochen immer wieder beantworten mussten: Warum? Wieso? Weshalb?

Bemerkenswert war, wie sich die Mitarbeiter um uns gekümmert haben. Mit einem Kollegen waren wir sogar einkaufen. Denn wir hatten nichts, außer den Klamotten, die wir am Leib trugen. In meinem Fall war das meine Lederjacke, die mir heilig war. Die hatte ich in Halle im Exquisit-Laden, wo es das hochpreisige Zeug gab, gekauft. Doch diese Jacke, die ich noch Jahre später trug, war nicht gefüttert. Und in München war es bitterkalt. Also sind wir durch ein paar Kaufhäuser getigert und wurden auf Kosten der Bundesrepublik neu eingekleidet. Klamotten, wie wir sie nur aus dem Westfernsehen kannten. Wir entschieden uns natürlich für Jeans. Die gab es im Osten kaum, und wenn, dann nur in minderer Qualität. Dazu nahm ich einen grünen Parka, einen Wollpullover mit Kragen, dazu Mütze und Handschuhe – das volle Programm.

Schon am ersten Abend, es war ein Dienstag, hatten sie noch eine echte Überraschung für uns: Denn genau an diesem 23. November 1976 fand im Münchner Olympiastadion das Hinspiel des Weltpokalfinales zwischen Bayern München und Belo Horizonte aus Brasilien statt. Dafür hatten uns die

Beamten zwei Karten besorgt. Gegengerade, in der Nähe des Auswärtsblocks. Im Stadion war aber nicht viel los, es waren knapp über 20.000 Zuschauer da. Alle haben gefroren, am meisten die brasilianischen Kicker auf dem Platz. Die Bayern haben mit späten Toren durch Gerd Müller und Jupp Kapellmann 2:0 gewonnen. Umgehauen, das weiß ich noch, hat uns das Spiel nicht. Aber wir waren nach diesen ersten Eindrücken von München überwältigt. Von der Stadt sowieso. Aber auch vom Olympiapark: das Zeltdach, die Gebäude drumherum. Das alles stand damals erst seit ein paar Jahren. Für Jürgen und mich war es ein Traum, dass wir genau an diesem Ort waren, den wir von den Olympischen Spielen 1972 und der Fußball-WM 1974 nur in Schwarz-Weiß kannten. Jetzt waren es aber keine Fernsehbilder, sondern es war echt. Bis heute haben sich diese Eindrücke eingebrannt. Die Farben! Denn trotz des kalten und dunklen Novembers kam uns alles unglaublich bunt vor. Und es hat alles so anders gerochen, als wir es aus der DDR kannten.

Wenige Monate später habe ich übrigens von Dettmar Cramer erfahren, dass sie in München rein gar nichts von uns wussten. Wenn der damalige Bayern-Trainer gewusst hätte, dass zwei DDR-Juniorennationalspieler in der Stadt herumturnen, hätte er uns wohl zu einem Probetraining eingeladen. Das hat er mir versichert. Vielleicht war es aber auch ganz gut, dass unser Weg eine andere Richtung nahm. Wir selbst haben übrigens nicht im Traum daran gedacht, an die Säbener Straße zu fahren, um uns beim FC Bayern vorzustellen. Wir waren froh, in der Bundesrepublik zu sein. Wir mussten uns erst mal zurechtfinden, einen Schritt nach dem anderen gehen.

Am nächsten Abend waren wir bei einem Eishockeyspiel. Tagsüber mussten wir zu den Befragungen. Die Gespräche haben junge Frauen mit uns geführt, für die das Prozedere mit den immer gleichen Fragen absolute Routine war. Dennoch waren sie ungemein herzlich und immer wieder haben wir alle miteinander gelacht. Anfangs, weil wir Probleme mit dem Dialekt hatten. Die Damen haben das R so kunstvoll gerollt, dass wir kaum auf den Inhalt der Worte achten konnten. Wir haben uns köstlich amüsiert. Später, Jürgen und ich wurden zunehmend lockerer, haben wir über alles Mögliche gelacht. Vieles war ungemein lustig.

Nach drei Tagen war das Kapitel „München“ für uns beendet. Da wir hier keinen Wohnsitz und auch keine sonstigen Verbindungen nach München hatten, wurde uns mitgeteilt, dass unsere nächste Station das Zentrale Notaufnahmelager in Gießen sein würde. Wir wurden von unserem Hotel abgeholt, zum Münchner Hauptbahnhof gefahren und dort in den Zug nach Frankfurt gesetzt. Gesprochen haben Jürgen und ich während dieser Fahrt kaum. Stattdessen haben wir nach draußen geschaut. Ort für Ort, Stadt für Stadt, Wäldchen für Wäldchen. Es sah so unglaublich aufgeräumt aus, irgendwie geordnet, strukturiert. In diesem Moment schien hier alles besser zu sein als in der DDR. So habe ich das aus dem Zugfenster wahrgenommen. Ich verlor mich in meinen Gedanken.

Bis ich am Rand von Frankfurt aufschreckte. Wie heute führte die Bahnstrecke am Waldstadion vorbei. Und das hat bei mir Eindruck hinterlassen, das hat tatsächlich etwas in mir ausgelöst. Jürgen würde heute sagen, dass wir wenig später bei der Eintracht unterschrieben und dann sehr erfolgreich dort gespielt haben, sei vorherbestimmt gewesen. Denn Zufälle, davon ist er mittlerweile überzeugt, gibt es nicht. Mir persönlich fehlt für eine solche Sicht auf die Dinge die esoterische Ader. Aber dennoch weiß ich, dass mich etwas auf merkwürdige Weise berührte, als wir im Zug am Waldstadion vorbeifuhren.

Angekommen in Gießen, sah die Welt anders aus. Grau und kalt. Hinter einer Schranke ging es um eine Ecke, hinter der eine Art Platz lag, der etwas von einem Parkplatz hatte. Alles gepflastert und dazu ein paar verloren wirkende Bäume. An den Seiten des Platzes standen langgezogene flache Gebäude. Auf der einen Seite, meine ich, die Verwaltung, auf der anderen Seite die Unterkunft mit den Zimmern und die Mensa. Alles karg. Dem Ambiente entsprechend verhielten sich die Beamten, mit denen wir es hier zu tun hatten. Im Bundesnotaufnahmelager war von der Herzlichkeit, mit der man uns in München begegnet war, rein gar nichts mehr zu merken. Die Beamten spulten ihr Programm ab. Kalt, rücksichtslos und unerbittlich. Immer wieder die Fragen: Warum? Wieso? Weshalb? Die Stimmung machte uns fertig. Vor allem, als wir auf andere Flüchtlinge trafen. Diejenigen, die alles riskiert hatten. Und die, die seit Monaten zwar im Westen waren, aber immer noch darauf warten mussten, die ersten eigenen Schritte in der Freiheit gehen zu dürfen. Das Leiden war den Menschen anzusehen. Viele von ihnen, die über Ausreiseanträge in den Westen gekommen oder freigekauft worden waren, hatten schon in der DDR ein Martyrium hinter sich. Einige hatten monatelang in Untersuchungshaft gesessen, um dann in Gießen zu landen, wo es auch nicht viel anders aussah als in einem Ost-Knast. Die Frage, ob es das alles wert gewesen war, konnten wir aus ihren stummen Gesichtern ablesen. Viele sagten wenig bis gar nichts. Die Atmosphäre dort musste einem früher oder später aufs Gemüt schlagen. Alles wirkte so, als wollten sie dort niemanden von uns haben. Nicht Jürgen, nicht mich, schon gar nicht die Übrigen. Wir zwei Neuankömmlinge machten es uns zur Aufgabe, gerade den Jugendlichen und jungen Erwachsenen zu helfen. Mit lockeren Gesprächen und ein bisschen Musik.

Organisiert wurde für uns aber auch etwas: Es muss gleich nach der ersten Nacht in Gießen gewesen sein, dass der Berliner Geschäftsmann, den wir im Flugzeug kennengelernt hatten, in Gießen auf der Matte stand. Der ließ nicht locker. Er hatte zwei Paar Fußballschuhe in der Hand und sagte uns, dass wir bei einem Dorfverein ganz in der Nähe mittrainieren können.

Wenn ich mich richtig erinnere, war es beim TSV Heuchelheim. Nichts Besonderes, ein normales Vereinstraining in einem unterklassigen Klub. Das Highlight war, dass Jürgen für das Schusstraining der Mannschaft ins Tor ging.

Nahe der Flüchtlingsunterkunft gab es eine Wiese, wo wir dann auch tagsüber ein bisschen trainiert haben. Wir haben ein paar Pässe gespielt und ich habe Jürgen mit ein paar Schüssen geprüft, mehr nicht. Es war wohl der zweite Abend, an dem wir eine kleine Party organisierten, um zumindest kurzzeitig für etwas bessere Stimmung zu sorgen. Es gab eine Stereoanlage und wir haben auch selbst noch etwas Musik gemacht und getanzt. Es gab auch einige Jugendliche, die mit ihren Eltern dort untergebracht waren. Und gerade für sie war es hart.

Jürgen und ich hatten einen Schutzengel. Nicht den Berliner, den fanden wir nach wie vor komisch, sondern Wolfgang Mischnick. Der gebürtige Dresdner gehörte dem Verwaltungsrat von Eintracht Frankfurt an. Er war selbst auch Flüchtling gewesen, 1948 war er über Berlin aus der sowjetischen Besatzungszone abgehauen. Im Westen war er längst ein erfolgreicher Politiker. Saß Jahrzehnte für die FDP im Bundestag, war sogar Bundesminister für Vertriebene, Flüchtlinge und Kriegsgeschädigte. Der sportbegeisterte Mann, der, wenn er sich aufregte, unglaublich schnell reden konnte, war bestens informiert. Und so hatte er von uns beiden gehört und sich dafür eingesetzt, dass wir von der Eintracht zu einem Probetraining eingeladen wurden. Das Kapitel Gießen hatte sich damit für uns erledigt. Zum Glück viel schneller, als wir gedacht hatten. Die Stunden in dem Lager sind mir bis heute als unglaublich dunkel und zermürbend in Erinnerung. Ich kann mir gar nicht vorstellen, wie das die Leute weggesteckt haben, die dort über Monate oder sogar noch länger bleiben mussten.

Hans-Dieter Tippenhauer, der damals Co-Trainer bei der Eintracht war, hat Jürgen und mich in Gießen abgeholt. Mit seinem

Kleinwagen hat er uns zum Hotel Klein in Bergen-Enkheim gebracht, wo wir ein Zimmer bekamen, in dem wir dann für ein paar Monate wohnen sollten. Gleich am ersten Abend durften wir bei der zweiten Mannschaft mittrainieren – am Riederwald, auf dem damaligen Hartplatz. Für mich kein Problem: Beim Halleschen FC haben wir auf dem Trainingsgelände am Gimritzer Damm auch regelmäßig auf einem Hartplatz trainiert. In Eisleben, in meinen Jugendjahren, hatten wir sogar einen Kohleplatz. Wenn du dort gespielt hast, waren danach die Beine schwarz. Das war aber nicht alles, du musstest schon gut aufpassen, weil da zum Teil größere Schlackenstücke herumlagen. Mich konnte also nichts schocken und so haben wir auch trainiert. Die Belohnung war, dass wir gleich am nächsten Tag bei den Profis mitmachen durften.

Ein Training mit Grabowski, Nickel, Hölzenbein, Neuberger und Körbel. Meine Fresse, das waren Stars, die wir nur aus dem Fernsehen kannten. Wegen Typen wie diesen hatten wir uns gefragt, ob wir genauso gut spielen könnten. Damals in Halle, im Casino. Und nun standen wir am Riederwald mit denen auf dem Platz.

Ich weiß noch, dass ich in den ersten Minuten sehr zurückhaltend war. Geradezu vorsichtig. Aber dann, nach und nach, habe ich meine Stärken durchblicken lassen. Die Technik, meine Geschwindigkeit. Und dann haben wir Tempoläufe gemacht. Von der Mittellinie zur Grundlinie. Zurück. Zum Fünfmeterraum. Und zurück. Zum Strafraum und zurück. Als ich als Erster im Ziel war, hatte ich so viel Zeit, ich hätte noch eine Bratwurst essen können, bevor der Zweite kam. Das war Wahnsinn. Mir war in diesem Moment schon klar, dass wir, was die Physis anging, die Schnelligkeitsausdauer und die Kondition, keine Probleme haben würden. In dieser Hinsicht war das Training in der DDR sehr gut. Natürlich waren Spieler wie Jürgen Grabowski auf den ersten Metern, im Antritt, schnell, richtig schnell. Was im Fußball entscheidend ist. Aber unsere Tempohärte war aus einer anderen Welt. Aber würde es auch fußballerisch reichen?

Es reichte. Das spürte ich schon im ersten Training. Erst recht in den Tagen danach. Und auch die Reaktionen von der Eintracht waren eindeutig. Das Erste, was Trainer Gyula Lóránt über mich sagte, war: „Wird Nationalspieler." Das Zweite, was er den Verantwortlichen sagte, war: „Ja, nehmen wir." Das, was ich als Rüstzeug mitbrachte, die Grundausbildung auch auf technischer Ebene, war also gut genug. Und ohne Übertreibung: Das hatten wir doch geahnt, wenn nicht sogar insgeheim gewusst, als wir uns im halleschen Casino über den Westfußball unterhielten. Mit unserer Physis als Extra-Bonus hatten wir genug Qualität, um uns behaupten und somit bleiben zu können. Und wir blieben, während eine Woche nach der anderen ins Land ging.

Ich kam immer mehr in der Mannschaft an und verabredete mich irgendwann häufiger mit Bernd Nickel. Der hatte einen Schuss! Vor dem Training haben wir zwei Tore relativ nah zusammengestellt und kleine Wettbewerbe ausgetragen. Seine Schüsse mit dem linken Fuß waren echt was Besonderes. Seine Technik war, dass er die Bälle beim Schuss ganz leicht über den linken Außenspann rutschen ließ. Ich habe mir viel von ihm abgeguckt. Nach dem Training fuhr Bernd mit uns in seinem Auto zu einer Klamottenfirma, wo wir Hosen, Pullover und das ganze Zeug zum Einkaufspreis oder sogar geschenkt bekamen. Von der Mannschaft wurden wir sehr schnell und sehr gut aufgenommen. Immer wieder hieß es: „Na Jungs, gibt es irgendwo Probleme? Nur raus damit, wir helfen euch."

Manches war völlig ungewohnt für uns. Zum Beispiel gab es in der Kabine nach den Trainings regelrechte Staus, weil sich fast alle die Haare geföhnt haben. Ich denke nur an Ronny Borchers. Minutenlang stand er mit der Rundbürste vor dem Spiegel und hat seinen Minipli in Form gebracht. Das war putzig, so etwas kannte ich nicht. Wir haben geduscht, die Haare gewaschen, mit dem Handtuch abgetrocknet. Fertig. Doch der Stau vor dem Föhn hatte sein Gutes, denn es kam dabei zu vielen Gesprächen. So kamen wir mit allen in Kontakt und haben über alles Mögliche gequatscht.

Mit Ronny, beziehungsweise „Disco-Ronny“, sollten wir später noch eine Menge Spaß haben. Auch mit Gerd Trinklein, der der Erste war, der uns unsere neue Heimat bei Nacht zeigte. Die Bars, die Kneipen und das Rotlichtviertel. Es war eine fremde Welt. Eine aufregende Welt. Eine Welt, die vollkommen anders war als das, was wir bis dahin kannten.

In Frankfurt haben wir uns gut aufgehoben gefühlt. Allerdings spielte derweil die DDR auf Zeit. Einen Monat haben sie sich Zeit gelassen, um bei der FIFA eine zweijährige Sperre für Jürgen und mich zu beantragen. Mischnick und die anderen Verantwortlichen von der Eintracht hatten damit gerechnet. Letztlich wurde nur eine 14-monatige Sperre verhängt, während der wir von allen höheren Spielbetrieben im Westen ausgeschlossen waren. Damit waren wir auch offiziell im Westen angekommen. Im Fußball. Wenn auch nur als Amateure. Ausgestattet mit einem Vorvertrag, der mit dem Ablauf der Sperre direkt in einen Profivertrag übergehen sollte.

IM WESTEN

Zu zweit in einer anderen Welt

2000 D-Mark bekamen Jürgen und ich pro Monat. Als Amateure. Vorher hatten wir schon jeder einmalig 15.000 Mark erhalten, um uns Klamotten und was sonst noch nötig war kaufen zu können. Die von nun an monatlich zu erwartende Summe war für uns gutes Geld. Denn wir hatten keine Kosten. Das Hotel, wo wir insgesamt ein Vierteljahr wohnten, bezahlte weiterhin der Verein. Danach hat die Eintracht für uns am Riederwald, wo auch schon Freddy Schaub wohnte, ein Zimmer eingerichtet. Da standen nur zwei Betten und ein Tisch. Der Schrank für die Klamotten war im Flur. Ein Radio oder gar einen Fernseher gab es nicht. Mit Freddy teilten wir uns eine kleine Küche und hatten von Tag zu Tag mehr Spaß zusammen. Ich erinnere mich, dass an einem Tag eine wunderschöne junge Frau in unserer Gemeinschaftsküche stand. Meine Verzückung und mein vielleicht auch ein bisschen lüsternes Interesse muss sie wohl bemerkt haben. Wie Freddy übrigens auch. Ich fragte ihn: „Mensch, Freddy, was ist denn hier los?" Er boxte mir nur in die Seite und erwiderte: „Mann, das ist eine Mutter." Unglaublich, was für schöne Mütter es im Westen gibt, dachte ich. Unten in dem Gebäude, wo heute Büros und ein Fanshop sind, war damals eine Kneipe, deren Tür uns Tag und Nacht offenstand. Alles fein. Wobei, im Vergleich zu meinem Zimmer im Casino vom Halleschen FC war das trotzdem ein Rückschritt: Dort hatte ich zum Ende ein Einzelzimmer mit Waschbecken, zudem gab es noch einen Billardraum, wo wir gern auch mal eine Zigarette geraucht haben. Es gab einen Fernsehraum. Und das alles mitten in der Stadt. Dagegen war unsere Bude am Riederwald doch etwas spartanischer.

Über ein Jahr lang durften wir bei den Profis nur trainieren. Für die Bundesliga, den Pokal und internationale Spiele waren wir gesperrt. Nur bei Freundschaftsspielen durften wir an an der Seite der großen Stars wie Grabowski, Hölzenbein oder Nickel auflaufen. Gespielt haben wir an den Wochenenden bei den Amateuren in der Regionalliga. Echter Männerfußball. Und gegen teilweise richtig starke Gegner wie Hessen Kassel, wo dann gerade auswärts auch etwas los war. Für unseren Start war es gut so: Wir hatten ein Jahr Zeit, um uns an alles zu gewöhnen. An die andere Art Fußball zu spielen, wie wir es unter der Woche bei den Profis erlebten. An den körperlich robusten Fußball in der Hessen-Liga. Und an die Welt, in der wir gelandet waren.

Wie gesagt, sportlich kamen wir gut klar. Und wir wurden auch nicht überfordert: Montags, dienstags und donnerstags wurde in Frankfurt zweimal trainiert. Mittwochs nur einmal. Freitags waren wir bei den Amateuren, die nur ein lockeres Abschlusstraining machten. Wenn man es so aufzählt, klingt es fast nach mehr, als es eigentlich war: Denn am Montagvormittag stand jeweils nur ein Läufchen im Park an. Ein paar Runden. Mehr nicht. Auf dem Platz wurde schon damals alles nur mit dem Ball gemacht. Das kannten wir aus dem Osten so nicht, wo viel, viel mehr Wert auf die Physis gelegt wurde. Heute würde ich sagen, dass in Bezug auf Dauer und Intensität im Westen nur halb so viel trainiert wurde wie im Osten.

Wir hatten also nach den Trainingseinheiten immer noch Körner und so wurde es recht schnell zu einer schönen Gewohnheit, dass Torro, also Jürgen, und ich nach dem Nachmittagstraining nach Sachsenhausen fuhren, um dort Bowling zu spielen. Das war gleich am Henninger Turm. Von dort aus brauchten wir nur die Straße hinuntergehen und waren in dem herrlichen Kneipenviertel. Meistens war der Abend dann schon fortgeschritten, was uns aber nicht daran hinderte, zumeist noch weiter in das Nachtleben einzutauchen. Da kam dann nach und nach eins zum anderen.

Nach unserem Umzug an den Riederwald fühlten wir uns noch etwas freier. Denn im Hotel Klein war Gyula Lóránt unser Nachbar. Wenn wir in den ersten drei Monaten ab und zu mal in den frühen Morgenstunden mit dem Taxi von unseren kulturellen Erkundungsgängen heim kamen, bewegte sich so manches Mal die Gardine in seinem Zimmer. Der Ungar war Frühaufsteher und grüßte mit erhobenem Zeigefinger aus dem Fenster. „Wart ihr schon wieder in der Stadt?“, hat er dann immer gefragt. Und wir haben geantwortet: „Trainer, wir spielen doch nicht. Und wir müssen uns hier doch erst einmal umgucken.“ Dann nuschelte er irgendwas und drehte sich zur Seite.

Lóránt war ein besonderer Typ. Sportlich haben sie ihn in Frankfurt in den ersten Monaten auf Händen getragen, weil er zwischen November 1976 und dem Saisonende im Mai 1977 mit der Eintracht 21 Bundesliga-Spiele in Folge nicht verloren hat. Was damals gar nicht so viele mitbekommen haben, war, dass er mit der Mannschaft sogar schon Raumdeckung spielen ließ. Dafür stand in den Zeitungen, dass er vor den Partien einen Kaffeeklatsch in der Kabine einführte, mit Marmorkuchen und Jacobs-Kaffee. Der Ungar, der 1954 im WM-Finale gegen Deutschland gespielt hatte, war ein Lebemann. Schampus, Rotwein, Zigarre. Immer exquisit. Ein Dandy, mit feinem Hemd und Tuch um den Hals. Wir mochten ihn und seine laxe Art. Einmal in der Woche, meistens montags, wenn der Waldlauf auf dem Plan stand, hat er gern gesagt: „Heute kein Training, kommt, wir fahren raus.“ Dann sind wir zum Gut Neuhof gefahren, ein bisschen außerhalb von Frankfurt. Dort haben wir dann einen Spaziergang gemacht und sind mit der ganzen Mannschaft gut frühstücken gegangen. Und seine normalen

Trainings? Naja, das war ein bisschen sportliche Beschäftigung. Mehr nicht. Meist hatte er uns gefragt: „Jungs, was wollt ihr machen?“ – „Trainer, wir wollen spielen.“ Dann kam sein legendärer Spruch: „Jungs, macht drei Purzelbäume, dann spielen wir Fußball.“ Auch sonst stand der Spaß im Vordergrund. Oft haben wir Torschüsse geübt und viel gespielt. Seitens des Vereins hatte er damals komplette Narrenfreiheit. Dank seines taktischen Kniffs mit der Raumdeckung spielte die Mannschaft zeitweise wie von einem anderen Stern. Entsprechend konnte er tun und lassen, was er wollte.

Drei Jahre später, ich war längst Stammspieler in Frankfurt, wollte er mich nach Griechenland holen. Er war inzwischen wieder Trainer bei PAOK Saloniki und kam extra nach Frankfurt geflogen, wo wir uns im Hotel Klein trafen. Dort erzählte er mir vom schönen Leben in Griechenland. Was mich wunderte. Sein Angebot hat mich natürlich gefreut, aber es kam für mich nicht in Frage. Wenige Monate später starb er nach einem Herzinfarkt beim Auswärtsspiel in Piräus – noch im Stadion. Vergessen werde ich Gyula Lóránt und seine Art nie. Wobei unser Verhältnis nie ganz einfach und völlig reibungslos war. Als wir noch gesperrt waren, hatte er sich einmal gegenüber Journalisten Luft gemacht. „Der Nachtweih ist ein Nachtfalter. Der kennt sich am Bahnhof, wo die zweibeinigen Pferdchen laufen, besser aus als auf dem Fußballplatz.“

Damit hatte er mir einen Spitznamen verpasst. Und ganz unrecht hatte er nicht. Trotzdem war das so nicht in Ordnung, zumal die im *Spiegel* veröffentlichte Aussage die große Runde machte. Der Text selbst war schon eine dicke Breitseite gegen mich, vor allem auf persönlicher Ebene. „Rockte und zockte im Nachtklub-Milieu“, hieß es da. Wollte mir nur ein einzelner Journalist an den Kragen oder hatte der einen Auftrag aus Ost-Berlin? Damals hatte ich keine Antwort auf diese Frage. Aber ich sah mich bestätigt, dass ich gegenüber den Medien vorsichtig sein musste. Mit Jürgen hatte ich mich schon in der ersten Phase nach der Flucht geeinigt, dass wir nichts Politisches von uns geben. Die erste Regel war, nie etwas Schlechtes über die DDR zu sagen. Die zweite, dass unsere Flucht nur sportliche Gründe hatte. Danach habe ich immer gesagt, dass es uns in der DDR gut ging, dass wir gefördert wurden und ein privilegiertes Leben hatten. Gegen das Regime konnte und wollte ich nichts sagen. Und ganz ehrlich: Das war auch so. Das ist bis heute 1:1 meine persönliche Meinung.

Grundsätzlich war ich nie der Typ, der sich mit Journalisten eingelassen oder aus irgendwelchen Gründen ihre Nähe gesucht hätte. Die kamen auch von ganz allein, und für meinen Geschmack gewiss nicht zu selten. Damals gab es nicht nur die nachts gedruckten Morgenausgaben, sondern auch noch einige Abendzeitungen. Und alle waren heiß auf Geschichten, allen voran die Boulevard-Blätter. In Frankfurt war Paul Palmert der für die Eintracht zuständige Reporter der *Bild*. Mit Paul kam ich grundsätzlich gut klar, dennoch: Wenn ich gesehen habe, dass er am Ende des Trainings auf der einen Seite stand, bin ich eben auf der anderen Seite vom Platz gegangen. Natürlich hat er mich dann und wann mal abgefangen, hat am Auto gewartet und dann irgendetwas gefragt. Das war auch in Ordnung so. Und sportliche Fragen habe ich auch immer beantwortet. Aber sobald es politisch wurde, habe ich entweder gar nichts gesagt oder eben immer das Gleiche. Von wegen sportliche Gründe.

Auch im *ZDF-Sportstudio* habe ich das so durchgezogen. Jürgen und ich waren im März 1978 dort eingeladen. Am Nachmittag hatte ich mein erstes Bundesliga-Tor geschossen. Beim Heimspiel gegen Werder Bremen, vor 16.000 Zuschauern im Waldstadion. Bernd Hölzenbein hatte mit unserem ersten Angriff das 1:0 gemacht, 20 Minuten später war ich an der Reihe: Ich bin in der Mitte durchgebrochen und mit dem Ball am Fuß auf Dieter

Burdenski im Bremer Tor zugelaufen. Und dann hab ich ihm den Ball, ich glaube, mit dem linken Fuß durch die Beine gespielt. Nicht spektakulär, keine Granate, aber frech.

In Mainz wurden wir vom ZDF toll empfangen. Torro, der an diesem Tag Geburtstag hatte, bekam sogar eine gute Flasche Wein geschenkt. Hinter den Kulissen wurde nett geplaudert. In der Sendung wollte der Moderator Hanns Joachim Friedrichs von uns natürlich auch politische Statements hören. Aber wir ließen uns nicht beirren, wir wollten nur über das Sportliche reden. Zu Anfang des Gesprächs ging es noch darum, wie wir die gesellschaftlichen Unterschiede erleben. Jürgen gewährte einen kleinen Einblick, als er erzählte, dass wir als Fußballer in der DDR kaum besser gestellt waren als normale Arbeiter. Und dass wir sogar nach dem Ende der Spielerkarriere noch zur Armee gemusst hätten. Mich wiederum sprach Friedrichs, dessen wallende weiße Locken ich immer noch vor mir sehe, auf die Zeitungsberichte über mein Nachtleben an. Ich machte ihm klar, dass die Berichte übertrieben seien. Und damit war es dann auch gut. Leider habe ich vergessen, ob wir damals auch auf die Torwand geschossen haben.

Grundsätzlich muss ich sagen, dass wir von vielen Medienleuten fair behandelt wurden. Gerade auch was unsere Zurückhaltung anging, uns zu politischen Themen zu äußern. Dass ich nichts Politisches sagen wollte, haben eigentlich alle Journalisten, mit denen ich persönlich zu tun hatte, akzeptiert.

Unterstützung bezüglich des Umgangs mit den Medien erhielten wir von der Mannschaft. Es war nicht so wie heute, dass es im Verein dafür extra einen Stab an Mitarbeitern gab. Die erfahrenen Jungs haben uns gesagt, dass wir bei den Boulevardmedien aufpassen müssen. Insbesondere bei der *Bild*. Vor allem dann, wenn nicht Paul Palmert kam, sondern andere. Ich erinnere mich noch an eine Mannschaftsbesprechung in der Kabine. Es wurde gesagt, wenn du eine *Bild*-Zeitung zusammenknüllst und auswringst, dass dann unten Blut raustropft.

So vorsichtig und zurückhaltend ich gegenüber den Medien auch war, Lorants „Nachtfalter“ wurde ich nicht mehr los. Das *Hamburger Abendblatt* hat im Mai 1979 eine Serie über Sportler, die aus dem Osten kamen, gemacht. Und da standen Jürgen und ich wieder im Fokus. Inzwischen waren wir Bundesliga-Profis. Es ging um unser Gehalt von etwa 100.000 Mark pro Jahr, Jürgens Mercedes 230 und unsere „luxuriösen 3-Zimmer-Wohnungen“ in der Frankfurter Peripherie. Es ging um angeblich hochhackige Stiefel, feine Anzüge und Urlaube in Benidorm und Nizza. Und ich sei angeblich im Bannstrahl der Frankfurter Kaiserstraße auf und ab gegangen. Okay, das war nicht alles falsch, aber als frech empfand ich das schon.

Fakt ist, in Frankfurt bin ich in unserem ersten Jahr, in dem wir ohnehin nicht spielen durften, in einem Sündenpfuhl gelandet. Natürlich war das eine andere Welt. Das kannte ich doch aus Halle an der Saale gar nicht, und schon gar nicht aus dem verschlafenen Polleben. Ganz ehrlich: Ich habe es genossen. Diese wilden Jahre. Das Feiern, den Alkohol, die Frauen. Zu dieser Zeit waren in jeder Bar ein paar Versteckte unterwegs. Also Versteckte im Sinne von leichten Mädchen. Dass andere Versteckte auch in den gleichen Kneipen unterwegs waren, ahnte ich noch nicht. In jedem Fall habe ich ein ungezwungenes Leben gelebt. Ich habe so manche Frau kennengelernt und Spaß gehabt.

Das Beste an dieser Zeit war: Unser Status als Fußballprofis hat niemanden interessiert. Ganz anders als heute war es damals komplett egal, dass wir Fußballer auf der Piste waren. Selbst wenn wir erkannt wurden, spielte das keine Rolle. Nicht in den Bars, nicht in den Diskotheken oder den Bordellen. Ich persönlich konnte mich auch gar nicht verstecken. Wann immer in Frankfurt ein Blonder unterwegs war, war ich das. Mit meinen sehr hellblonden, etwas längeren Haaren war ich ein bunter Hund. Aber noch einmal: Es hat niemanden interessiert. Da wollte niemand der *Bild*-Zeitung ein Foto oder eine Geschichte liefern. So wichtig nahm man uns als Profi-Fußballer außerhalb der Stadien nicht. Natürlich wurden wir auch ab und an mal angesprochen, von Leuten, die wir aus dem VIP-Raum im Waldstadion kannten. Aber die fragten nur: Was macht ihr denn hier? Und gut. Auch für die Frankfurter Rotlichtgrößen flogen wir unter dem Radar, die haben wir selten persönlich kennengelernt. Ich kann mich an keinen einzigen Autogrammwunsch von einem Zuhälter erinnern, wobei wir uns allen voran in Henrys Pinte natürlich über den Weg gelaufen sind. Dort trafen sich eben die Sternchen der Nacht nach getaner Arbeit. Also die Prostituierten, die Zuhälter, aber auch die DJs, das Barpersonal aus den anderen Lokalitäten und die, die nach 4.30 Uhr noch etwas zu trinken haben wollten. Denn Henry hatte immer schon etwas länger auf. Wenn ich mal mit Jürgen und ein paar anderen Freunden im Bahnhofsviertel unterwegs war, gab es dort für mich den obligatorischen Abschluss. Aber so häufig war das nicht. Diese abendlichen Touren gab es manchmal an Wochenenden nach Spielen. Wirklich nur manchmal. In der Woche noch viel seltener, außer wir hatten als Profis trainingsfrei. Alles andere ging nicht. Vor einem Trainingstag durchs Bahnhofsviertel zu ziehen, das gab es eigentlich nicht.

Da passierte auch eine schöne Geschichte, die im Rahmen der NDR-Doku rauskam: Es ging um ein Foto von mir und einer Frau, das ich nach ein paar Monaten nach Hause schickte. Das war so ein nettes, aber leichtes Mädel, das mich im Februar

1977 mit zu einer großen Faschingsfeier geschleppt hatte. Ich hatte schon immer so schlecht nein sagen können.

Aber: Ich und Fasching. Das passt eigentlich überhaupt nicht. Das interessiert mich null. Der jungen Dame zuliebe bin ich nun aber mit zu dieser großen Faschingsfeier gegangen, und da haben wir uns fotografieren lassen. Das Bild habe ich dann in einen Brief gesteckt, schöne Grüße darauf geschrieben und an meine Eltern geschickt. Bei den Aufnahmen für die Doku hat sich meine große Schwester Jutta daran erinnert, dass meine Mutter fast in Ohnmacht gefallen sei. Offenbar war die Frau auf dem Foto doch allzu leicht als Prostituierte auszumachen. Dabei wollte ich nur mal ein anderes Lebenszeichen schicken. Nicht nur Bilder vom Training oder irgendwas mit Fußball. Drüben sollten sie wissen, dass es mir gut ging. Der Schuss ging wohl nach hinten los.

Aber halb so wild. Meine Eltern wussten, dass es mir gut ging. Gleich nach unserer Ankunft in Frankfurt habe ich einen Brief geschrieben. Ich habe mich quasi für meine Flucht bei ihnen entschuldigt. Allzu viel konnten wir nicht schreiben, da uns natürlich bewusst war, dass die Stasi mitlesen würde. Parallel dazu habe ich mich kundig gemacht, wie ich nach Polleben telefonieren kann. Auf regelmäßiges Schreiben hatte ich keine große Lust. Aber so einfach war das mit den Ferngesprächen eben auch nicht.

Aus heutiger Sicht scheint das zwar unvorstellbar, aber in den späten 1970er-Jahren war ein privates Telefon zumindest in den ländlichen Regionen der DDR ein Luxusgut. In öffentlichen Einrichtungen und ein paar Geschäften gab es Telefone. Und es wurde gemunkelt, dass auch der ein oder andere offizielle oder inoffizielle Stasi-Mitarbeiter eines hatte. Meine Familie hatte keins, aber ich hatte herausbekommen, dass ich Telefonate zu vorher genannten Rufnummern und zu einer bestimmten Uhrzeit anmelden konnte. In Polleben gab es zu dieser Zeit zwei, drei Telefone im Ort, die ich dafür anwählen konnte. Eines im Fleischerladen, also beim Metzger, und eines in der Pumpstation, wo meine Mutter arbeitete. Dann gab es noch ein Telefon in der Dorfkneipe. Diese Telefonnummern hatte ich. Zu einem vorher festgelegten Zeitpunkt konnte ich also dort durchklingeln.

Die Stimmen meiner Eltern zu hören, das hat wenige Wochen nach der Flucht verdammt gut getan. Mir, aber vor allem auch meiner Mutter. Ihr halfen die regelmäßigen Gespräche, sich zu beruhigen und sich weniger Sorgen zu machen. Mit meinem Vater habe ich auch gesprochen, aber er war nie ein Freund vieler Worte, und so telefonierte ich meistens mit meiner Mutter, ab und zu auch mit meinen Geschwistern. Und natürlich wussten wir, dass diese Gespräche abgehört wurden. Darüber habe ich meine Späße gemacht. Meistens eröffnete ich die Gespräche mit einem schönen Gruß an Erich. Gemeint war Erich Honecker, der Staatsratsvorsitzende. Ob er persönlich unsere Telefonate mithörte, wusste ich natürlich nicht, aber beim Gedanken daran, dass die unteren Chargen zusammenzuckten, weil ich es wagte, ihren Chef direkt anzusprechen, was sie sicher in ihrem Bericht vermerken mussten, bringt mich heute wie damals zum Lachen.

Das Telefon wurde zu meinem Draht in die Heimat und zur Familie, auch wenn sich um mich herum alles mehr und mehr veränderte. Ich erinnere mich an ein Gespräch mit meiner kleinen Schwester. Kathrin war damals im Grundschulalter. Neun, vielleicht schon zehn Jahre alt, und offenbar muss ich mich nach ein paar Monaten von ein paar Sprachmarotten verabschiedet haben. Ich habe also meinen Mansfelder Dialekt, der jenseits von Mitteldeutschland nur schwer zu verstehen ist, nach und nach abgelegt. Jedenfalls fuhr Kathrin mich vollkommen entrüstet an: „Wie sprichst denn du?“

In Frankfurt wurden wir nun mehr und mehr als die neuen Gesichter der Eintracht wahrgenommen. Ich erinnere mich an eine Autogrammstunde bei einem Fahrradgeschäft am Henninger Turm, wo wir auf die Rennfahrerlegende Dietrich Thurau trafen. Die „deutsche Hoffnung auf einen Sieg bei der Tour de France und zwei zukünftige Eintracht-Profis" waren für ein paar Dutzend Fans Grund genug, in den Laden zu strömen und für die gewünschte Aufmerksamkeit zu sorgen. Wir bekamen ein Handgeld von 250 Mark pro Nase, was genau für einen Abend reichte. Zudem haben wir den Sportler kennengelernt, der ein paar Wochen später im Sommer 1977 immerhin 15 Tage im Gelben Trikot durch Frankreich fuhr. Ein ganz bodenständiger und sympathischer Kerl, dem wir als eingefleischte Radsportfans nun die Daumen drückten. Als Ossis war uns der Sport bestens bekannt, auch wenn unser favorisiertes Rennen bis dahin nicht die Tour de France, sondern die Internationale Friedensfahrt war. Neben Täve Schur war in meinem Herzen aber noch allemal Platz für Didi Thurau.

Im ersten Jahr waren Jürgen und ich ab und an auch mal in der uns immer noch ziemlich unbekannten Bundesrepublik unterwegs. Bei unseren Auswärtsspielen mit der Amateurmannschaft kamen wir nur in Hessen rum. In Frankfurt kannten wir uns wiederum schon ganz gut aus. Ich erinnere mich an einen Ausflug nach Bielefeld. Jürgen hatte einen Onkel in Ostwestfalen. An einem Wochenende sind wir mal dorthin, haben uns auf der Alm ein Spiel der Arminia angeschaut und waren am Abend in der Stadt unterwegs. Alles nicht schlecht, damals gab es überall noch eine sehr lebendige Kneipenkultur. Aber mit Frankfurt konnte Bielefeld natürlich nicht mithalten. Da hatte es uns schon an den richtigen Fleck verschlagen.

Am 22. April 1977 waren wir auf einer dieser Touren mit meinem Ford Capri in Kaiserslautern. Wenn es passte, sind wir mit dem eigenen Auto manchmal auch zu den Auswärtsspielen unserer Eintracht gefahren. Es war ein Freitagabendspiel. Über 30.000 Zuschauer waren auf dem Betzenberg und wir mittendrin. Solche Ausflüge waren in doppelter Hinsicht gut: Wir kamen mal raus und konnten uns an das gewöhnen, was uns ein paar Monate später auf dem Rasen erwarten würde. Der Betzenberg war zwar noch nicht ganz so groß wie heute, wegen der dort herrschenden Stimmung war er aber schon damals berüchtigt. Unsere Eintracht konnte dank zweier Tore von Bernd Hölzenbein immerhin einen Punkt mitnehmen. Nach dem Spiel haben wir in einem Hotel übernachtet und sind am nächsten Morgen ganz entspannt zurückgefahren. Erwähnenswert ist das deshalb, weil ich nach gut einer Stunde nicht mehr bremsen konnte. Der Capri, ein Zweisitzer mit sportlicher Ausstattung, machte alles, nur ließ er sich nicht mehr anhalten. Da ich kein schlechter Fahrer war, bekam ich das hin. Im Zusammenspiel aus Herunterschalten und Handbremse endete unsere Fahrt in einer Nebenstraße mitten in Frankfurt. Wenn die Bremse eine Viertelstunde zuvor ausgefallen wäre, hätte es uns auf der Autobahn erwischt. Ich fuhr gerne schnell und hatte ein flottes Auto – nicht auszudenken, was hätte passieren können. Ich ließ den Wagen zu einem Bekannten in die Werkstatt bringen. Dort wurde festgestellt, dass der Bremsflüssigkeitsbehälter komplett leer war. Es war kein Schnitt, kein Leck zu sehen, nichts. Aber die Bremsflüssigkeit war weg. Jürgen und ich haben das damals nicht hinterfragt. Keine Spur. Wir wussten zwar, dass wir beim Telefonieren und Briefeschreiben sowie bei Interviews aufpassen mussten, aber dass der lange Arm der Stasi auch bis in den Westen und vielleicht sogar bis an die Bremsschläuche unserer Autos reichen könnte, daran hatten wir nicht gedacht. Dafür fehlte uns die Phantasie. Oder wir waren zu naiv.

Rückblickend muss ich allerdings sagen, dass ich bis dahin einfach auch nicht viel über die Staatssicherheit wusste. Klar, ich wusste, dass es sie gibt. Mehr aber auch nicht. Und als normaler DDR-Bürger hatte ich auch keinen Kontakt zu dieser Behörde.

Die Flucht und ihre Folgen

Lange, sehr lange sollte sich an meinem Desinteresse an der Stasi nichts ändern. Vorbei, abgehakt, habe ich immer gesagt. Aber direkt nach der Wende regte sich dann doch eine gewisse Neugier. Allerdings war ich zu dieser Zeit in Südfrankreich. Führte ein ganz anderes Leben. Irgendwie weit weg davon. Später dann, in den 90er-Jahren, rückte das Thema Staatssicherheit wieder in den Hintergrund. Zumal sich das Problem, das ich mit der Behörde und dem Staatsapparat hatte, so ziemlich über Nacht in Luft aufgelöst hatte. Auf einmal konnte ich meine Familie wiedersehen. Mehr wollte ich gar nicht. Der Rest hat mich nicht interessiert, damit wollte ich mich nicht beschäftigen. Warum also zurückblicken, sich mit der Vergangenheit beschäftigen? Mich juckte es auch nicht, wenn andere Ex-DDR-Kicker oder irgendwelche Ost-Promis von den Geschichten sprachen, die sie über sich in den Archiven gelesen hatten.

Meine heutige Frau Ilka sah das anders. Sie lag mir regelrecht in den Ohren, dass ich mich um Akteneinsicht bemühen solle. Ich blieb aber stur. Ilka war nicht die Einzige, die mich in Sachen Stasiakten gern aktiver gesehen hätte. Ich kenne seit einigen Jahren den Sporthistoriker Dr. René Wiese aus Berlin. Ich bin immer mal wieder Gast auf Veranstaltungen, die er organisiert. Dr. Wiese recherchiert seit langem zum Thema Sportverräter, nahm irgendwann Kontakt zu mir auf und erzählte mir, wie interessant er meine Geschichte fände. Natürlich verriet er mir auch, was er über mich herausgefunden hatte.

Und er machte mir klar, dass er davon ausgehe, noch so einiges herauszufinden. Aber im Stasi-Akten-Archiv kam er an manchen Stellen nicht weiter. Denn für Wissenschaftler und Journalisten ist der Zugriff auf persönliche Informationen stark eingeschränkt. Einige Details und insbesondere Namen sind geschwärzt. In manche Akten Einsicht zu nehmen, ist sogar komplett unmöglich. Natürlich hat er versucht, mich zu überzeugen, einen Antrag auf Akteneinsicht zu stellen. Aber auch hier blieb ich stur.

In all den Jahren, auch in den wilden, konnte ich immer gut schlafen. Mir war klar, wenn ich jetzt anfange, tiefer in der Vergangenheit zu wühlen, dann ist es vorbei mit der Ruhe. Dann kommt all das ans Tageslicht, was ich bislang verdrängt hatte. Und sicher auch so einige Halbwahrheiten: Ich weiß doch ganz genau, dass manche meiner damaligen Mitspieler beim Halleschen FC von unseren nächtlichen Ausflügen etwas berichtet haben. Aber ich wollte nie wissen, wer das war. Das waren doch auch keine Überzeugungstäter, sondern Marionetten. Historiker Wiese hatte mir erklärt, dass sich die Stasi in den Teams immer die Schwachpunkte heraussuchte: Jugendspieler, die Mühe hatten, den Sprung zu schaffen. Etablierte Spieler, die schon mal über die Stränge schlugen und sich erpressbar gemacht hatten. Schwamm drüber.

Auch auf privater Ebene wollte ich nicht wissen, welcher unserer Nachbarn in Polleben Informationen an die Stasi geliefert hatte. Das war mir egal. Ich wollte einfach nicht mehr wissen. Schon gar nicht, ob es für mich vielleicht einmal richtig brenzlig gewesen war, in Istanbul, Frankfurt oder München. Wie gesagt, bislang konnte ich immer gut schlafen. Und ein bisschen stur zu sein, ist für mich keine Kunst.

Nachgegeben habe ich erst im Sommer 2021. Letztlich wegen meiner Frau Ilka. Sie sagte, dass ich bekloppt sei, wenn ich das nicht machen würde. Es ging um eine Anfrage für eine TV-Doku über mein Leben: von der Flucht in Bursa über die Stationen Frankfurt und München bis zurück zu den Anfängen im Mansfelder Land. Klar, dass man das Stasi-Thema da nicht außen vor lassen konnte. Wenn ich allein entschieden hätte, hätte ich wohl den Schwanz eingezogen. Ilka machte mir aber klar, dass das mit der Doku ein Geschenk sei. Mit Mitte 60 die eigene Geschichte mit noch klarem Verstand erzählen zu können, sei ein Geschenk, sagte sie. Das sei etwas, das bleibe. Meine Kinder sahen das ähnlich. Zudem beklagte meine große Tochter, dass sie von mir vieles gar nicht wisse. Denn viel erzählt habe ich tatsächlich nie von meiner Vergangenheit, meiner Flucht und den wilden Jahren. Niemandem.

Ich ließ mich also wegen der Fernsehdokumentation des Norddeutschen Rundfunks überzeugen, den Antrag auf Einsichtnahme in meine Akte beim Bundesarchiv für Stasi-Unterlagen zu stellen. Das Amt reagierte sehr schnell. Man teilte mir mit, dass der Aktenbestand ziemlich umfangreich sei. Daher müsse ich mit einer Bearbeitungszeit von locker eineinhalb Jahren rechnen. Die unglaublich nette Mitarbeiterin vom Stasi-Unterlagen-Archiv ermöglichte es aber für unsere Dreharbeiten, dass ich mir in Berlin schon mal eine kleine Auswahl von Unterlagen ansehen konnte. Begleitet von einem Kamerateam bin ich also an einem wunderschönen Spätsommertag im September 2021 vom Hotel im Prenzlauer Berg mit der U2 in Richtung Alexanderplatz gefahren. Mitten durch den Trubel dieser Großstadt, die schon zu DDR-Zeiten nie mein Fall war. Für mich ist Berlin seit jeher zu groß und zu hektisch. Selbst damals, als die halbe Stadt eingemauert und unzugänglich war.

Nun kamen wir an der U-Bahnstation Alexanderplatz an, von wo es zu Fuß bis zum Archiv weiterging. Treppe hoch, noch einmal runter, wieder hoch, und von vorn. Dreharbeiten eben. Draußen ging es vorbei am früheren Haus des Lehrers und durch die ganzen Baustellen, die Berlin nicht schöner, sondern nur noch größer machen. Es war hektisch und laut. Im Archiv wurde in einem separaten Raum, einem hellen Büroraum mit zwei Tischen, ein paar Stühlen und einem Sideboard, alles vorbereitet. Ich hatte gut eine halbe Stunde, um in ein paar Akten zu blättern. Während der ersten Phase durfte die Kamera mich begleiten, während der zweiten dann nicht mehr. Auf den ersten Blick hat mich nichts aus den Socken gehauen. Bis ich, als ich alleine weiterlas, Fotos von meiner Frankfurter Wohnung sah. Und eine Bemerkung, dass alle möglichen Anfahrtswege überprüft worden seien. Dann stand da etwas von einem Transporter und einem Paket, das eingesammelt werden konnte. In diesem Moment liefen mir kalte Schauer über den Rücken, mein Kopfkino begann zu rattern: Hatte die Stasi vorgehabt, mich in die DDR zurückzuholen? Zu einer Zeit, als ich in Frankfurt längst angekommen war, in der Bundesliga Fuß gefasst und mit der Eintracht erste Erfolge gefeiert hatte? Was hatten die mit mir vor? Wollten die mich für Jahre in den Knast stecken? Wie wäre es mit meiner Familie weitergegangen?

Das war mir zu viel, und schlug die Akte zu. Mehr wollte ich nicht wissen. Von mir aus hätte das Stasi-Unterlagen-Archiv jede weitere Suche einstellen können. Für immer und ewig. Bei dieser Entscheidung wäre es auch geblieben, wenn es nicht zu diesem Buch gekommen wäre. Jetzt war ich zum ersten Mal gezwungen, mich mit meiner Geschichte auseinanderzusetzen.

Alle, die mich besser kennen, wissen, wie schwer das für mich ist. Eine solche Beschäftigung mit mir selbst ist mir völlig fremd. Diesbezüglich bin ich vielleicht faul oder, um es weniger schonungslos auszudrücken: zumindest träge. Ich bin jemand, der lieber gleich losrennt, als noch stehen zu bleiben, um sich erst mal Gedanken über die bestmögliche Richtung zu machen. Ich mache einfach. Wenn etwas danebengeht, dann trage ich eben die Konsequenzen. „Es gibt immer einen Ausweg", ist nicht von ungefähr zu meinem Lebensmotto geworden.

Dementsprechend kehre ich an dieser Stelle dem Thema Stasi noch einmal den Rücken. Aber ich komme darauf zurück, versprochen. Doch erst am Ende des Buches, weil ich mir mein eigenes Bild machen muss, um alles zu verstehen, was ich mittlerweile aus den Akten des Ministeriums für Staatssicherheit erfahren habe.

Außerdem ist der Schritt zurück und wieder hinein in meine erlebte Geschichte auch aus einem anderen Grund wichtig. Um die politische Dimension zu begreifen. Um sich ein Bild von der Zeit zu machen, in die die Flucht von Jürgen und mir fiel. Wichtig ist auch zu verstehen, wer wir, der Jürgen aus Teuchern, und ich, der blonde Junge aus Polleben, vor ungefähr 50 Jahren waren. Denn Jürgen und ich waren zum Zeitpunkt unserer Republikflucht im November 1976 beileibe keine Stars des DDR-Fußballs. Selbst in Halle galten wir lediglich als Talente. Wir hatten uns aus dem Nachwuchs in die erste Mannschaft, also ins Oberliga-Team hochgespielt, aber große Fische waren wir in diesem Teich noch nicht. Wir schwammen so ein bisschen am Rand, wollten aber viel, viel mehr.

Zu unseren ersten Oberliga-Einsätzen kamen wir zu einer Zeit, als es mit dem DDR-Fußball so richtig bergauf zu gehen schien. Der 1.FC Magdeburg hatte 1974 den Europapokal der Pokalsieger gewonnen: der bis dahin – und auch bis zum Ende der DDR – einzige europäische Vereinstitel. 1974 hatte sich die DDR-Nationalmannschaft ebenfalls zum ersten und einzigen Mal in der Geschichte des Landes für die Endrunde einer Fußball-Weltmeisterschaft qualifiziert und dabei bekanntlich in der Vorrunde den späteren Weltmeister geschlagen. Wer hat nicht das Tor von Jürgen Sparwasser vor Augen? Seine elegante Ballmitnahme, der Sprint vorbei an Horst-Dieter Höttges und Berti Vogts und dann der Abschluss über Sepp Maier hinweg.

1:0 gegen die Bundesrepublik. Die Funktionäre in Berlin und in den Vereinen wähnten sich auf dem richtigen Weg, zumal die Junioren-Nationalmannschaften auch schon in den Vorjahren auf hohem Niveau erstaunlich konstante Ergebnisse geliefert hatten. Im Nachwuchsbereich waren wir zweifellos konkurrenzfähig, was für die Zukunft hoffen ließ. So wurde es den einen Tag versprochen, am anderen Tag dann gefordert. In Wahrheit war der DDR-Fußball, wenn es ums Ganze ging, der Westkonkurrenz nicht gewachsen. Zwar spülte das Ausbildungssystem mit den Kinder- und Jugendsportschulen Jahr für Jahr die besten Talente der Region in die jeweils größten umliegenden Vereine. Aber wenn die Bezirksauswahl aus Dresden gegen Bayern München auflief, trafen Welten aufeinander. Trotz allen guten Willens. Trotz aller vermeintlich modernen Trainingsmethoden und trotz anderer Hilfsmittelchen, die im DDR-Sport zunehmend eine Rolle spielten.

Ganz allgemein lässt sich rückblickend sagen, dass der Fußball in den 1970ern wichtiger wurde. In vielen anderen Sportarten waren die DDR-Athleten zwar deutlicher erfolgreicher, aber wen interessierte das? Fußball war das, was zählte. Unabhängig davon, wo wer wie gut spielte. In jedem Dorf zwischen Rügen und dem Erzgebirge wurde damals gekickt. Im Breitensport war keine andere Sportart beliebter.

Die Oberliga-Standorte waren wiederum die Schaufenster und die besten Spieler waren die Aushängeschilder. Beim Halleschen FC Chemie spielte Bernd Bransch als lebende Legende. Bei der WM in der BRD war er Kapitän der DDR-Auswahl. 1976 wurde er bei den Olympischen Spielen in Montreal Olympiasieger. Mit ihm durfte ich als Juniorennationalspieler, also einige Monate vor meiner Flucht, in ein Trainingslager nach Kienbaum fahren. Bransch, der für das A-Nationalteam auch dorthin reiste, wurde allerdings chauffiert. Ein Traum für mich, dass ich dort mitfahren durfte. Und im Wagen staunte ich nicht schlecht: Wir saßen kaum in der Kiste, zündete sich mein prominenter Mitreisender eine Zigarette an. Das passte so gar nicht zu seinem Image, das er als Vorzeigeathlet in der DDR hatte. Aber so war es einfach: Trotz aller sozialistischen Vorgaben und den zum Teil wahnwitzigen Trainingsplänen – in der Freizeit wurde getrunken und geraucht. Richtig gesoffen weniger, aber ein Bierchen und eine Zigarette gehörten nach getaner Arbeit, ich würde heute sagen, bei fast jedem dazu. Das war einfach so.

Als Fußballer in der DDR genossen wir zunehmend mehr Freiheiten. Auch wenn wir im späteren Vergleich zur Bundesliga höchstens Profis zweiter Klasse waren. Aber es wurde vieles akzeptiert. Das weiß ich nur zu gut, denn beim HFC hatte ich eine Menge Kredit. Ich brauch da nur an meine letzten Schuljahre zu denken. Denn so einen richtigen Abschluss habe ich gar nicht gemacht. Wenn ich gewollt und mich etwas reingehängt hätte, wäre nach den Abschlussprüfungen der zehnten Klasse das übliche Prädikat „gut" sicher drin gewesen. Aber ich habe es in den letzten Schuljahren eigentlich immer mehr schleifen lassen. Ich weiß gar nicht mehr, ob ich überhaupt noch zu irgendwelchen Prüfungen gegangen bin. Fakt ist: Ich bekam den Zehnte-Klasse-Abschluss und einen Ausbildungsplatz als Maschinen- und Anlagenmonteur. Und da ging es genau so weiter wie bisher. Heißt: Ich war kein regelmäßiger Gast im Kombinat in der Merseburger Straße. Vor allem wegen der zahlreichen Trainingslager mit der Junioren-Nationalmannschaft. Aber nicht nur. Denn auch wenn ich in Halle war, bin ich oft einfach nicht hingegangen. Ich erinnere mich an ein Gespräch mit einem Klubverantwortlichen des Halleschen FC Chemie, der mich auf dem Trainingsgelände auf mein Fehlen am Arbeitsplatz ansprach. Ich war ehrlich und habe ihm gesagt, dass ich verschlafen hätte. „Na gut", meinte er bloß. Die Angelegenheit war damit erledigt und der Freifahrtschein für mich von der höchstens Instanz für die kommenden Wochen erteilt.

Richtig komisch wurde es, als ich im Rahmen meiner Ausbildung etwas vorweisen musste. Ich sollte Werkstücke herstellen, die mit der Feile schön im 90-Grad-Winkel bearbeitet werden mussten. Ab und an musste auch mal etwas geschweißt werden. Davon hatte ich nun überhaupt keine Ahnung und auch kein besonderes Geschick dazu. Also haben die Prüfungsstücke immer meine Lehrmeister höchstpersönlich hergestellt, während ich mich im Hinterzimmer mit anderen über Fußball, die Nationalmannschaft und den HFC unterhalten habe. In der Berufsschule war ich höchsten zwei Tage, die kannten mich dort gar nicht. Wie gesagt, wir genossen sehr viele Freiheiten.

Als es keinen Zweifel mehr daran geben konnte, dass diese Ausbildung nicht das Richtige für mich war, fand sich eine bessere Lösung. Zusammen mit meinem Freund Burkhard, der Abitur gemacht hatte, aber nicht wie üblich in Leipzig an der Deutschen Hochschule für Körperkultur, kurz DHfK, dem Pendant zur Sporthochschule in Köln, studieren wollte, haben wir gemeinsam eine Ausbildung begonnen. Es gab damals in Leuna ein Programm zur Erwachsenenqualifizierung, in dessen Rahmen man verschiedene Ausbildungsberufe mit Ingenieursabschluss erlernen konnte. In dieses Programm sollte ich einsteigen. Burkhard machte erst einmal seinen Facharbeiter. Ich startete also meinen zweiten Bildungsweg, ohne den ersten zuvor ernsthaft begonnen zu haben. Der winkende Ingenieurtitel machte schon deutlich mehr her als „Maschinen- und Anlagenmonteur" – und schon saßen wir im Bus Richtung Leuna, das 20 Kilometer von Halle entfernt ist. Leuna gehörte mit Buna und Schkopau zu den großen Chemie-Standorten in der DDR.

Meine neue Ausbildungsstätte hat mir tatsächlich gefallen, wobei sich an meiner Einstellung nichts änderte. Letztlich war dieses Angebot nur ein Feigenblatt, um zu kaschieren, dass wir in Wahrheit Profi-Fußballer waren. Wir hatten dort eine Menge Spaß, wobei wir natürlich kaum gearbeitet haben. Ich erinnere mich noch an eine Pause, zu der Burkhard – wie es üblich war – im sauberen blauen Arbeitskittel kam, wobei jedoch etwas schwarze Schmiere oder Farbe an seiner Schläfe haftete. Offensichtlich hatte er sich dreckig gemacht. Ich habe ihn völlig entgeistert angeschaut und gefragt: „Sag mal, Burkhard, bist du wahnsinnig? Hast du hier irgendetwas angefasst?" Wir haben uns gekrümmt vor Lachen.

Die Fixpunkte unserer Tagesgestaltung in Leuna waren die Pausen. Es begann mit der Frühstückspause, zu der es immer eine Bockwurst und Kaffee gab. Dazwischen gab es Kuchen und dann natürlich Mittagessen. Wir waren fasziniert davon, wenn in den Speisesälen die ganze Belegschaft zusammenkam. Das war wie Kino für uns. Wir saßen da und haben einfach nur alles beobachtet. Wir haben gestaunt, wenn wir die Kollegen gesehen haben, die an den Karbidöfen malochten. Denen hast du ihre schwere Arbeit angesehen. Eigentlich waren das junge Kerle, aber ihre Gesichter ließen sie 30 Jahre älter aussehen. Das war krass. „Das ist nichts für uns." Da waren wir uns einig, wir feinen Herren vom Fußballklub.

Der größte Unterschied zu meiner ersten Ausbildung war, dass meine Fehltage quasi gegen null gingen, was daran lag, dass wir mit einem Bus nach Leuna gebracht wurden. Neben Burkhard waren noch einige andere Mitspieler dort beschäftigt, sodass wir in der Gruppe gefahren wurden. Aus dem Grund war es nicht mehr so einfach möglich, morgens einfach mal liegen zu bleiben. Und so habe ich das durchgezogen, letztlich bis zu meiner Flucht.

In meinen letzten Monaten in Halle waren wir abends nach der „Arbeit" gern unterwegs. Meistens gingen wir in die Palette, oder dorthin, wo gerade irgendetwas los war. Ab und zu haben wir auch mal auswärts übernachtet, weil sich aus dem ein oder anderen Flirt mal etwas mehr ergeben hatte. Manchmal wollten wir auch Damenbesuch mit ins Casino nehmen, wo wir ja gewohnt haben. Wo allerdings unser allgegenwärtiger Hausmeister Wache schob. Egal wie spät wir uns dort die Treppe hinaufschleichen wollten, wir haben es nicht ein einziges Mal geschafft, mit den Damen oben anzukommen. Nach ein paar Stufen ging die Tür der Hausmeisterwohnung auf und er sagte zu unseren Begleiterinnen: „Auf Wiedersehen, die Damen." Dennoch haben wir unser jugendliches Leben genossen. Wir hatten viele Freiheiten. Viel Energie. Und letztlich auch eine Menge Geld im Vergleich zu den meisten anderen in unserem Alter.

Mein Fokus lag trotz des Freizeitspaßes und der beruflichen Ausbildung lange schon auf meiner fußballerischen Entwicklung. Und hier kam ich sehr gut voran. Nach ein paar Einsätzen in der zweiten Mannschaft wurde ich zusammen mit Burkhard Pingel recht schnell zur Oberliga-Mannschaft geholt. Günter Hoffmann, der Trainer der ersten Mannschaft, hielt große Stücke auf mich. „Der Hopser", wie er wegen seiner geringen Körpergröße genannt wurde, traute mir eine große Zukunft bei Chemie Halle zu. Zudem war es so, dass wir als Junioren-Auswahlspieler auch besonders gefördert worden sind. Warst du einmal in dem System drin, dann ging irgendwo immer die nächste Tür auf.

Mein schönstes Erlebnis im HFC-Trikot hatte ich gleich in meinem dritten Oberliga-Spiel. Fast am Ende der Saison 1974/1975 kam ich zu meinen ersten Einsätzen. Erst gegen Hansa Rostock, dann auswärts in Erfurt und gegen Lokomotive Leipzig zu Hause. Zwei Wochen vor meinem 18. Geburtstag durfte ich gegen die Lok-Legende Henning Frenzel ran. Kaum hatte das Spiel begonnen, habe ich dem Altmeister richtig auf die Socken gegeben. Draußen haben sie sich gewundert, sowohl auf unserer Bank als auch auf der Leipziger, was der Frechdachs sich da rausnimmt. Aber mir hat es Spaß gemacht, genau so dort aufzutreten. In einem Oberliga-Spiel vor 10.000 Zuschauern im Kurt-Wabbel-Stadion. Dafür war ich gemacht, das habe ich in solchen Momenten gespürt. Keine Spur von Nervosität, viel mehr Lust auf das Spiel und den Kampf. Dreimal durfte ich in meiner ersten Saison auflaufen, in der zweiten kam ich dann schon auf 22 Einsätze bei 26 Saisonspielen. Ich war quasi Stammspieler. Mein erstes Tor machte ich am 6. Oktober 1976 gegen Stahl Riesa. Es war der Treffer zum 1:1-Ausgleich. Die Woche darauf erzielte ich wieder das Tor zum Ausgleich auswärts im Erzgebirge gegen Wismut Aue. Es sollte mein letztes Tor für den Halleschen FC Chemie bleiben.

Manchmal frage ich mich, wie es wohl weitergegangen wäre, hätten wir ein paar Wochen später nicht diesen Amerikaner in Bursa getroffen. Ich wäre sicher die nächsten Jahre in Halle geblieben und hätte eine ganz normale DDR-Sportkarriere gemacht. Ich hätte weiter für den Halleschen FC Chemie und die U21-Nationalmannschaft gespielt. 1978 wäre ich mit Sicherheit Teil des Junioren-EM-Teams gewesen, das es bis in die Finalrunde gegen die Tschechoslowakei geschafft hat. Damals wurde die EM nicht in Turnierform, sondern ab dem Viertelfinale in Hin- und Rückspielen ausgetragen. Das Endspiel gegen die Tschechen fand sogar in Halle statt, vor 18.000 Zuschauern im Kurt-Wabbel-Stadion. Also in meinem alten Stadion. Dort wurde mein Freund Burkhard Pingel zumindest eingewechselt, Lutz Eigendorf, mit dem ich das Zimmer im Hotel in Bursa teilte, spielte in beiden Finalbegegnungen von Anfang an. Aber letztlich hat es knapp nicht gereicht. In Halle verlor die DDR 4:5, das Rückspiel in Mostar endete mit einem 4:4-Unentschieden. Wer weiß, ob Jürgen Pahl und ich nicht ein wenig hätten helfen können, um für die DDR den Europameistertitel zu holen. Vielleicht.

Noch vor meiner Flucht hatten mir die Verantwortlichen vom DDR-Fußballverband gesagt, dass ich nach der Junioren-Auswahl für den A-Kader vorgesehen sei. Wahrscheinlich hätte ich dann aber den Verein wechseln müssen, da Halle nicht gerade eine Topadresse für Nationalspieler war. Und den strategischen Überlegungen von Partei und Sportpolitik folgend, die die besten Spieler in einigen wenigen Teams konzentrieren wollten, hätte ich wohl die Wahl gehabt zwischen Magdeburg, Dresden oder Jena. Berlin, also den BFC Dynamo, hätten sie mir wegen meiner kleinen Eskapaden in den Jugendjahren sicherlich nicht angeboten. Und wenn doch, dann hätte ich mich mit Händen und Füßen dagegen gewehrt. Denn den BFC konnte in der DDR niemand leiden. Ich auch nicht. Zudem ist mir die Stadt zu groß. Wahrscheinlich wäre es Magdeburg geworden, dann hätte ich mir sogar in oder rund um Polleben ein Häuschen nehmen können. Mit dem Auto wäre das damals pro Strecke eine gute Stunde gewesen.

Allerdings wäre in der DDR meine Karriere mit 28 oder 29 zu Ende gewesen. Viel länger hat kaum jemand gespielt. Stattdessen hätte ich dann vielleicht sogar noch zur Nationalen Volksarmee gemusst, um danach irgendeine Facharbeiter-umschulung zu machen. Dass mir das erspart blieb, darüber bin ich bis heute froh.

Sicher wäre eines gewesen: Mit meinem Mitspieler Burkhard Pingel hätte ich die besten Jahre meines Lebens verlebt. Bestimmt wäre er bis heute mein bester Freund. Stattdessen muss ich die traurige Geschichte erzählen, dass derjenige, der sich in Istanbul gegen die Republikflucht und stattdessen für die eigene Familie und vielleicht ein bisschen auch für die DDR entschied, die schlimmsten Konsequenzen zu tragen hatte. Sportlich hat es ihn seine Karriere gekostet.

Von Burkhard weiß ich, dass er nach unserer Flucht schon in Istanbul und danach vor allem in Halle wahnsinnig oft verhört wurde. Alles, jede Kleinigkeit wollten sie von ihm wissen. Immer und immer wieder. Und er erzählte immer wieder die gleiche Geschichte, die bis auf ein Detail keine Geschichte war, sondern die Wahrheit: Burkhard hat ihnen erzählt, dass Jürgen Pahl und ich ihn auf dem Istanbuler Basar gefragt hätten, ob er mit in den Westen flüchten wolle. Dass wir zwei einen Amerikaner kennengelernt hätten, der helfen wollte. So weit, so richtig. Dass er sich dann aber entschlossen habe, zum Bus zurückzugehen. Zumal er in diesem Moment noch dachte, dass wir nur Quatsch machen und ihn verarschen würden. Doch seien wir dann eben tatsächlich verschwunden. Auch das war richtig. Das Detail, das er weggelassen hatte, waren unsere Gespräche in den vergangenen Jahren im Casino oder irgendwelchen Kneipen. Als wir rumgesponnen hatten, als wir uns fragten, ob wir wohl gut genug für die Bundesliga wären. Natürlich hat er das weggelassen, zumal er der Erste war, der damals gesagt hatte, dass er das machen würde.

In den hektischen Minuten von Istanbul war Burkhard aber letztlich der Einzige, der sich zu seiner Familie und zu seinem Land bekannt hat. Ich verstehe bis heute nicht, warum die DDR das nicht ausgeschlachtet hat. Das hätte doch eine Heldengeschichte sein können. Hier die bösen Verräter Pahl und Nachtweih, dort der republiktreue Pingel, der zu einem Star des DDR-Fußballs wird und es dem Westen und besonders uns beiden zeigt. Sie hätten ihn eigentlich auf Händen tragen müssen. Stattdessen haben sie ihn abserviert. Er flog erst einmal hochkant aus den Auswahlmannschaften. Zwei Jahre später, also im Jahr 1978, durfte er zwar immerhin wieder an der U21-EM-Endrunde teilnehmen, aber für die A-Nationalmannschaft wurde er nicht mehr berücksichtigt.

Und auch beim Halleschen FC waren die schönen Jahre vorbei. Es rollten einige Köpfe und die Atmosphäre war wohl schlagartig eine andere. Die gesamte HFC-Mannschaft wurde nach unserer Nicht-Rückkehr offenbar zusammengetrommelt und musste zum Rapport. Dabei sagte der Parteisekretär, der beim Klub angestellt war: „Pahl und Nachtweih sind Verbrecher." Wie mir berichtet wurde, hat ihm daraufhin Bernd Bransch entgegengehalten: „Klar, die haben Mist gebaut. Die haben uns geschadet. Aber die beiden sind doch keine Verbrecher." Davon habe ich erst vor kurzem erfahren. Diese Reaktion zeigt, was das Hallenser Idol Bransch für ein feiner und vor allem mutiger Kerl war. Das in dieser Situation zu sagen, erforderte extrem viel Mut. Ich kann ihm das nicht hoch genug anrechnen. Leider konnte ich ihm das nicht mehr persönlich sagen, da ich davon erst nach seinem Tod im Sommer 2022 erfahren habe.

Burkhard wiederum wurde jahrelang drangsaliert. Immer wieder hat ihn der Staat seine Macht spüren lassen, etwa durch Maßnahmen wie die Nichtberücksichtigung für die Startelf beim Halleschen FC Chemie. Zwischen April 1983 und Dezember 1984, ein Zeitraum, in den der Abstieg des HFC in die DDR-Liga fiel, musste er sogar seinen Reservistendienst bei der Nationalen Volksarmee leisten, was ihm normalerweise als Oberliga-Spieler während der Karriere erspart geblieben wäre. Sportlich war der Zug damit endgültig abgefahren. Mit Mitte 20, im besten Fußballeralter, war quasi Schluss. Wegen des Wehrdienstes wechselte er nach Dessau, wo er stationiert war, und spielte dort unterklassig. Erst Mitte der 1980er-Jahre wurde er auf Drängen von Werner Felfe rehabilitiert. Felfe war Erster Sekretär der SED-Kreisleitung in Halle und zudem Mitglied des Politbüros. Er galt später sogar als ein Kandidat für die Nachfolge von Erich Honecker als Staatsratsvorsitzender. Angeblich hat er Burkhards Martyrium mit sieben Worten beendet: „Jetzt reicht es mal mit dem Pingel."

Als Burkhard zurück nach Halle kam, war der HFC schon abgestiegen. Später wurde er Trainer, arbeitete beim HFC, dann bei dem kleineren Verein VfL Halle 96 und später bei Grün-Weiß Wolfen. Was das Fußballerische anging, wurde er nicht mehr glücklich.

Persönlich habe ich bis heute damit zu kämpfen, dass mein Freund Burkhard diese völlig unangemessenen Konsequenzen unserer Flucht tragen musste. Er hätte zweifellos das Talent gehabt, in der DDR-Nationalmannschaft zu spielen. Dieser Weg war ihm ab November 1976 für immer verschlossen. Stattdessen ist er beruflich erfolgreich geworden, vor allem nach der Wende. Er arbeitete für ein Entsorgungsunternehmen, das sich um Industrieabfälle kümmert. Bis zur Rente hatte er dort einen guten Posten. Vor ein paar Jahren habe ich ihn im Rahmen der Veranstaltungen mit dem Sporthistoriker Wiese in Hamburg getroffen. Bis vier Uhr morgens saßen wir in einer Bar und haben uns die ganze Zeit unterhalten. Die Nacht war so lang, dass ich dann gar nicht mehr ins Hotel ging, sondern gleich mit der Bahn nach Frankfurt zurückfuhr. Seither haben wir uns einige Male getroffen. Aber so wie damals ist es nicht mehr. Wahrscheinlich ist in der Zwischenzeit einfach zu viel passiert. Womöglich bin ich aber auch nicht besonders gut in solchen Dingen. Schade, aber: C'est la vie.

Burkhard rückt bis heute nicht richtig raus mit der Sprache. Vor der Veranstaltung in Hamburg habe ich ihm noch gesagt: „Sag doch ruhig, dass du Angst hattest. Das ist doch vollkommen normal. Das kann jeder nachvollziehen." Aber er hält sich dazu eher bedeckt. Was uns allerdings beiden klar ist, ist, dass die Krankheit des Großvaters nur vorgeschoben war.

Ich weiß nicht, ob er mir böse ist. Wahrscheinlich nicht, aber mich plagt mein schlechtes Gewissen. Mich macht es immer noch wütend, wenn ich darüber nachdenke, wie ein Staat das Leben eines Menschen so – und in anderen Fällen noch viel schlimmer – zerstören konnte. Träume in Luft auflösen konnte. Da wurde ein Einzelner geopfert, um andere abzuschrecken. Weil sie verhindern wollten, dass von nun an scharenweise Fußballer die nächstbeste Gelegenheit nutzen, um abzuhauen. Für alle, die wie Jürgen, Burkhard und ich von der Bundesliga träumten, sollte der Fall ein abschreckendes Beispiel sein. Nach dem Motto: Wenn wir euch bei der Flucht erwischen, oder wenn ihr auch nur darüber nachdenken solltet, dann machen wir euch fertig. Wenn wir euch an den Eiern kriegen, dann drücken wir zu und lassen nicht mehr los.

Der Umgang mit Burkhard zeigt, dass unsere Flucht für die Stasi eine Katastrophe war. Ein Dammbruch. Denn letztlich waren wir die ersten relativ namhaften Fußballer der DDR, die abgehauen sind. In den 1960er-Jahren gab es zwar durchaus einige Oberliga-Spieler, die nach dem Mauerfall in den Westen gegangen sind. Aber richtig groß rausgekommen war keiner von denen. Unser Weg machte nun all jenen Hoffnung, die auch von der Bundesliga träumten. Von ihnen sollten wir in den 1980er-Jahren einige kennenlernen. Dazu später mehr.

Der Sporthistoriker Wiese hat mir in den vergangenen Jahren einiges über die Zusammenhänge erklärt. So wurde in der DDR schon kurz nach dem Mauerbau ein Maßnahmenplan zum Thema Sportverräter aufgestellt. ZOV, „Zentraler operativer Vorgang“, hieß das Schriftstück. Darin stand unter anderem, wie republikflüchtige Athleten in die DDR zurückgeholt werden sollten. Zur Strategie zählte insbesondere, die geflüchteten Sportler in Kontakt mit ihren Müttern oder Vätern zu bringen. Klar, um emotionalen Druck aufzubauen. In meinem Fall ist dies genauso versucht worden. Wenn, wie in meinem Fall, das Rückholkommando nicht zustande kam, sollten die Karrieren der Sportler im Westen gestört oder sogar verhindert werden. Wiese sagt auch, dass in den Akten zur ZOV „Sportverräter“ immer wieder auch Andeutungen zu Rückführungen auftauchen. Im Klartext: Für die Stasi waren auch Entführungen ein Mittel, um Athleten aus dem Westen wieder zurück in den Osten zu bringen. Pille ins Glas und dann wachst du auf dem Alexanderplatz auf. So stelle ich mir das vor.

Wiese erzählte mir aber auch, dass die Staatssicherheit eigentlich recht hilflos war, was Republikfluchten anging. Schließlich konnte niemand alle Sportler Tag und Nacht bei Reisen ins westliche Ausland beschatten. Daher wurde versucht, uns Sportler bestmöglich zu schulen. Und es wurden im und rund um das Team einige inoffizielle Mitarbeiter installiert. Die Verantwortung dafür, dass niemand stiften geht, hatte meistens jemand aus dem Trainerstab oder aus der Mannschaftsleitung. Die Stasi war aber personell nicht in der Lage, die Teams und Kaderathleten immer mit einem Tross von Ministeriumsmitarbeitern zu begleiten. So hatten wir das, egal wo wir waren, ja auch erlebt. Im Vorfeld wurde agitiert. Dafür kam nicht selten ein Parteifunktionär aus Berlin, der uns erklärte, wie schlimm alles im Westen sei. Wer sich etwas hatte zuschulden kommen lassen, war kein Reisekader mehr. Der musste zu Hause bleiben. Während der Reisen wurde uns natürlich auf die Finger geschaut. Lückenlos beschattet und kontrolliert wurden wir aber nicht. Das ging gar nicht.

In Bursa und Istanbul konnten Jürgen und ich die Lücken in diesem System nutzen. So überraschend sich die Chance zur Republikflucht für uns ergab, so übertölpelt fühlte sich die Delegation vom Halleschen FC Chemie. Auch in der Chefetage und knapp darunter haben einige wegen uns Konsequenzen tragen müssen. Denn die SED gründete extra eine Arbeitsgruppe zur Aufklärung der Vorkommnisse. Der Leiter der Arbeitsgruppe wurde im Anschluss neuer Vorsitzender beim Verein.

In Polleben änderte sich auf den ersten Blick wenig. Zumal meine Eltern nach den ersten Stasi-Verhören und der vorgeschlagenen Rückholaktion, gegen die sich mein Vater gesträubt hatte, von der Staatssicherheit in Ruhe gelassen wurden. Wenn ich heute mit meinen Geschwistern darüber rede, bestätigen sie das auch so. Wenn sich etwas geändert hat, dann war es, dass meine Eltern vorsichtiger und vielleicht auch misstrauischer gegenüber Unbekannten geworden sind. Sie haben sich noch stärker auf die Familie konzentriert. Groß ändern mussten sie ihr Verhalten dafür aber nicht.

Über meinen Vater weiß ich, dass er weiterhin zum Fußball in Polleben gegangen ist. Wenn er dort einen über den Durst getrunken hat, soll er schon deutlich gesagt haben, wie stolz er auf mich und meine immer größeren Erfolge im Westfußball war. Manchmal vielleicht ein bisschen zu deutlich. Auch in alltäglichen Gesprächen waren meine Leistungen für Frankfurt und später die Bayern ein Thema. Wenn ich ein Tor gemacht habe, wurde nicht getuschelt, dann haben die Nachbarn und Kollegen ihm auf die Schulter geklopft. „Hast du gesehen, wie der Norbert wieder eingenetzt hat!" Häufig wurde er darauf angesprochen. Das hat er mir in den Telefonaten verraten. Ich weiß, wie stolz mein Vater war. Und wie froh er war, dass ich meinen Weg gehe. Einen ganz, ganz anderen, als es mir in der DDR möglich gewesen wäre.

Bei den Dreharbeiten für die Fernsehdoku kam dann heraus, dass meine Nichte, die in Polleben zur Schule ging, in den 1980er-Jahren einige Schwierigkeiten hatte. Der Nachname Nachtweih führte nun dazu, dass sie kritisch beäugt wurde. Problematisch wurde es dann, wenn sie Klamotten anhatte, die ich der Familie aus dem Westen geschickt hatte. Eine Jeanshose vom Klassenfeind war mindestens einen Eintrag ins Klassenbuch wert. Aber viel schlimmer wurde es nicht. Zumal sich alle in meiner Familie große Mühe gaben, weiterhin ein ganz normales Leben zu führen. Auch mein großer Bruder Uwe. Nach seinen Monaten im Knast ist er ruhiger geworden, viel ruhiger. Zumindest insofern, dass er keinen großen Ärger mehr hatte. Anita hat ihn nach und nach zu einem sanften Riesen gemacht.

Das Leben in Polleben ging ohne mich weiter. Meine Mutter hätte sich die ganze Aufregung gern erspart. Für sie hätte es gereicht, wenn ich beim Halleschen FC Chemie eine überschaubare Oberliga-Karriere gemacht, dafür aber regelmäßig mit an der Kaffeetafel gesessen hätte. Mein Vater hingegen freute sich auf alles, was ich in der Bundesliga noch so anstellen sollte.

GUT GENUG

Die Diva vom Main. So wird Eintracht Frankfurt heute noch genannt. Seit Ewigkeiten ist das schon so, angeblich seit den 1960er-Jahren. Also lange vor meiner Zeit. Zu uns passte der Beiname perfekt. Zu dem Fußball, den wir in den späten 1970er-Jahren gespielt haben. Ich bin überzeugt, dass wir das Divenhafte besser verkörpert haben als die Frankfurter Kicker vor uns und auch all die Okochas, Gaudinos und Beins nach uns. Ohne jemandem von denen zu nahe treten zu wollen.

Wir legten wahnsinnig launische Auftritte hin. Wir konnten auf dem Rasen Feste, regelrechte Orgien feiern, wenn viele Zuschauer da waren und es um was ging. Wir konnten uns aber auch unter der Woche gegen viel schwächere Gegner schwerfällig und hilflos präsentieren. Wenn wir uns heute mit der Mannschaft treffen, fragen wir uns immer noch regelmäßig, wie das damals möglich war und warum wir nicht mindestens ein- oder zweimal Meister geworden sind?

Bei der Eintracht hatten wir in den späten 1970er-Jahren ein außergewöhnlich gutes Team. Auf und neben dem Platz. Ich war darüber fast ein wenig überrascht. Nach unserer Flucht haben sich die Jungs ernsthaft, wohlwollend und herzlich um uns gekümmert. Als wir nach der Sperre bei den Profis nicht mehr nur mittrainieren durften, waren wir schon längst mittendrin. Wir waren ein Teil dieser Mannschaft. Wir spürten den Respekt, den vor allem die erfahrenen Spieler, also die Stars wie Jürgen Grabowski, Bernd Nickel und Bernd Hölzenbein vor uns hatten. Das war keine Selbstverständlichkeit. Wir haben vom ersten Tag an verstanden, dass sie uns ernst nehmen, dass wir als Junioren-Nationalspieler der Mannschaft vielleicht etwas geben können, was uns als Team, als Einheit hilft.

Mein erstes Spiel habe ich im Frühjahr 1978 unter Trainer Dettmar Cramer gegen den VfB Stuttgart gemacht. Durch zwei späte Tore von Rüdiger Wenzel und Jürgen Grabowski haben wir 2:0 gewonnen. Ich habe ordentlich gespielt, der *Kicker* gab mir die Note 2. Ein gutes Debüt, bei dem es mir meine Mitspieler leicht gemacht haben. Von ihnen hatte ich allesamt Rückendeckung.

Selbstverständlich war das zu dieser Zeit nicht. Jürgen Grabowski war ein Spieler, der unglaublich viel am Ball konnte, aber auf der anderen Seite auch wahnsinnig viel von seinen Mitspielern erwartete. Damit meine ich nicht nur Laufarbeit, Zweikampfhärte und Einsatzbereitschaft, sondern auch technische Qualitäten. Wenn du keinen feinen Fuß hattest, hast du in bestimmten Situationen den Ball einfach nicht bekommen. Du wurdest von Jürgen nur angespielt, wenn er dir zutraute, dass du etwas Vernünftiges aus der Situation machst. Wenn er dieses Vertrauen in dich nicht hatte, hat er den Ball lieber allein gestreichelt oder sich zur anderen Seite umgedreht. Anders war es bei Bernd Nickel: Bei ihm musstest du als junger Spieler laufen, du musstest ihm etwas anbieten, damit er seine Zauberpässe spielen konnte. Wenn du also für ihn unterwegs warst, war alles gut, alles bestens. Dass ich bei beiden auf unterschiedliche Art sehr schnell zum auserlesenen Kreis gehörte, spürte ich. Dass sich daraus etwas Besonderes entwickeln sollte, konnte ich nur ahnen. Dass ich mir auf dem Platz auch mal etwas erlauben konnte, habe ich genossen.

Insgesamt hatten wir, trotz der positiven und offenen Stimmung, eine klare Hackordnung, was es für uns Jungspunde am Ende aber auch einfach gemacht hat. Im Alltag gab es einfache Regeln: Wenn beim Fünf-gegen-zwei Grabi, Holz oder Bernd der Ball mal vom Fuß tropfte, dann bist du als junger Spieler in die Mitte gegangen. Denn natürlich war es dann dein Fehler. Dein zu scharfer Pass oder der falsche Schnitt im Zuspiel. Konnte ja nicht sein, dass einer unserer Silberrücken einen Fehler machte. Einmal in der Mitte, bei diesem Trainingsspielchen, wurde es schnell schmerzhaft: Denn die waren alle ballsicher. Du musstest dir förmlich den Arsch aufreißen, um an den Ball zu kommen. Wenn dann noch eine gewisse Anzahl an Pässen gespielt wurde, ohne dass du an den Ball gekommen bist, gingen obendrein fünf Mark in die Mannschaftskasse. Ob du nun zu Recht in der Mitte warst oder nicht – darüber wurde nicht diskutiert.

Im Umgang mit den Medien war das genauso. Wir hätten uns warm anziehen können, wenn wir den Journalisten nach dem Spiel hier und da einmal ehrlich geantwortet hätten. Fehler, so hieß ein weiteres ungeschriebenes Gesetz, haben nur die einen gemacht, nie die anderen. In Interviews haben wir Jungen, wenn wir denn überhaupt gefragt wurden, immer die Schuld auf uns genommen oder irgendeine unverdächtige Erklärung für die Dinge gefunden, die nicht ganz rund liefen. Unsere Stars kritisieren, das ging gar nicht. Obwohl wir von den Presseleuten immer mal wieder aufs Glatteis geführt worden sind. Die waren nicht doof und wollten natürlich auch mal kritische Töne aus uns herauskitzeln. Aber das gab es nicht. Mir fällt nicht ein Beispiel ein, dass mal einer diesbezüglich aus der Reihe getanzt ist.

In der Kabine galt diese devote Haltung bezüglich der Stars sogar für die Trainer. Und dies muss ich mal deutlich machen: Die Rolle, das Standing und die Deutungshoheit, die Trainer heutzutage für sich in Anspruch nehmen, die hat es in den 1970er- und auch in den 1980er-Jahren so nicht gegeben. Zumindest habe ich das so nicht erlebt. Denn auch nach Niederlagen wurde kaum darüber gesprochen. Wir wussten, was wir auf dem Platz zu tun hatten, und jedem war klar, wenn etwas schiefging, was da verkehrt lief. Große Geheimnisse gab es nicht. Damals wurde Fußball als einfaches Spiel gesehen. Wir haben damals die taktische Grundordnung oder die spielerische Ausrichtung nicht gewechselt wie die Unterhosen oder an die Windrichtung angepasst. Ganz im Gegensatz zu heute. Wir hatten einen Stil, und den haben wir durchgezogen. Dass wir uns am Spiel des Gegners ausgerichtet haben, kam so gut wie nie vor. Höchstens noch in dem Sinne, dass du entweder von allein wusstest oder es dir gesagt wurde, wer wahrscheinlich dein Gegenspieler sein würde. Wenn du denjenigen kanntest, warst du wenigstens ein bisschen darauf vorbereitet, was dich erwartet. Wenn nicht, beispielsweise bei Europapokalspielen gegen weniger prominente Teams, musste man an Ort und Stelle Stärken und Schwächen der Gegenspieler herausfinden. Als Spieler musstest du mitdenken, immer hellwach und aufmerksam sein. Und über allem stand: das eigene Spiel durchziehen.

Wenn von Seiten der Trainer mal kritische Töne kamen, gab es auch ganz schnell Theater. Die wichtigen Entscheidungen wurden stattdessen auf dem Platz getroffen. Die Regie führten unsere Führungsspieler. Wenn dir einer zurief „Nobbi, hier decken!“, dann hast du das als junger Spieler gemacht. Es war auch meistens richtig. Und wenn ich eine eigene Idee hatte, dann durfte ich das auch sagen und mein Vorschlag wurde von den Großen gehört. Wenn wir aus taktischen Gründen mal etwas umstellen mussten, dann wurde das auf dem Platz entschieden. Kommuniziert wurde mit zwei, drei kurzen Worten, manchmal nur mit Blicken. Alle wussten Bescheid. Da rannte dann niemand mit einem Zettel durch die Reihen wie heutzutage, sondern es gab eine klare Anweisung. Und dann war das Gesetz. Der Trainer hatte mit Anpfiff keinen Einfluss mehr auf das Spiel. Ich kann mich nicht erinnern, dass wir uns um irgendetwas, das von der Seitenlinie kam, ernsthaft geschert hätten. Ich mein das nicht respektlos. Das war einfach so. Und wie gesagt, wenn es einmal anders lief, gab es ganz schnell Ärger. Dazu später mehr, wenn ich von den UEFA-Cup-Endspielen berichte.

Auch neben dem Platz wuchsen wir in den späten 1970ern zu einer echten Einheit zusammen. Nach dem Training waren Ronny Borchers, Wolfgang Trapp und ich immer häufiger zusammen unterwegs. Interessanterweise kam dann auch Bernd Hölzenbein gern mit, der in der Hackordnung im Gegensatz zu uns ganz oben stand. „Holz“ war eines unserer Alphatiere. Nach getaner Arbeit am Riederwald sind wir mit dem Auto nach Enkheim gefahren, was keine fünf Minuten gedauert hat. Dort hatte Ronny Borchers eine Kneipe gepachtet. Ein guter Freund von Ronny, den wir alle den „Schnurrbart“ nannten, führte die kleine Wirtschaft und stand dort hinter dem Tresen. Da war natürlich immer was los. Wir hatten wahnsinnig viel Spaß und so sind wir mehr und mehr auch menschlich zusammengewachsen. Wir sind zu einer echten Truppe geworden, die unter der Woche gut miteinander feiern konnte.

Allerdings gab es klare Grenzen: Rund um die Spiele gab es keinerlei Eskapaden. Oft verbrachten wir damals sogar bei Heimspielen die Nacht vor dem Spiel im Hotel. Es war ein kleines Haus nahe dem Waldstadion, das es auch heute noch gibt. Nach dem Abschlusstraining ging es dorthin. Nach dem Abendessen haben wir alle immer Karten gespielt. Allerdings nur bis Punkt 22 Uhr. Danach ist jeder aufs Zimmer gegangen. Das teilte ich mir zu dieser Zeit mit Bernd Hölzenbein oder Werner Lorant. Und auch da gab es klare Regeln. Wenn das Doppelzimmer eigentlich für Pärchen gedacht war, wurden die beiden Einzelbetten auseinandergeschoben, sodass jeder zumindest ein bisschen Privatsphäre hatte. So weit ging die Liebe untereinander dann doch nicht. Zu zweit haben wir dann noch etwas Fernsehen geschaut, kurz gequatscht oder in einem Magazin geblättert. Wenig später war aber Licht aus angesagt. Für mich als „Nachtfalter“, wie Gyula Lóránt mich genannt hatte, war es nicht einfach, so früh am Abend tatsächlich zur

Ruhe zu kommen. Vom Masseur ließ ich mir regelmäßig eine kleine Schlafhilfe geben. Also ein einfaches Schlafmittel.

Am nächsten Morgen gab es dann Frühstück, bei dem wir manchmal auch schon auf das gegnerische Team getroffen sind, wenn sich deren Verein eine Hotelübernachtung geleistet hat. Je nachdem, wie weit die Anreise oder wie knapp das Budget war, rückten einige Mannschaften aber auch erst am Spieltag an. Nach dem Frühstück trafen wir uns dann zur Mannschaftsbesprechung, bei der selten etwas Überraschendes passierte.

Viel spannender war mittags der Weg zum Waldstadion. Auf unserer Strecke kreuzten wir eine Fußgängerbrücke. Vom Bus aus hatte man einen sehr guten Blick darauf, was praktisch war. Denn so hatten wir einen prima Anhaltspunkt, um zu schätzen, wie viele Zuschauer wohl kommen würden. Im Bus gab es dann immer ein kleines Tippspiel bezüglich der erwarteten Anzahl der zahlenden Gäste. Denn das spielte durchaus eine Rolle für uns. Als Spieler waren wir nämlich doppelt am Erfolg unserer Eintracht beteiligt: Zum einen gab es eine Prämie in Höhe von ungefähr 3000 Mark pro Heimsieg. Die Hälfte immerhin noch für ein Unentschieden, sofern ich mich richtig erinnere. Zum anderen fiel diese Prämie noch höher aus, wenn bei einem Unentschieden oder einem Heimsieg mehr als 17.500 Zuschauer im Waldstadion waren. Großer Zahltag war naturgemäß bei den Heimspielen gegen den FC Bayern München. Die 61.000 Zuschauer brachten uns bei einem Heimsieg zwischen 5000 und 6000 Mark extra, die am Ende des Monats sauber abgerechnet aufs Konto überwiesen wurden. Und ganz ehrlich, das waren keine Peanuts. Das war schon ein Extra-Anreiz, um den Bayern einen echten Kampf zu liefern. Diese Boni trugen sicher auch ein bisschen mit dazu bei, dass wir als Frankfurter Eintracht gerade bei den entscheidenden Spielen vor großer heimischer Kulisse richtig da waren.

Aber es gab eben auch unser anderes Gesicht. Das der Diva. In diese Rolle schlüpften wir, wenn es bei Nieselregen und deutlich unter 17.500 Zuschauern gegen Mannschaften beschwerlich wurde. Wenn es gegen Teams wie den VfL Bochum oder Eintracht Braunschweig mal nicht so leicht von der Hand ging. Das war das hässliche Gesicht der Diva. Wobei das unseren damaligen Gegnern gegenüber nicht abschätzig klingen soll. Aber für solche Niederlagen waren wir am Ende schon selbst verantwortlich, trotz aller Bemühungen der Kicker des VfL oder der Braunschweiger Eintracht. Unterm Strich fehlte uns einfach die Konstanz, um eine Meisterschaft nach Frankfurt zu holen. Keine Frage: Die Mannschaft dazu hatten wir, die überragenden Einzelspieler auch. Aber es fehlte uns eben ein paarmal der nötige Siegeswille, um richtig erfolgreich zu sein. Heute sage ich: Schade eigentlich. Und da bin ich nicht der Einzige.

Unser Erfolgsweg durch Europa

Meister sind wir zwar nicht geworden, aber wir haben in meiner Zeit zwei wichtige Titel geholt. Den ersten in der Saison 1979/1980. Den UEFA-Cup. Und da ist uns ein richtiges Kunststück gelungen, denn im gesamten Wettbewerb haben wir nicht ein einziges Mal auswärts gewonnen. Warum? Weil wir nicht besonders clever waren. Vielleicht waren wir aber auch so clever, dass wir in der Fremde nie gewinnen mussten, weil wir unsere Duelle im Waldstadion immer zu unseren Gunsten drehen konnten.

Mit „nicht besonders clever“ meine ich, dass wir, wie ich bereits erzählt habe, fast immer und überall gleich gespielt haben. Bei uns gab es nur eine Richtung: nach vorn. Für unsere Gegner waren wir damit vollkommen berechenbar und gerade international sind wir mit unserer aus heutiger Sicht naiven Spielweise so manches Mal an Grenzen gestoßen. Aber egal, wo wir auch spielten, es war immer was los. Unsere Eintracht war in den späten 1970er-Jahren auch auswärts ein Garant für allerbeste Fußballunterhaltung. Mit uns kam der große Zirkus in die Stadt.

Es fing an in Schottland, in Aberdeen. Vor über 20.000 Zuschauern haben wir losgelegt wie von der Leine gelassen. Wir waren haushoch überlegen, haben aber in der ersten Halbzeit nur ein Tor gemacht, das Bum-kun Cha erzielte.

Bei Aberdeen spielte damals der schottische Superstar Gordon Strachan, an den ich mich noch gut erinnere. Im Eintracht-Museum habe ich kürzlich aufgeschnappt, dass der damals noch relativ junge Alex Ferguson Trainer des FC Aberdeen war und uns nach der Partie über den grünen Klee gelobt haben soll. Angeblich soll er gesagt haben, dass wir schon im Hinspiel so frech gespielt haben, dass er für das Rückspiel keine Chancen für seine Mannschaft sehe. Zur Wahrheit gehört allerdings, dass wir uns in Aberdeen noch den Ausgleichstreffer einfingen. Nach einer eigenen Ecke hatten wir in unserer Spielhälfte Tag der offenen Tür. So ist das 1:1 gefallen. Später, um die 70. Minute herum, trafen die Schotten glücklicherweise nur den Pfosten. Im direkten Gegenzug hatten wir dann wieder eine riesige Chance, die wir wie die ganzen anderen auch nicht genutzt haben. Letztlich hätten wir das Spiel trotz unserer großen Überlegenheit auch verlieren können.

In Schottland kam ich zwar nicht zum Einsatz, dennoch war mein erstes internationales Auswärtsspiel für mich eine unglaublich positive Erfahrung. Es war meine erste Reise auf die britischen Inseln. Was etwas Besonderes war. Natürlich hatten wir bei den Europapokalfahrten kaum Zeit, um Land, Leute und Kultur kennenzulernen, aber meist reichte es doch, um ein spezielles Gefühl mitzunehmen. In der Küstenstadt Aberdeen blieb immerhin Zeit für einen kurzen Gang durchs Städtchen. Ich weiß noch, dass wir in einer Gruppe mit Wolfgang Zenker, dem damaligen Vizepräsidenten der Eintracht, unterwegs waren. Wir haben Fotos gemacht, wie wir die Scottish Bonnets, diese karierten Schottenmützen, anprobieren. Aber viel Zeit war ja nie. Das war im Fußball auch damals schon so. Du bist am Tag vor dem Spiel losgeflogen, dann wurde im Stadion trainiert, am Spieltag war alles auf die Partie am Nachmittag oder Abend ausgerichtet und wenn möglich ging es nach dem Spiel direkt wieder zurück. Aus diesem Grund sind mir von den Auswärtsfahrten heute nur einzelne Bruchstücke in Erinnerung geblieben, nicht mehr als ein paar Momente.

Das Rückspiel zu Hause gegen Aberdeen gewannen wir dann 1:0. Wieder waren wir die bessere Mannschaft und hatten in der zweiten Halbzeit viele Chancen. Auch wenn die Torausbeute mager war, das eine reichte. Diesmal stand ich von Beginn an auf dem Feld und feierte in Frankfurt mein Europapokal-Debüt. Nicht anders als heute waren auch damals diese Spiele unter Flutlicht etwas Besonderes. Auch wenn gegen Aberdeen nur 17.000 Zuschauer im Waldstadion waren. Zu wenig also für eine Extra-Prämie. Viel schlimmer war, dass uns die Fans zur Pause beim Stand von 0:0 ordentlich auspfiffen. Die spezielle Europapokal-Atmosphäre, die keinen Spieler kalt lässt, war im Stadion erst in der zweiten Hälfte zu spüren. Wir mussten sie uns erarbeiten. Aber darauf hatten wir Bock und wir wollten mehr. Wie wichtig dafür das schöne Tor von „Holz“ war, das Cha vorbereitet hatte, konnten wir nur ahnen. In jedem Fall waren wir in der Spur.

Die Tage auf dem europäischen Parkett waren für uns etwas sehr Besonderes. Ich bin überzeugt, dass das Gefühl, das wir als Spieler – das aber auch die Leute in der Stadt – immer mehr hatten, vergleichbar ist mit der Euphorie, die die Eintracht in der Europa League Saison 2021/2022 entfesselte.

Nicht ohne Grund erinnerte man sich rund um den Titelgewinn immer wieder an uns. Auch wenn sich all das Drumherum im Fußball seither massiv verändert hat, die Trapps, Kostics, Hintereggers, Kamadas oder Rodes waren ganz in unserem Sinne unterwegs.

Für uns fing damals das Besondere schon bei den Klamotten an. Von unserem Frankfurter Herrenausstatter wurden wir vor der Saison für den Europapokal komplett eingekleidet, mit Hosen, Jackett und Hemd. So ausstaffiert konnten wir uns überall sehen lassen. Das ist für die heutige Generation Fußballprofis etwas völlig Normales, weil ihnen ihre Berater sagen, dass sie auch optisch zeigen müssen, wie besonders sie sind. So etwas kannten wir damals nicht.

Zurück in den Herbst 1979: Das Los bescherte uns als Gegner in der zweiten Runde Dinamo Bukarest, was für etwas Unruhe sorgte. Rumänien, tiefdunkler Ostblock. Das war alles andere als eine Vergnügungsreise. Direkt nach der Auslosung meldete sich Wolfgang Mischnick, der Verwaltungsratsmitglied unseres Vereins war und uns damals den direkten Weg aus dem zentralen Notaufnahmelager in Gießen zur Eintracht geebnet hatte. Er war zu dieser Zeit Vorsitzender der FDP-Bundestagsfraktion und stellvertretender Vorsitzender des Sportausschusses im Bundestag. Mit Unterstützung des Bundesaußenministers Hans-Dietrich Genscher, der übrigens in Reideburg geboren wurde, einem Vorort von Halle an der Saale, sicherte er sich bei den rumänischen Behörden ab, dass Jürgen und ich bedenkenlos mitkommen konnten. Mischnick und Genscher sorgten dafür, dass wir beide eine Garantieerklärung zur ungehinderten Ein- und Ausreise bekamen. Denn natürlich hatte Rumänien ein Auslieferungsabkommen sowohl mit der Sowjetunion als auch mit der DDR. Für Republikflüchtlinge, die in ein solches Land reisten, bestand immer die Gefahr, verhaftet und ausgeliefert zu werden.

Wenn ich mich richtig erinnere, war Jürgen diese Auswärtsfahrt trotz der Garantien und der Tatsache, dass Mischnick unsere Delegation höchstpersönlich begleitete, zu riskant. Er blieb in Frankfurt. Ich bin mitgekommen, ich hatte volles Vertrauen zu Wolfgang Mischnick. Aber mulmig war mir schon. Und anders als sonst hab ich bei dieser Auswärtsspielreise keinen einzigen unbedachten Schritt gemacht. Schon gar nicht an der frischen Luft.

Untergebracht waren wir in einem dieser typischen Ostblockhotels: Ein wuchtiger Plattenbau-Koloss, in dem wahrscheinlich ausschließlich Gäste aus dem westlichen Ausland wohnten. Das ganze Hotel kam mir vor wie ein Gespensterschloss. Auf den Fluren, im Treppenhaus, nirgendwo war jemand. Kein Mensch. Die Atmosphäre war eisig. Ich bin die ganze Zeit auf meinem Zimmer geblieben. Ich habe es nur verlassen, um zum Essen oder zur Abfahrt zum Training beziehungsweise zum Spiel zu gehen. Und bei diesen Gelegenheiten achtete ich sehr darauf, nicht einen einzigen Moment allein unterwegs zu sein. Um ehrlich zu sein: In Bukarest ging mir tatsächlich mal die Düse.

Ob sich das auf meine Leistungen ausgewirkt hatte? Eigentlich nicht. In meiner ganzen Karriere war es eigentlich immer so, dass ich, sobald ein Spiel angepfiffen wurde, voll bei der Sache war. Das ganze Drumherum, egal was es war, konnte ich gut ausblenden. In Bukarest haben wir alle nicht gut gespielt. Wir hatten ein ums andere Mal Glück, dass die Rumänen nur den Pfosten oder die Latte trafen. Wir konnten froh sein, dass wir dort nur 0:2 verloren. Ich war jedenfalls erleichtert, wieder unversehrt in Frankfurt zu landen. Und nicht auf dem Alexanderplatz in Ost-Berlin aufzuwachen. Für den Schutz und die Hilfe war ich Wolfgang Mischnick Zeit seines Lebens dankbar, auch wenn ich ihm das viel zu selten gesagt habe.

Was das Sportliche anging, war unsere Ausgangslage nach der 0:2-Niederlage in Bukarest nicht gerade optimal. Dinamo war keine Laufkundschaft. Die konnten kicken, hatten jeder ein Messer zwischen den Zähnen und einen Torwart in Topform. Der hieß Constantin Stefan, trug im Waldstadion eine helle Schirmmütze und hielt alles, was er auf seine Kiste bekam.

An diesem Novembertag war es nasskalt, es nieselte in Frankfurt. Und immer wenn der Teufelskerl einen Ball rausgefischt, um die Latte gelenkt oder sicher festgehalten hatte, trocknete er sich in aller Seelenruhe die Handschuhe an einem Handtuch ab. Es war zum Verrücktwerden. Auch für mich – Trainer Friedel Rausch hatte mich zunächst auf die Bank gesetzt, aber in der zweiten Halbzeit für Harald Karger eingewechselt.

Den 20.000 Zuschauern ging es nicht besser. Bis zur 73. Minute mussten sie auf den ersten Treffer warten. Unser Libero Willi Neuberger schlug von rechts eine Flanke in den Strafraum auf Bum-kun Cha, der den Ball in den Winkel köpfte. Wir liefen weiter und weiter an, das wichtige Tor zum 2:0 wollte einfach nicht gelingen. Ich war längst für Bruno Pezzey in die Abwehr gegangen, damit wir lange Bälle auf unseren kopfballstarken Österreicher schlagen konnten. Aber es half nichts. Die Nachspielzeit lief schon, da fragte unser Kapitän Jürgen Grabowski den Schiedsrichter, wie lange noch zu spielen sei. „Twenty seconds“, sagte der. Neuberger schlägt noch einmal eine Flanke in den Strafraum. Charly Körbel verlängert das Ding. Gleichzeitig rutscht Bernd Hölzenbein aber auf Höhe des Fünfmeterraums aus. Eigentlich ist damit alles aus, denn die verlängerte Flanke sollte den Torwart vor keine Schwierigkeiten stellen. Eigentlich. Aber Stefan gleitet der Ball durch die Hände und Bernd, der nach seinem Ausrutscher vor dem Tor halb sitzt, halb kniet, köpft das Ding über die Linie. 2:0 in letzter Sekunde. Der Schiedsrichter pfeift ab und wir sind in der Verlängerung. Am Himmel über dem Waldstadion sind da schon Leuchtraketen zu sehen. Und alle diejenigen, die nicht dabei waren, wissen, dass sie etwas Großes verpasst haben. Das war ein magischer Moment. Am Ende gewinnen wir durch einen schönen Schuss von Bernd Nickel mit 3:0 und stehen im Achtelfinale. Spätestens hier wird uns klar, dass in dieser Europapokalsaison etwas geht.

Ich liebte diese Abende. Auch weil wir nach den Spielen immer angehalten waren, nach dem Duschen in unseren feinen Anzügen eine Runde durch die beiden Bereiche für die Ehrengäste zu drehen. Während ich mich vor den Journalisten gern drückte, genoss ich das hier in vollen Zügen.

Die Gespräche mit den Malermeistern, KFZ-Werkstattinhabern oder Ladenbesitzern haben mir Spaß gemacht. Hier mal ein Bierchen, da mal ein kleiner Scherz. Eine kurze Spielanalyse. Auch mal ein Schulterklopfen. Oh Mann, das tat gut. In den Gesprächen ging es übrigens nie um Politisches. Ich kann mich nicht erinnern, dass ich mal direkt als Ossi angesprochen wurde. Oder auch nur gefragt wurde, wie es denn im Osten sei. Ob ich was vermissen würde oder so. Rückblickend vermute ich, dass die DDR einfach kein großes Thema war. Gewissermaßen war sie auch weit weg und welcher Westdeutsche hat sich denn für die Realität, die Sorgen und Nöte da drüben interessiert? Ich habe in all den Jahren höchstens eine Handvoll Personen kennengelernt, die das interessierte.

Hinzu kam, dass Frankfurt damals schon Frankfurt war. Eine weltoffene Stadt, wo Fremde akzeptiert werden, wenn sie sich einbringen. Wo sie dazugehören, wenn sie etwas voranbringen wollen. Jürgen und ich waren nicht die Flüchtlinge aus dem Osten, sondern wir waren für die Eintracht-Fans ein junger, talentierter Torwart und der beidfüßige Arbeiter, den du vorn, hinten, auf der Seite und in der Mitte gebrauchen konntest. Wir waren Adler-Träger. Der Respekt, die Leidenschaft, die geteilte Freude, die wir bei den persönlichen Begegnungen im damaligen VIP-Bereich gespürt haben, war herrlich. Das zeigte uns, dass wir angekommen waren.

Unabhängig von den persönlichen Bauchpinseleien wussten wir diese Zuneigung auch in bare Münze zu verwandeln. Dem Beispiel unserer erfahrenen Mitspieler folgend haben wir ab und an solche Gespräche auch gut nutzen können, um uns für ganz ordentlich bezahlte Autogrammstunden engagieren zu lassen. Das brachte uns noch ein bisschen Extrakohle. Im Nachhinein muss ich sagen, hatten wir dadurch ja auch immer wieder Kontakt zu unseren Anhängern. Und sie zu uns. Anders als heute.

In der dritten Runde des UEFA-Cups bekamen wir Feyenoord Rotterdam zugelost. Die Niederländer hatten bis dahin bereits den FC Everton und Malmö FF aus dem Wettbewerb geworfen. Sie waren 40 Spiele in Serie ungeschlagen, weshalb unser Trainer Friedel Rausch meinte, dass es an der Zeit wäre, dass sie mal wieder einen auf den Deckel kriegen. Ein typischer Rausch.

Unabhängig von diesem Motivationsversuch unseres Trainer haben wir Feyenoord im Hinspiel nach allen Regeln der Kunst auseinandergenommen. 40.000 Zuschauer waren im Waldstadion und jeder einzelne ist begeistert nach Hause gegangen. Vielleicht sogar die 5.000, die aus Rotterdam kamen. Nach Toren von Cha und Nickel lagen wir 2:0 in Führung. Eigentlich hätte ich auch meinen ersten Europapokaltreffer machen können, als es mir gelang, den Holländern den Ball abzuluchsen und ich dann allein aufs Tor zulief. Am Torwart kam ich noch gut vorbei, allerdings war der Winkel für den Abschluss zu spitz. Schade. Trotz seines Tores wurde es für Bernd Nickel noch ein finsterer Tag, da er sich einen Innenbandriss zuzog. Die Holländer haben im Laufe des Spiels ordentlich zugelangt. Helmut Müller wurde mit den Stollen sogar der Nasenflügel aufgeschlitzt. Die Wunde wurde von unserem

Mannschaftsarzt Dr. Georg Degenhardt schnell mit zwei Stichen genäht. Helmut spielte durch. Nicht zuletzt wegen der übertriebenen Härte von Feyenoord haben wir phasenweise den Faden verloren, ohne dass die Holländer daraus Kapital schlagen konnten. Stattdessen machten wir nach der kleinen Schwächephase durch den frisch geflickten Müller und Stefan Lottermann zwei weitere Buden. Dumm nur, dass Jürgen Grabowski und ich in der Schlussphase einen dicken Bock schossen. Ich wunderte mich noch, was Grabi so weit hinten zu suchen hat. Und da war der Ball, den wir gerade einem Rotterdamer abgenommen hatten, auch schon wieder weg. Wir haben das Ding so richtig verbockt: Jürgen rutscht an der Sechzehnmeterraumgrenze aus, André Stafleu zieht nach innen und macht das 1:4. Oh Mann, dachte ich, hoffentlich rächt sich das nicht.

In der Nachbetrachtung dieser beeindruckenden Partie machte wie schon vor dem Spiel unser Trainer Friedel Rausch auf sich aufmerksam. Es hieß, der Kniff, unseren Stürmer Harald Karger draußen zu lassen und dafür unsere Abwehr mit Werner Lorant zu verstärken, sodass entweder Bruno Pezzey oder ich immer wieder bei unseren Angriffen mit nach vorn gehen sollten, sei auf seinem Mist gewachsen. Was für ein Unfug!

Denn wenn diesbezüglich jemandem Anerkennung gebührte, dann meinen Trainern in der DDR. Mit der U19- oder U20-Auswahl spielten wir ein paar Jahre zuvor in Frankfurt/Oder gegen Polen. Dort war ich als linker Verteidiger aufgestellt, sollte mich aber immer wieder bei Angriffen über rechts mit nach vorne einschalten, so der Plan. Das hat so gut funktioniert, dass ich das auch beim Halleschen FC immer wieder gemacht habe. Und so wurde daraus schon bald ein Automatismus. Wenn wir also über rechts angriffen, wartete ich nur auf den Moment, mich links zu lösen und schon hatten wir auf der Seite Überzahl, weil zu dieser Zeit kaum ein Stürmer verstand, dass er den Weg mit zurück hätte machen müssen.

Bei der Eintracht hatten wir zudem noch den Vorteil, dass gerade Bernd Nickel über 30, 40, 50 Meter den Ball so genau schlagen konnte, dass er eine Briefmarke getroffen hätte. Wenn ich also den Ball auf links bekam, konnte ich sofort etwas auslösen. Flanken, besondere Pässe oder auch Torschüsse. Da ich links wie rechts fast gleich gut war, wussten meine Gegenspieler nie, was ich als Nächstes machen würde. Dieses Pfund und die Wucht von Bruno Pezzey, wenn er über rechts mit nach vorn ging, hat uns bei der Eintracht immer wieder geholfen. Auch gegen Feyenoord. Aber die Koketterie von Friedel Rausch – er möge in Frieden ruhen – ging mir damals echt gegen den Strich. Ich hatte nie etwas dafür übrig, sich mit fremden Federn zu schmücken.

Im Rückspiel in Rotterdam mussten wir also das gute Ergebnis aus dem Hinspiel eigentlich nur verteidigen. Und mit genau dieser Einstellung sind wir dort auch hingefahren. Ich weiß nicht, wer auf die Idee kam, aber wir waren in Scheveningen untergebracht. Also nicht in Rotterdam, sondern in 30 Kilometern Entfernung von der Stadt, direkt an der Nordsee. Der Strandspaziergang war sicher gut für die Bronchien an diesem 10. Dezember, dem Abend vor dem Spiel. Interessanter war für uns aber, dass es im Untergeschoss des Hotels ein Casino gab. Viele Spieler hat es genau da hingezogen. Es gab ein Bierchen, oder zwei, und es wurde gezockt. Roulette.

Ich habe mir Chips im Wert von 100 Mark geben lassen, also nicht besonders viel. Und ich glaube auch, dass alle etwa in dieser Größenordnung unterwegs waren. Naja, und dann ging es dort zur Sache. Der Abend vor dem Auswärtsspiel entwickelte sich ein bisschen zu einem Betriebsausflug, wobei es – unserer Stallorder folgend – niemand übertrieben hat. Keiner hat einen über den Durst getrunken und wir alle waren um 22 Uhr wieder auf den Zimmern. Ich weiß noch, dass ich meine restlichen Casino-Chips unserem Vizepräsi Wolfgang Zenker überlassen habe, der sie natürlich, wie es seine Art war, komplett verzockte. Das war mir aber egal. Wichtiger war, dass wir die vierte Runde des UEFA-Cup am nächsten Tag, trotz einer 0:1-Niederlage, relativ locker erreichten. Aber wir mussten leiden. Die Härte der Niederländer war schon sagenhaft. Und die ging nicht nur von den Spielern aus, auch von den Tribünen. Wir wurden mit Flaschen, Steinen und Böllern beworfen. Schlimmer: Noch während des Spiels machten holländische Hooligans Jagd auf unsere Fans im Auswärtsblock. Das Spiel wurde unterbrochen und stand kurz vor dem Abbruch.

Auf dem Feld haben wir uns – wie unsere Fans auch – aufs Verteidigen konzentriert. Bis auf wenige Ausnahmen gelang uns das. Wir standen gut, auch wenn mir kurz nach dem Ende der Spielunterbrechung ein Patzer unterlief, der zum Glück folgenlos blieb. Den Siegtreffer erzielte Feyenoord erst in der Nachspielzeit. Das konnte uns herzlich egal sein. Ganz anders als die Treibjagd, die in der Nacht nach dem Spiel in Rotterdam stattfand. Uns wurde berichtet, dass der Feyenoord-Mob auf alles losging, was mutmaßlich aus Deutschland kam. Fußball war in den späten 1970er- und dann auch in den 1980er-Jahren nicht nur Hochkultur, da konnte es auch immer mal wieder richtig handgreiflich werden. Dass in Rotterdam aber herausgebrochene Fahrradspeichen als Stechwerkzeuge benutzt wurden und Straßenschilder als Schlagwaffen, sprengte jedes Maß.

Als Spieler haben wir von diesen Auseinandersetzungen wenig bis gar nichts mitbekommen. Wir feierten den Viertelfinaleinzug im Kreis der Mannschaft. Viertelfinale! Kurioserweise waren fünf der acht Teams, die noch im Rennen waren, Bundesligisten: Bayern, Gladbach, Kaiserslautern und Stuttgart waren als deutsche Klubs neben uns noch mit im Lostopf. Der Zufall wollte es, dass es nur eine Begegnung zweier Bundesligateams gab, nämlich Bayern gegen Lautern. Gladbach musste gegen die Franzosen aus St. Etienne ran, der VfB bekam es mit

Lokomotive Sofia aus Bulgarien zu tun. Unser Gegner kam aus Brünn in der Tschechoslowakei: der TJ Zbrojovka Brünn.

Heimatkontakte

In meiner Heimat wurden die Europapokalspiele der Eintracht mit besonderer Aufmerksamkeit verfolgt. Gerade dann, wenn sie live im Westfernsehen übertragen worden sind. Was aber auch dann gar nicht so einfach war. Nicht nur, weil nicht alle Spiele wie heute irgendwie oder irgendwo zu sehen waren. Sondern vor allem weil es das Signal der Westsender im Mansfelder Land, wo es so langsam in den Vorharz übergeht, nicht in jedes verschlafene Tal schaffte. Das ZDF konnten wir in Polleben gar nicht empfangen. Mit der ARD klappte es schon besser. Zumindest bei gutem Wetter.

Wenn aus welchen Gründen auch immer im Fernsehen kein Fußball zu sehen war, hat mein Vater die Spiele eben am Radio verfolgt. In fast jedem DDR-Haushalt gab es zu dieser Zeit ein großes Dominante-Radio. Ein klobiger beige-brauner Holzkasten mit großer UKW-Reichweite, der in Dresden hergestellt wurde und um die 500 Mark kostete. Mit etwas Fingerspitzengefühl konnte man damit natürlich auch den ein oder anderen Sender aus dem westlichen Ausland empfangen. Wenn er das hinbekommen hatte, saß mein Vater auf seinem Platz in der Küche, direkt neben dem Radio, und konnte dabei geradeaus durchs Fenster in den Garten schauen. Auch wenn keine Fußballübertragungen liefen, saß er dort manchmal stundenlang, ohne ein einziges Wort zu sagen. So sehe ich ihn heute noch vor mir, wenn ich an ihn denke.

Es gab natürlich auch Fußballfans, die sich in kleinen Gruppen bei jemandem getroffen haben, der garantiert guten Fernsehempfang hatte. Dies war meist bei Häusern auf kleinen Anhöhen oberhalb der kleinen Täler und Mulden der Fall. Solche nachbarschaftlichen Besuche wurden aber nicht an die große Glocke gehängt, um sich keinen Ärger einzuhandeln. Westfernsehen zu sehen oder Westradio zu hören war ja verboten. Tatsächlich war es aber so, dass viele Fußballanhänger aus der DDR einen Lieblingsverein aus dem Westen hatten. Und wenn die Fernsehübertragung eines Spiels von Bayern München, Borussia Mönchengladbach oder eben Eintracht Frankfurt anstand, wurden die Leute erfinderisch.

Wie sehr das Herz mancher Fußballfans aus dem Osten an Westvereinen hing, hab ich zum Beispiel auch durch eine mir erst viel später erzählte Anekdote erfahren. Bei einer Veranstaltung in Großörner, einem Dorf unweit von Polleben, erzählte mir Ende der 1990er-Jahre ein alter Bayern-Fan, dass er aus Wut über das verlorene Finale im Europapokal der Landesmeister 1987 gegen den FC Porto seinen Fernseher aus dem Fenster des ersten Stocks seines Hauses geschmissen hat. Ganz klar, auch heute wäre es völlig bescheuert, so etwas zu machen. Aber damals! Die Fernsehgeräte, und gerade die Farbfernseher, waren nicht nur auf dem Land Mangelware. Und natürlich sauteuer. Es grenzte jedenfalls an Wahnsinn, eine solche Kostbarkeit auf die gepflasterte Dorfstraße zu pfeffern. In seiner Wut über die Niederlage, die auch für mich eine besondere Bedeutung haben sollte, wusste sich der Bayern-Fan aus Großörner aber offenbar nicht anders zu helfen.

Aber zurück zur Europapokalsaison 1979/1980 mit der Eintracht, die für mich mit dem Los Brünn eine ganz besondere Wendung nehmen sollte. Besonders deshalb, weil DDR-Bürger in die damalige Tschechoslowakei ohne Visum einreisen konnten. Damit verschaffte mir das Viertelfinal-Los die Möglichkeit, keine vier Jahre nach der Flucht meine Familie wiederzusehen.

Da Wolfgang Mischnick bezüglich meiner Fahrt nach Brünn keine Sicherheitsbedenken hatte, konnte ich beim ersten Telefonat nach der Auslosung meine Familie einladen. Das Beste: Der Verein hat uns voll unterstützt. Ich musste nur mitteilen, wie viele von meinen Leuten anreisen werden. Für alle wurden im Mannschaftshotel Zimmer gebucht. Ich kann mir die Aufregung in Polleben vorstellen, die da geherrscht haben muss. Ich vermute, meine Mutter hat in den Tagen bis zur Abfahrt kaum ein Auge zugemacht. Jedenfalls begaben sich meine Eltern, meine beiden ältesten Geschwister Jutta und Uwe sowie dessen Frau Anita mit dem Zug auf den Weg nach Brünn. Was für ein Familienausflug! Dass die Stasi das Telefongespräch abgehört hatte und von unseren Plänen wusste, war uns schon klar. Was das aber konkret bedeutete, konnten wir uns nicht vorstellen. Ich weiß noch, dass ich etwas besorgt war, ob meine Eltern auch problemlos in die Tschechoslowakei einreisen konnten.

Meine Eltern hatten noch nie eine große Reise gemacht. Sie sind im Grunde nie aus Polleben und Sangerhausen rausgekommen. Die knapp 600 Kilometer nach Brünn waren für sie schon fast eine Weltreise. Hinzu kam die Angst, dass die Staatssicherheit sie im Visier haben könnte. Dennoch hatten sie sich auf den Weg gemacht und waren auch schon in Brünn eingetroffen, als ich mit dem Mannschaftsbus vor dem Hotel International vorfuhr. Dort wartete schon eine kleine Menschenmenge auf uns. Neben einigen normalen Eintracht-Fans, die den Weg aus Frankfurt auf sich genommen hatten, waren auch zahlreiche Anhänger aus der DDR dort. Gut 500 Ostdeutsche sollen es gewesen sein. Mittendrin meine Eltern. Ich bin direkt zu ihnen hin, habe sie mir geschnappt und mit ins Hotel genommen. Und da brachen dann alle Dämme. Wir haben alle geheult. Außer mein Bruder Uwe, der Boxer. Alle anderen heulten wie die Schlosshunde. Meine Mutter bekam sich gar nicht wieder ein. Sogar meinem Vater standen Tränen in den Augen.

Für die *Bild*-Zeitung machte Paul Palmert eine große Geschichte über das ungewöhnliche Familientreffen. Er hatte schon

Tage davor Wind davon bekommen, dass ich in Brünn meine Familie treffen würde. Als er mich direkt darauf ansprach, konnte ich das schlecht leugnen. Und natürlich berichtete er in Großbuchstaben. „Nu flennt nicht, mir geht's gut im Westen", lautete die Überschrift. Dabei ist ihm aber ein Schönheitsfehler unterlaufen. Denn ich bin mir sehr sicher, dass ich das hübsche Wort „quäken" verwendet habe. Schön in die Länge gezogen, eben im üblichen Tonfall meines Heimatdialekts. Paul von der Bild entschied sich aber für das verständlichere Flennen. Egal, richtig war es so oder so.

Ich habe in Brünn den Coolen gespielt. Wobei, der war ich ja in gewisser Weise auch. Ich hatte mir im Voraus einige Gedanken gemacht und wusste, was mich erwartet. Die Emotionalität meiner Mutter, die große Freude der anderen. Das konnte ich alles voraussehen. Auch dass mein Bruder Uwe, der alte Sack, keine Miene verziehen würde. So war es dann auch. Ich hatte mir vorgenommen, meine Mutter am besten durch mein souveränes Auftreten zu beruhigen und ihr dadurch zu vermitteln, dass sie sich keine Sorgen um mich machen müsse. Das ist mir gelungen, obwohl auch ich anfangs die Tränen nicht unterdrücken konnte.

Großartig war, dass die Eintracht alles organisiert hatte. Ohne eine einzige Nachfrage wurden für meine Familie Zimmer gebucht und bezahlt, sie durften sogar mit uns am Mannschaftstisch essen. Und was auch gut war: Es wurde kein großer Zinnober veranstaltet. Es gab keinen Blumenstrauß oder eine festliche Ansprache. Das Beste war für mich, dass ich von den gemeinsamen Teamverpflichtungen wie dem obligatorischen Training und den Mahlzeiten abgesehen alle Freiheiten hatte. Und so sind wir dann am Abend aufs Zimmer meiner Eltern gegangen und haben dort bis in die frühen Morgenstunden gequatscht und dabei etwas getrunken. Bier, Wein, Schnaps, alles ziemlich durcheinander. Sie haben erzählt, ich habe erzählt. Es ging um meine Reisen, mein neues Leben und meine Liebe. Obwohl seit meiner Flucht erst wenige Jahre vergangen waren, hatte sich mein Leben total verändert, während sich in meiner Heimat nach der ersten Aufregung die Wogen glätteten und alles beim Alten blieb. Meine Eltern und meine Geschwister machten einfach weiter wie bisher. Über Politisches haben wir nicht gesprochen. Und auch nicht darüber, ob ich sie vielleicht mit in den Westen hole. Das war überhaupt kein Thema. Dazu waren sie in ihrer Heimat viel zu sehr verwurzelt und bis auf meinen Bruder auch viel zu ängstlich. Aber auch Uwe hätte das nicht gewollt. Hätte ich ihm das jemals vorgeschlagen, hätte er sicher gefragt: „Was soll ich denn da drüben?" Außerdem waren nicht alle Geschwister mit nach Brünn gekommen. Nie im Leben hätten meine Eltern unser Nesthäkchen und meinen Bruder Hein allein in Polleben zurück gelassen. Wie gesagt, wir sind eine Familienbande – immer gewesen und bleiben es auch.

In dem *Bild*-Artikel stand unter anderem, dass mich meine Schwester Jutta gefragt habe, ob ich denn jetzt bald Millionär sein würde. Und dass sie dann mit leicht vorwurfsvollem Unterton meinte, dass sie mich ja nie mehr bei sich haben würde. Ganz ehrlich: Gerade die Frauen in meiner Familie hätten mich lieber verarmt in ihrer Mitte gewusst, als mich über die großen Fußballbühnen Europas jagen zu sehen. In dem Artikel wurde zudem meine Mutter mit den Worten zitiert, dass sie mir den Hintern versohlt und mir nach dem Training keine Brote, also Bemmen, geschmiert hätte, wenn sie jemals geahnt hätte, dass ich sie wegen des Fußballs einmal im Stich lassen würde. So war sie, meine Mutter.

Mein Mannschaftskamerad Bruno Pezzey hat das alles mitbekommen. Ich weiß nicht, ob er das leichter nachvollziehen konnte, weil er als Österreicher weit weg von seiner Familie lebte. Jedenfalls haben wir beide, die wir in Hochstatt im

Maintal mittlerweile Nachbarn waren, uns immer mal wieder privat über solche Themen unterhalten.

Wie schon beim Auswärtsspiel in Bukarest hatte Jürgen auch darauf verzichtet, nach Brünn mitzukommen. Er hatte einfach zu große Angst, in der Tschechoslowakei verhaftet zu werden. Seine Eltern waren dennoch dort. *Bild*-Reporter Paul Palmert hat sie dort im Stadion getroffen. Angeblich hat Jürgens Mutter ihren Sohn am Telefon, das Palmert ihr hingehalten habe, angefleht, er solle seine Familie nicht vergessen. Er sei doch ihr einziges Kind. So zumindest stand es dann in der *Bild*.

Was nicht in der *Bild* stand, war, dass Uwe gar nicht mit ins Stadion gekommen ist. Mein Bruder war am Abend vorher in der Hotelbar versackt und gar nicht mehr in der Lage, den Weg ins Stadion zu schaffen. Viel verpasst hat er nicht, denn letztlich war es für uns nur eine Pflichtaufgabe. Auch wenn das für ein Viertelfinale im UEFA-Cup vielleicht etwas überheblich klingt. Aber letztlich hatten wir unsere sportlichen Hausaufgaben schon in Frankfurt erledigt. Das Hinspiel im Waldstadion hatten wir mit 4:1 gewonnen. Eine klare Angelegenheit. Jürgen Pahl hatte dabei seine Europapokalpremiere im Tor gefeiert und ich den Treffer zum 1:0 beigesteuert. Mit dem beruhigenden Drei-Tore-Vorsprung sind wir entspannt nach Brünn geflogen, wo wir höchstens zu Anfang etwas unter Druck gerieten, da es schon nach zehn Minuten 1:0 für die Gastgeber stand. Wir haben – unserer Linie treu bleibend – am Ende auch dieses Auswärtsspiel verloren, wobei trotz der 2:3-Niederlage unser Einzug in die nächste Runde nie gefährdet war.

Ungeachtet des Schlafdefizits wegen meiner langen Nacht habe ich dort durchgespielt. Ich hatte echt Mühe, was die Laufarbeit anging, verzichtete weitestgehend auf offensive Vorstöße und habe vor allem dafür gesorgt, meine Seite dichtzuhalten.

Also ausnahmsweise mal Dienst nach Vorschrift. Ich bin mir nicht sicher, ob das meinem Trainer Friedel Rausch überhaupt aufgefallen ist.

Der Schlusspfiff in Brünn bedeutete auf der einen Seite den Halbfinal-Einzug für die Eintracht, auf der anderen Seite das Ende unserer familiären Wiedersehensfeier. Bei der letzten Verabschiedung haben alle aus dem Team mitfühlend zugeschaut. Ich hab sie dann beruhigt: „Jungs, geht schon, macht euch keine Sorgen. Mir geht es gut." Keine Ahnung, ob die vielleicht dachten, ich könnte mit meinen Leuten zurück in die alte Heimat fahren wollen.

Meine Eltern, Jutta, Uwe und Anita saßen am nächsten Tag im Zug, der sie zurück in die Heimat brachte. In BHs, Socken, Unterhosen sowie in den Taschen und Koffern hatten sie eine Menge Scheine. Ich hatte zuvor in Frankfurt eine fünfstellige Summe D-Mark in Ostmark umtauschen lassen. Unser Zeugwart Toni Hübler hatte die ganzen Scheine in unseren Fußballschuhen versteckt. Eine für Toni typische Aktion, der für uns Spieler bei den meisten Fragen, die mit dem Sport nichts zu tun hatten, der erste Ansprechpartner war: Strafzettel, Punkte in Flensburg oder Ärger mit irgendjemandem. Toni, ein gebürtiger Ungar, kannte alle, egal ob bestimmte Beamte, hilfreiche Polizisten oder einflussreiche Strippenzieher. Und er war verschwiegen. Für uns war Toni viel wichtiger als irgendein Präsident oder Vorstandsmitglied. Sein Wort hatte bei uns in der Kabine Gewicht. Und so hatte ich mich wegen des Bargeldschmuggels vertrauensvoll an ihn gewandt.

10.000 DDR-Mark waren im Osten eine richtige Stange Geld, die meine Leute für den Aus- und Umbau des Hauses in Polleben gut gebrauchen konnten. Zudem haben sie solche finanziellen Zuwendungen miteinander geteilt, sodass sich jeder einen kleinen Wunsch damit erfüllen konnte. Der Rest wurde für schlechte Tage beiseitegelegt.

Zum Glück lief für meine Familie auf der Rückfahrt alles so problemlos wie auf der Hinfahrt. Sie wurden weder im Zug noch nach ihrer Ankunft gefilzt. Sie schafften es, die ganze Kohle nach Polleben zu schmuggeln, wo sie ihr normales Leben einfach weitergelebt haben.

Ich bin mit einem richtig guten Gefühl nach Frankfurt zurückgekehrt. Vor allem, weil ich die meisten meiner Familienmitglieder mal wiedergesehen hatte und in die Arme schließen konnte. Außerdem freute ich mich, dass ich ihnen helfen konnte. Wenn man mit dem Abstand von ein paar Jahrzehnten darauf blickt, ging es dabei am Ende um Kleinigkeiten: So konnte ein bisschen mehr zur Verfügung stehendes Bargeld helfen, um in der DDR schneller an bestimmte Baustoffe zu kommen. Baustoffe, die unter der Hand und über gute Kontakte gehandelt worden sind. Wenn heute im Osten, gerade in den ländlichen Regionen, sich so manche Leute die DDR zurückwünschen, denken sie sicher nicht daran, dass dann auch die Baumärkte wieder zu Baustoffhändlern mit einem sehr spärlichen Angebot werden würden.

Geholfen habe ich auch zwischendurch. Zu den großen Festen wie Ostern oder Weihnachten packte ich ein paar begehrte Kostbarkeiten in ein sogenanntes Westpaket. Milka-Schokolade, Jacobs-Kaffee und Apfelsinen gehörten zur Grundausstattung. Dazu gab es Klamotten. Extrem beliebt waren natürlich Jeans. Denn das, was es in der DDR als Jeans zu kaufen gab, konnte man beim besten Willen nicht mit den im Westen produzierten vergleichen. Da ich wusste, was jedem einzelnen meiner Leute gefällt, habe ich immer wieder mal was Besonderes für jedes Familienmitglied gekauft.

In die Pakete legte ich auch immer eine Liste, auf der ich alle Artikel notierte, die ich reingepackt hatte. Quasi zur Vollständigkeitskontrolle. Denn natürlich hatte ich die Befürchtung, dass die Pakete gefilzt werden. Ob die Liste überhaupt mit ankam, weiß ich allerdings nicht. Vermutlich hat die Stasi, wenn sie beispielsweise eine Illustrierte beschlagnahmte, die man nicht einführen durfte, die Liste gleich mit aussortiert.

Einen besonderen Service bot dann in den 1980er-Jahren ein skandinavisches Unternehmen. Dort konnte man vom Westen aus Mangelware-Artikel oder Produkte wie Fernseher, auf die du als braver DDR-Bürger teils etliche Jahre warten musstest, per Katalog bestellen. Im Handumdrehen wurden diese Waren dann in den Osten geliefert. Über diesen Versandhandel habe ich dann später westliche Markenfernseher oder -radios nach Hause schicken lassen. Eben das, was gerade gebraucht wurde und den Alltag dort ein kleines bisschen versüßen konnte.

Meine Einkaufstouren in Frankfurt und später in München oder die Bestellungen über den Katalog haben mir Spaß gemacht. Ich hab zwar nie die leuchtenden Augen beim Auspacken gesehen, aber darum ging es gar nicht. Für mich war es eine Selbstverständlichkeit, ein bisschen Freude zu schenken. Das Geld war gut investiert, auf andere Weise habe ich viel mehr sprichwörtlich aus dem Fenster geworfen.

Vom Alltag in der DDR selbst habe ich zunehmend weniger mitbekommen. Allerdings habe ich immer im Fußballmagazin *Kicker* die Seite zur DDR-Oberliga sehr aufmerksam gelesen. Wer hat auf welcher Position gespielt, wie gingen die Spiele aus Das hat mich schon interessiert. Wenn Spiele mit DDR-Teams im Fernsehen liefen, habe ich mir diese auch angeschaut. Bei denen, die in Westdeutschland stattfanden, war ich oft im Stadion. Aber sonst habe ich von der Lebenswirklichkeit jenseits der Mauer nicht viel mitbekommen.

Ich hatte auch nie den Eindruck, dass im Westen viel über den Osten gesprochen wurde. Klar, ab und an in den Nachrichten. Aber ich war nun einmal nicht politisch interessiert. Wenn mich etwas interessierte, dann waren es eben der Fußball und die Geschichten der normalen Leute. Am meisten natürlich die Geschichten meiner Familienmitglieder, mit denen ich weiterhin regelmäßig telefonierte.

Nach unserem Wiedersehen in Brünn stellte ich in den Gesprächen mit meiner Mutter eine gewisse Beruhigung fest. Sie wusste nun, dass es mir gut ging und ich im Westen klarkam.

Für meine Eltern lief es eigentlich auch gut. Auch wenn sich ein paar Vorzeichen geändert hatten. Noch mehr als vor der Flucht und noch mehr als in meiner Heimatregion üblich zogen sie sich ins Familiäre zurück. Sobald sie die eigenen vier Wände verließen, waren sie vorsichtig. Auch gegenüber den Nachbarn oder Arbeitskollegen, mit denen sie sich natürlich weiterhin unterhalten haben, aber nun sehr darauf achteten, was sie in solchen Runden sagten. In Brünn berichteten sie mir, dass Helmut Wilk, ein früherer Trainer von mir, der in seiner Zeit Torwart beim HFC war, sie eines Tages in Polleben besuchen kam. Angeblich wollte er mal hören, wie es ihnen geht. Meinen Eltern war klar, dass er von der Staatssicherheit geschickt wurde, und entsprechend haben sie sich verhalten. Sie wussten, dass es in der direkten Nachbarschaft und unter ihren Arbeitskollegen inoffizielle Stasimitarbeiter gab. Entsprechend zurückhaltend verhielten sie sich. Aber ganz ehrlich: Was hätten sie denn auch sagen können? Sie wussten doch nichts! Sie wussten nicht, weshalb ich in den Westen gegangen bin. Sie konnten auch nichts über politische Gründe wissen, weil es diese einfach nicht gab.

Ab und an haben meine Eltern auch mal die Sau rausgelassen. Mein Vater gern mal beim Fußball auf dem Dorfsportplatz um die Ecke, meine Mutter bei dem ein oder anderen Dorffest. Mit den anderen Frauen des Ortes haben sie sich dafür zurechtgemacht, um sich dann ohne Rücksicht auf Verluste volllaufen zu lassen. Solche Abende waren gut vorbereitet. Meistens trafen sich die Damen vorher irgendwo und da gab es dort für alle Salatöl aus Schnapsgläsern. Und zwar nicht, weil das besonders gesund gewesen wäre, was das DDR-Salatöl bestimmt nicht war. Sondern, um mehr saufen zu können. Das Öl bildete zusammen mit dem Alkohol eine schöne Mischung, die half, länger durchzuhalten. Solche Tricks und Kniffe gehörten in der DDR, gerade in den ländlichen Regionen, zum Allgemeinwissen. Die Leute haben sich das Leben und ihren Alltag ab und an auch einfach mal schöngesoffen. Nicht anders als heute.

Statt im vergleichsweise tristen DDR-Alltag zu versumpfen, setzte ich mit der Eintracht im Frühjahr 1980 zu europäischen Höhenflügen an. Und ich wusste, wie sehr dies in meiner Heimat verfolgt wurde. Ich wusste, wie stolz mein Vater war. Wie sehr er es genossen hat, rund um die großen Spiele, bei denen ich dabei war, auch mal ein paar Schulterklopfer zu kassieren. „Hast du Norle gesehen, wie der wieder gespielt hat!" Er hat dann breit gegrinst, wenn ihn die Leute so angesprochen haben. Ich hab das zwar nie mit eigenen Augen gesehen, aber so ist es gewesen, als uns zwar nur 350 Kilometer Luftlinie, aber eine unüberwindbare Mauer trennten.

Der Triumph im UEFA-Cup

In der Halbfinalrunde, die eine rein deutsche Angelegenheit war, bekamen wir es mit dem FC Bayern München zu tun. Ich bin mir sehr sicher, dass die Freude über das Los bei uns am Riederwald etwas größer als an der Säbener Straße war. Denn wenn wir zu Hause spielten, konnten die Münchner nicht gegen uns gewinnen. Getrieben von unseren Zuschauern, gestärkt durch unseren engen Zusammenhalt in der Mannschaft, dieser Extraportion Mut und der Aussicht auf eine fette Siegprämie hatten wir die Spiele im Waldstadion seit Jahren immer wieder für uns entscheiden können.

Anders sieht es in München aus. Auch am 8. April 1980, dem Tag des Halbfinal-Hinspiels im UEFA-Cup. Ganze 15.000 Zuschauer haben sich im weiten, schönen Oval des Münchner Olympiastadions verlaufen. Aus heutiger Sicht für ein Europapokal-Halbfinale unvorstellbar. Damals war das zumindest für Münchner Verhältnisse nichts gänzlich Ungewöhnliches. Das Publikum galt als verwöhnt, vermutlich wurden wir auch nicht als ebenbürtiger Gegner gesehen. Ein großer Name aus Italien, Frankreich oder Spanien hätte mehr Leute angelockt.

Wir haben uns keine große Mühe gegeben, die Zuschauer gut zu unterhalten. Stattdessen standen wir mit unserem Libero Bruno Pezzey in der Defensive ziemlich sicher und haben ausnahmsweise wenig nach vorn unternommen. Ein paar Konter, mal eine Einzelaktion, aber so richtig gefährlich waren wir nicht. Unser Trainer Friedel Rausch war sicher überrascht von unserer taktischen Defensivdisziplin. So etwas kannte er von uns nicht.

Gleich nach der Pause kassierten wir aber nach einem Abstimmungsproblem zwischen Bruno Pezzey und unserem Torwart Klaus Funk das erste Gegentor. Dieter Hoeneß hatte zugeschlagen. Mit ihm sollte ich später in meiner Münchner Zeit noch viel Freude haben, doch an diesem Abend hielt sich der Spaß in Grenzen. Wobei wir nach dem Rückstand endlich auch besser und klarer mitspielten. Wir erarbeiteten uns Chancen, brachten den Ball sogar zweimal im Netz unter, was wegen Abseits aber am Spielstand nichts änderte. Wir waren dran, der Ausgleich zum Greifen nah. Bis Bruno Pezzey im Strafraum Norbert Janzon umgrätschte. Den Elfmeter verwandelte Paul Breitner. Nach dem 2:0 wurden unsere Angriffe aggressiver. Ich schieße einen Freistoß, den Walter Junghans hält. Später scheitern noch Harald Karger und Bum-kun Cha. Es fällt kein Tor mehr, die Bayern gewinnen 2:0. Unser alter Bekannter Pal Csernai, der unter Gyula Lóránt noch Assistent war und inzwischen bei den Bayern auf der Trainerbank sitzt, sagt nach dem Spiel etwas ganz Dämliches: Es habe ihn gewundert, wie wenig Widerstand wir geleistet hätten. Er meinte: „Ich habe nicht gemerkt, dass sie ins Finale wollen."

Vor dem Rückspiel spürte ich, wie falsch er lag. Und wie wir um jeden Preis ins Finale wollten! Trotz zweier Niederlagen in der Bundesliga, die uns hinter die Tabellenränge zurückfallen ließen, um auch in der kommenden Saison international spielen zu können, waren wir heiß. Etwas untypisch für mich spuckte ich gegenüber Peppi Schmitt, einem Journalisten der *Frankfurter Abendpost*, große Töne. Ich sagte zu ihm: „Peppi, du kannst schreiben: ‚Die Eintracht hat den Waffenschrank geöffnet.'" Und genau das hat er auch geschrieben – und so sind wir das Spiel dann auch angegangen.

Nie zuvor und auch nicht in der Zeit danach habe ich an einem Spieltag bei der Eintracht eine solche Fokussierung erlebt. Schon beim Frühstück im Hotel. Ganz im Gegensatz zu sonst: Keiner lachte. Es wurde kaum ein Wort gesprochen. Jeder war ganz bei sich, beim Spiel, in Gedanken bei seinem Gegenspieler, was weiß ich. Wir hatten alle das Messer zwischen den Zähnen, alle waren bereit, den Bayern einen großen Kampf zu liefern, sprichwörtlich bis aufs Blut.

Mit dieser Bereitschaft, alles zu geben, sind wir dann in das Spiel gestartet. Wir haben die Bayern eingeschnürt, haben Ecke um Ecke für uns herausgeholt. Nach einer halben Stunde führe ich eine Ecke kurz aus, spiele den Ball zu Horst Ehrmanntraut. Der schlägt das Ding hoch rein. Dieter Hoeneß und Walter Junghans behindern sich gegenseitig, sodass dem Torhüter der Ball entgleitet und Bruno Pezzey nur noch wie im Vorbeigehen mit links einschieben muss. 1:0 für uns. Auch danach lassen wir den Münchnern keine Zeit zum Luftholen.

Erst in der zweiten Halbzeit kommen die Bayern zu ein paar ernsthaften Chancen. Doch immer ist mein Freund Jürgen Pahl zur Stelle. Er rettet gegen Karl-Heinz Rummenigge und entschärft einen Kopfball von Dieter Hoeneß. Auch wir erarbeiten uns Torchancen, aber der Ball will einfach nicht reingehen. Wir werfen alles nach vorn, legen noch eine Schippe drauf. Junghans lenkt einen Schuss von Cha noch an den Pfosten. Dort landet kurz darauf auch ein Kopfball von Ronny Borchers. Und dann endlich die Erlösung. In der 87. Minute rettet uns wieder einmal der kopfballstarke Bruno Pezzey. Bei einer Ecke springt er so hoch, dass Junghans nur staunen kann und wuchtet das Ding zum 2:0 in die Maschen. Jetzt haben wir sie, dachte ich. Und tatsächlich haben wir in der regulären Spielzeit noch mehrere Chancen, um mit dem dritten Treffer alles klarzumachen. Bernd Nickel, der mich schon in den ersten Tagen nach meiner Ankunft in Frankfurt mit seiner Schusstechnik begeistert hat, donnert den Ball aus 30 Metern an die Latte. Auf dem Feld drehen wir weiter auf, während die 50.000 Zuschauer im Waldstadion völlig ausflippen. Eine solche Ekstase habe ich nie wieder erlebt.

Allerdings bleibt es beim 2:0, was bedeutet, dass das Spiel in die Verlängerung geht. Als wieder angepfiffen wird, machen wir genauso weiter. Wir haben Chancen. Ich mit einem Fernschuss. Junghans hält einen Schuss von Cha. In der 102. Minute ist das Ding endlich drin, der eingewechselte Harald Karger trifft aus halblinker Position. Mit links, mit dem Außenrist, lässt er Junghans keine Chance. 3:0, damit stehen wir im Finale.

Allerdings unterläuft Jürgen Pahl ein Patzer, den du als Torwart mit ins Grab nimmst. In der 105. Minute zieht Wolfgang Dremmler aus 25 Metern ab. Ein schönes Schüsschen, ein bisschen Schnitt, aber eigentlich eine einfache Beute für Jürgen. Er hechtet nach rechts, doch kullert ihm der Ball unter den Armen durch über die Torlinie. Die Bayern jubeln. Aufgrund der Auswärtstorregel reicht ihnen dieser eine Treffer zum Weiterkommen. Der selbst sichtlich überraschte Torschütze wird von

Stars wie Paul Breitner gefeiert. Später habe ich Wolfgang mit der Szene immer aufgezogen, weil ich Bayern München bis dahin noch nie so ausgelassen habe jubeln sehen. Doch noch war das Spiel nicht vorbei.

Für Jürgen war dieser Moment natürlich eine Katastrophe. Während er üblicherweise jeden Gegentreffer so lange analysiert und Fehlerketten zurückverfolgt hatte, bis er am Ende eine weiße Weste hatte, ging dieses entscheidende Tor voll auf seine Kappe und würde ihm immer nachlaufen. „So eine Scheiße", hat er noch zu mir gesagt. Aber uns Feldspielern war das egal. Dann müssen wir eben noch ein Tor mehr machen. Völlig egal, wie der Gegentreffer fiel und wer daran Schuld hatte. Es bringt nichts, darüber nachzudenken. Stattdessen sagten wir uns: „Weiter, wir haben noch genügend Zeit. Weiter, weiter, einfach weiter."

Statt sich über Fehler zu ärgern, hat jeder noch einen Schritt mehr gemacht, hat einen Zweikampf mehr geführt, hat eine Lücke mehr zugelaufen. Ich auch, gerade für Jürgen. Das wir das für ihn wieder ausbügeln wollten, war selbstverständlich, zum einen weil wir eine verschworene Einheit waren, und zum anderen, weil wir dieses Spiel unbedingt gewinnen wollten. Und wir haben es gewonnen. Bernd Nickel schlägt einen Freistoß butterweich auf Harald Karger und Schädel-Harry köpft den Ball unten rechts ins lange Eck. Und als Werner Lorant zwei Minuten vor dem Ende der Verlängerung per Elfmeter zum 5:1 trifft, gibt es kein Halten mehr, das Waldstadion steht Kopf. Wenn Adrenalin brennen würde, hätten der Rasen und die Tribünen des Stadions in Flammen gestanden. Die Freude ist grenzenlos: Wir sind im Finale!

Mit dem Abpfiff des Halbfinal-Rückspiels beginnt quasi die Vorbereitung auf die beiden Endspiele. Nach der Ehrenrunde im Stadion sind wir in die Kabine und dort geschlossen in den Whirlpool. Diesen Luxus hatten wir damals schon im Waldstadion – und wir haben das geliebt. Ich war noch am selben

Abend beim Physio, und am nächsten Morgen gleich wieder. Nach dem Erreichen des Finales ging es jetzt darum, den Titel auch zu gewinnen. Wir wollten den UEFA-Pokal nach Frankfurt holen. Die ganze Mannschaft war heiß darauf, sich zu belohnen. In einer eigentlich guten Bundesliga-Saison, in der wir vom Potential her hätten Meister werden können, sind wir in der Rückrunde vollends aus dem Tritt gekommen. Die beiden Finalspiele waren also unsere letzte Chance, aus dieser Spielzeit noch etwas Zählbares mitzunehmen.

Im anderen deutschen Halbfinale setzte sich Borussia Mönchengladbach gegen den VfB Stuttgart durch. Das war gut für uns, da die Borussia eine spielstarke, kreative Mannschaft war. Das lag uns. Und mir persönlich eigentlich auch, aber ich fand mich im Hinspiel in Mönchengladbach überraschenderweise auf der Bank wieder. Jürgen Pahl, der von Trainer Friedel Rausch im Rückspiel gegen die Bayern den Vorzug vor Klaus Funk erhalten hatte, war jetzt unser Stammkeeper. Doch ganz gleich, wer spielte, wir spielten gut. Waren dominant und ließen gleichzeitig keine Gladbacher Konter zu. Dummerweise kassieren wir nach dem 1:0 durch Harald Karger, den wir liebevoll „Schädel-Harry" nennen, kurz vor der Pause noch den Ausgleich. In der zweiten Hälfte sehen wir schon wie die Sieger aus. Bernd Hölzenbein erzielt mit einem herrlichen Kopfball von der Fünfmeterlinie das 2:1. Doch dann schleichen sich immer mehr Fehler ein. Einen nutzt der junge Lothar Matthäus, der nach einem Pass von Ewald Lienen zum 2:2-Ausgleich trifft. Ich werde jetzt für Bernd Hölzenbein eingewechselt, dessen Kräfte am Ende sind, und soll für Ruhe sorgen. Kurz nach mir kommt Wolfgang Trapp für Harald Karger, der sich am Knie verletzt hat. Leider wird er sich davon nie wieder erholen. Wie sich später zeigen sollte, fand seine Karriere an diesem Abend in Mönchengladbach ihr vorzeitiges, bitteres Ende. Der Stern von „Schädel-Harry" leuchtete viel zu kurz. In dem ganzen Durcheinander entgleitet uns die Partie völlig. Zwei Minuten vor dem Ende erzielt Christian Kulik noch das Tor zum 2:3-Endstand ein. Der Angriff läuft über meine Seite. Dummerweise kann ich die Flanke auf Kulik, der am zweiten Pfosten steht, nicht verhindern. Er braucht nur einzunicken. Oh Mann. Am Spielfeldrand sucht unser Trainer Friedel Rausch jemanden, dem er die Schuld geben kann. Und dann lädt er den Mist beim Trapper und bei mir ab. Also bei den beiden, die er gerade erst eingewechselt hat. Immer und immer wieder hat er uns vorgehalten, dass wir das Spiel in Mönchengladbach verloren haben. Das hat für mich das Fass zum Überlaufen gebracht. Ich habe nie besonders viel von Friedel Rausch als Trainer gehalten, weil seine Fähigkeiten überschaubar waren. Aber da habe ich, was mir selten passiert ist, den Respekt vor dem Menschen verloren. So ein Schlappmaul.

Aber was hat uns interessiert, wer Trainer unserer Mannschaft ist? Ich habe bereits angedeutet, dass die Übungsleiter im Grunde keine so große Rolle gespielt haben. Wenn das Spiel einmal angepfiffen war, wurden die Entscheidungen auf dem Feld getroffen. Während der 90 Minuten konnten die Cheftrainer vielleicht noch über Ein- und Auswechslungen Einfluss auf das Spiel nehmen, aber dabei konnten sie sich auch mächtig die Finger verbrennen – so wie unser Friedel Rausch im Finale. Aber der Reihe nach.

Spätestens seit unserem berauschenden Halbfinal-Rückspiel gegen Bayern München herrschte in Frankfurt Ausnahmezustand. Die ganze Stadt war elektrisiert. Beim Final-Rückspiel gegen Gladbach sind knapp 60.000 Zuschauer im Waldstadion. Ich rücke für den verletzten Harald Karger in die Startaufstellung und gebe natürlich von Anfang an Vollgas. Nach einem Doppelpass zwischen Bernd Nickel und mir wird er im Strafraum gefoult, allerdings bleibt der Pfiff aus. Nach unserem guten Beginn kommt Mönchengladbach besser ins Spiel und zu einigen Chancen. Aber sie scheitern an Jürgen Pahl. Und wenn der mal Hilfe braucht, sind andere da, wie Horst Ehrmanntraut, der für unseren Keeper in einer brenzligen Situation rettet. Offensiv sind wir besser als die Gladbacher Fohlen, doch fehlt uns die Durchschlagskraft. Mit 0:0 geht es in die Pause, das reicht so noch nicht.

In der Kabine wird laut diskutiert. Der verletzte Jürgen Grabowski will uns offensiver agieren sehen, aber Trainer Friedel Rausch und Manager Udo Klug haben die Hosen voll. Sie scheuen das Risiko gegen die konterstarken Gladbacher. Sie wollen nicht ins offene Messer laufen.

Auf dem Feld geht es dann härter zur Sache. Lothar Matthäus, spielerisch heute kein Faktor, schlägt zweimal zu. In seiner typischen Manier. Grätsche von hinten, was damals kaum gepfiffen wurde. Und im Fallen hat sich Lothar dann mit dem Fuß und Unterschenkel in seinem Gegenspieler verkeilt. Grabi, unseren Kapitän, hatte er im Bundesliga-Spiel im März so umgenietet. Damit war die Karriere des 74er Weltmeisters beendet. Das wird dem Lothar, wann immer wir Frankfurter ihm bei irgendwelchen Anlässen begegnen, bis heute unter die Nase gerieben. Im Finale langte er bei Bernd Nickel und Ronny Borchers zweimal zu. Heutzutage reicht schon eines dieser Fouls, um mit Rot vom Platz zu fliegen.

Das Spiel müssen wir spätestens in der zweiten Halbzeit eigentlich deutlich gewinnen. Die Gladbacher haben zwar auch ein paar Möglichkeiten, aber wir sind die bessere Mannschaft und erspielen uns auch viel mehr Chancen. Allerdings geht uns im Laufe der Partie das Zutrauen verloren, was normal ist, wenn du die ganze Zeit anläufst, aber dennoch kein Treffer gelingt. Irgendwann fängt da jeder an zu zweifeln.

Auch an der Seitenlinie werden die Zweifel immer größer. Friedel Rausch hat sich schon entschieden, Bernd Hölzenbein auszuwechseln. Im Finale. Majestätsbeleidigung wäre das gewesen. Das wird Rausch auf der Bank auch verdeutlicht, sodass er einen Rückzieher macht und statt Bernd eben mich in der 77. Spielminute rausnimmt. Das goldene Händchen von Friedel Rausch. Denn nur vier Minuten später erzielt der eingewechselte Freddy Schaub, mit dem Jürgen und ich zeitweise am Riederwald in einer Art WG gewohnt haben, das 1:0. Wir retten den knappen Vorsprung über die Zeit und gewinnen dank unserer beiden Auswärtstore in Mönchengladbach den UEFA-Cup. Zu Hause, vor unseren Fans werden wir am 21. Mai 1980 Europapokalsieger.

Bevor ausgelassen gefeiert wird, kracht es aber noch gewaltig hinter den Kulissen. Holz hatte von der beabsichtigten Auswechslung erfahren und machte Rausch zur Schnecke. Grabi, über den Rausch vor uns anderen genauso gern ablästerte wie über Hölzenbein, eilte seinem Trainer auch nicht gerade zu Hilfe. Ganz im Gegenteil: Rausch wurde vom Hof gejagt. Er verließ das Bankett im Queens-Hotel, wo wir feiern sollten, und das Kapitel war erledigt. Allerdings gab es in den Wochen danach noch einige Freundschaftsspiele im Umland, wo Rausch noch das Traineramt innehatte. Oh Mann, was damals für eine Stimmung herrschte, obwohl wir gerade den ersten großen europäischen Titel in der Vereinsgeschichte gewonnen hatten. Die Situation war so explosiv, da sahen wir normalen Spieler zu, nicht in die Schusslinie zu geraten und ließen den Trainer und unsere beiden Führungsspieler sich munter beharken. Wer den Machtkampf gewinnen würde, war klar. Rausch wechselte als Trainer zu Fenerbahce Istanbul.

Im Mittelpunkt stand ohnehin die Mannschaft. Ich will den späteren Stars nicht zu nahe treten, aber wir waren als Mannschaft mindestens so speziell wie die Europa League Sieger von 2022. Nein, wir waren sogar noch etwas spezieller.

Das fing schon in der Abwehr an. Unser Libero war Bruno Pezzey, der Österreicher. Fünf Jahre spielte er für die Eintracht und hatte bei uns nur Freunde. International machte er erstmals bei der WM 1978 so richtig auf sich aufmerksam. Und da haben unsere Chefs im Team gleich zugeschlagen. Nach dem Vorrundenspiel gegen Österreich, der Schmach von Cordoba, hat Bernd Hölzenbein mit ihm das Trikot getauscht und ihn angequatscht. Auf der Tribüne hat Jürgen Grabowski das Spiel als Zuschauer verfolgt und anschließend unserer Vereinsführung klargemacht, dass wir einen solchen Spielertyp bräuchten. „Ein Weltklassespieler, ein Abwehrästhet am Ball", soll Grabi gesagt haben. Kongenialer Partner von Pezzey in der Abwehr war Charly Körbel. Was und wie die beiden verteidigt haben, war der Wahnsinn. Die beiden waren in Sachen Defensive das Beste, was Deutschland zu bieten hatte. Hinzu kamen die Verteidiger Willi Neuberger und Helmut Müller, die je nach Bedarf eingesetzt wurden. Im Mittelfeld spielte Bernd Nickel eine wichtige Rolle. Er hatte nicht nur einen gewaltigen Hammer, ihm ist auch das Kunststück gelungen, von jedem Eckpunkt im Waldstadion aus eine Ecke direkt zu verwandeln. Seine Schusstechnik mit dem linken Fuß war einzigartig. Bernd, Holz und Grabi bildeten das Mittelfeld, unser Prunkstück. Die drei verstanden sich blind und waren durch ihre unterschiedlichen individuellen Qualitäten für unsere Gegner extrem schwer auszurechnen. Zumal gerade Jürgen Grabowski überall war. Er bekam alle Freiheiten und konnte auf dem Feld tun und lassen, was er wollte. Grabi war der unumstrittene Chef, während Bernd Hölzenbein eher Anschluss bei uns jüngeren Spielern suchte und uns auf Augenhöhe begegnete. Als Team haben wir den dreien immer den Rücken freigehalten. Da wurde nicht gemeckert, gemosert oder auch nur hinterfragt, dass ein anderer ein paar Meter mehr machen musste. Es wurde einfach gemacht. Und einen wollen wir nicht vergessen: Mit Bum-kun Cha im Sturm hatten wir den – neben Karl-Heinz Rummenigge – besten Angreifer der Bundesliga in unseren Reihen.

Vor allem aber hat es mannschaftlich bei uns gepasst. Nicht nur im Sinne von Friede, Freude, Eierkuchen oder gemeinsamen nächtlichen Eskapaden, es ging bei uns auch sportlich richtig zur Sache. Was viele nicht wissen: Im Training gingen wir manchmal einsatzfreudiger und aufopferungsvoller ans Werk als im Spiel. Dafür haben insbesondere wir Jungen gesorgt, die den Etablierten ganz schön Feuer unter dem Hintern gemacht haben. Denn wenn du unter der Woche nicht präsent warst, dich nicht gezeigt hast, brauchtest du gar nicht erst darauf zu hoffen, am Wochenende aufgestellt zu werden. Aus diesem Grund waren immer alle mit Feuereifer in den verschiedenen Spielformen dabei. Und das war etwas, das uns als Mannschaft extrem vorangebracht hat.

Im Team gab es knallharte Regeln: An den Tagen vor den Spielen waren nächtliche Ausflüge tabu. Da ging überhaupt nichts. Unter der Woche war schon deutlich mehr möglich, was wir in kleinen Gruppen oder auch mal auf eigene Faust öfter mal ausgenutzt haben. Nach Heimspielen waren wir dann immer mit unseren Frauen oder Partnerinnen unterwegs. Meist ging es zum Schnurrbart in die Kneipe. Vor den Auswärtsspielen gab es im Hotel mal ein Bier, aber mehr tatsächlich nicht. Umso mehr habe ich die Tage nach unserem Europapokaltriumph genossen.

Direkt nach dem Erfolg im Rückspiel begann für mich eine intensive Woche. Sieben Tage am Stück war ich nur unterwegs. Von einer Wirtschaft in die nächste, zwischendurch zum Römer. Hier und da ein paar offizielle Termine. Dann wieder rein in die Kneipen und Diskotheken. In der Stadt wurden wir als Eintracht-Spieler auf Händen getragen. Zu Hause war ich in der Woche nach dem Sieg nur kurz: Ein bisschen schlafen, dann unter die Dusche, frisches T-Shirt an und wieder los. Frankfurt und wir waren im Ausnahmezustand. Unvergesslich. Der Kater sollte erst später kommen.

Das große Geld (ist weg)

In Frankfurt war ich angekommen. Mit Patricia hatte ich eigentlich auch schon meine große Liebe gefunden. Weit vor meinen großen Erfolgen als Fußballer bei der Eintracht. Kennengelernt habe ich allerdings zuerst ihre Eltern, mit denen ich nach einem Training in der Gaststätte am Riederwald ins Gespräch kam. Sehr nette, interessierte und vor allem fußballbegeisterte Leute. Wir haben uns gut unterhalten. Sie meinten, ich solle doch einmal auf ein Bier vorbeikommen. Wenn ich einmal in der Nähe ihres Hauses in Zeppelinheim bei Neu-Isenburg unterwegs sei. Zusammen mit Jürgen, der zu der Zeit noch mit mir am Riederwald wohnte, bin ich der Einladung gefolgt. Dort lief mir die junge Dame des Hauses über den Weg. Patricia, dunkelblonde Haare, um die 1,70 Meter groß und ungefähr mein Alter. Sie fiel mir sofort auf. Mein Interesse war geweckt. Fortan führte mich der Zufall immer häufiger nach Zeppelinheim.

Ein Paar wurden wir 1977, noch vor meinem ersten Bundesliga-Einsatz. Wenig später sind wir zusammengezogen. Zunächst haben wir in Dietzenbach in einer Dreizimmerwohnung gewohnt, bevor wir wenig später nach Maintal gezogen sind. Von dort aus war ich in nur zehn Minuten beim Training. Patricia hat im Büro gearbeitet, bis sich unser Nachwuchs ankündigte. Im Prinzip führten wir eine mustergültige Beziehung – wenn ich nicht gewesen wäre. Beziehungsweise mein Freiheitsdrang.

Ich war einfach auf der Flucht. Auf der Flucht vor einem normalen Familienleben. Ich konnte der Vorstellung nichts abgewinnen, morgens aus dem Haus zu gehen, am Nachmittag wieder heimzukommen, dann auf der Couch zu sitzen und sich ab Montag schon auf den Tatort am Sonntag zu freuen. Das war nicht mein Ding. Ich habe mir damals immer mehr Freiheiten herausgenommen. Freiheiten, die ich aus der DDR nicht kannte, die mich im Westen aber begeisterten. Aus dem Osten kannte ich nur Tabus. Einzige Ausnahme war vielleicht die FKK-Kultur, also das Nacktbaden an der Ostsee oder an irgendwelchen Seen. In Frankfurt war das etwas völlig anderes. Die 68er hatten ganze Arbeit geleistet und zumindest in den großen Städten wie eben Frankfurt die Spießigkeit ausgerottet. Die jungen, vielleicht auch die privilegierten Leute, lebten ein viel freieres und ungezwungeneres Leben. Das faszinierte mich, ich wollte da mitmischen.

Nach Auswärtsspielen kamen wir meistens gegen 21 oder 22 Uhr am Riederwald an. Von dort ging es zum Schnurrbart. Und später sind wir weitergezogen in die Stadt, sind eingetaucht in das Frankfurter Nachtleben, das seit meiner Ankunft in der Mainmetropole eine unglaubliche Faszination auf mich ausübte. Natürlich habe ich auch eine ganze Reihe Leute kennengelernt. Viele illustre Persönlichkeiten des Frankfurter Night Life. Ich war zu dieser Zeit häufig in der BB-Bar. Eine Institution. Die Bar öffnete erst gegen 24 Uhr. Es gab Cocktails, Champagner und so weiter. Hier war alles ein klein wenig teurer und besser. In dem vielleicht 70 Quadratmeter großen Laden gab es links hinten eine Ecke mit einer Pole-Dance-Stange, an der regelmäßig auch getanzt wurde. Aber nicht professionell, das war ja kein Bordell. Wobei zu den Stoßzeiten in dem Laden auch immer ein oder zwei Damen waren, die diese gewissen Dienstleistungen anboten, allerdings musste man dann mit ihnen woanders hingehen. Ganz easy. Wichtiger waren die Atmosphäre und das Miteinander dort. In der BB-Bar traf man damals alles, was Rang und Namen hatte: Politiker, Künstler und Sportler. Eine der beiden Besitzerinnen war Biggy, eine bildhübsche Frau, die ich immer besser kennenlernte. Wir hatten einen guten Draht zueinander und freundeten uns an. Was ich mit Biggy hatte, war keine Liebesbeziehung, sondern eher eine enge Freundschaft, die sich allmählich zwischen uns entwickelt hatte. Heute heißt das wohl auch Freundschaft plus. Aber um das bisschen Sex ging es uns nicht, auch wenn das ab und an mal vorkam. Menschlich waren wir einfach auf derselben Wellenlänge, wir haben irgendwie gleich getickt.

Wenn ich mich heute daran erinnere und dabei auch an meine Ehe mit Patricia zurückdenke, beschleicht mich schon ein schlechtes Gewissen. Heute würde ich das so nicht mehr machen, wobei das heute auch gar nicht mehr denkbar wäre. Wenn ich mit anderen, die damals dabei waren, vor allem mit Fußballern, über diese Zeit rede, winken die nur ab: „Das war eben so, das war eine völlig andere Zeit. Mach dich nicht verrückt, Norbi." Fakt ist, Patricia musste zu dieser Zeit ordentlich zurückstecken und sich einiges gefallen lassen, während ich mir alle möglichen Freiheiten herausgenommen habe.

In der Mannschaft war das ein offenes Geheimnis. Auch unser Trainer Lothar Buchmann, der nach dem UEFA-Cup-Sieg auf den vom Hof gejagten Friedel Rausch folgte, wusste Bescheid. Eigentlich wussten alle Bescheid, dass ich meinem Spitznamen „Nachtfalter" weiterhin alle Ehre machte. Buchmann wusste, was ich trieb, aber es war ihm nicht egal. Er redete mir ins Gewissen, da ihm meine nächtlichen Eskapaden ein Dorn im Auge waren. Buchmann wollte mich viel lieber ein geregeltes Leben führen sehen und hielt mich an, zu heiraten. Und ich habe tatsächlich seinen Rat befolgt, was vielleicht etwas komisch klingen mag. Denn natürlich habe ich Patricia geliebt. Und natürlich wollte ich mein Leben mit ihr verbringen. Aber ich hatte eben auch diese ausgeprägte Schwäche für die Verlockungen des Nachtlebens. In dieser Lebensphase habe ich so manchen Fehler gemacht, nicht nur als treuloser Ehemann. Da war zum Beispiel unser erster Hauskauf. Noch vor der Hochzeit 1981 und der Geburt unserer ersten Tochter Dana im gleichen Jahr sind wir auf ein vom damaligen Eintracht-Vizepräsidenten Wolfgang Zenker vermitteltes Angebot eingegangen. Nein, hereingefallen. Aber dazu später mehr. Der größte Fehler in Bezug auf meine Ehe war, dass das Haus in Hochstatt viel zu nah an Frankfurt war. Ich hätte weiter raus gemusst, um ein besserer Ehemann zu sein. Aber lassen wir das und bleiben wir sportlich.

Mit Lothar Buchmann sollte nach dem Abgang von Friedel Rausch zumindest vorerst an der Seitenlinie Ruhe einkehren. Als Mannschaft sind wir im Wesentlichen zusammengeblieben. Auch wenn unser Dreigestirn bröckelte. Bernd Hölzenbein und Bernd Nickel wurden Abwanderungsgedanken unterstellt und Jürgen Grabowski blieb nach seiner Verletzung gar nichts anderes übrig, als seine Karriere zu beenden. Aber der Rest des Teams war noch da und wollte mehr. Vor allem wollte ich im UEFA-Cup noch einmal richtig durchstarten. Denn in der zurückliegenden Saison hatte ich quasi Blut geleckt. Die Auswärtsfahrten, die tollen Stadien, die besondere Atmosphäre und die grandiosen Erfolge in unseren Heimspielen. Davon hatte ich lange noch nicht genug.

In den ersten beiden Runden sind wir uns auch treu geblieben: Auswärts haben wir in Donezk und Utrecht verloren, um dann in den Rückspielen den Einzug in die jeweils nächste Runde relativ souverän klarzumachen. Im Achtelfinale bekamen wir den FC Sochaux zugelost und waren im Hinspiel nach einer Stunde Spielzeit fast sicher eine Runde weiter. Willi Neuberger, Ronny Borchers und Bernd Hölzenbein hatten getroffen. Als ich in der 61. Minute das 4:0 machte, hätte der Käs eigentlich gegessen sein müssen. Doch dann haben wir uns in den verbleibenden 30 Minuten noch wahnsinnig dämlich angestellt. Die Franzosen kamen noch zu zwei Treffern, was sich im Rückspiel bitter rächen sollte. In Sochaux war Anfang Dezember Ski und Rodeln gut. Fußball aber weniger. Bruno Pezzey fragte vor der Partie, die auf einem knüppelhart gefrorenen Boden, auf dem eine fünf Zentimeter dicke Schicht aus Pulverschnee lag, angepfiffen wurde, sogar nach Langlaufski. Ich habe während der 90 Minuten zwei- oder dreimal die Schuhe gewechselt, aber ich fand keinen Halt. Es war furchtbar. Trotz dieser üblen Bedingungen hätten wir aber mehr zustande bringen müssen. Nur, es lief nicht. Während wir versuchten, auf dem Geläuf nicht auf die Fresse zu fallen, gingen die Franzosen rabiat zur Sache. Jürgen Pahl musste sogar mit einem Wadenbeinbruch ausgewechselt werden. Dennoch hätten wir das Spiel niemals verlieren dürfen, schon gar nicht mit 0:2, womit unser Ausscheiden besiegelt war. Rückblickend kann ich sagen, dass ich nicht viele Spiele noch einmal würde spielen wollen. Aber dieses Match, in dem ich als Stürmer aufgestellt worden war, gehört definitiv dazu. Für uns als Mannschaft war das eine herbe Enttäuschung, zumal wir auch wieder weit gekommen wären. Ins Finale mogelten sich später AZ Alkmaar und Ipswich Town. Bei allem Respekt, aber da hätten wir eigentlich hingehört. Doch wir hatten im Achtelfinale mal wieder zu sehr die Diva rausgekehrt.

Immerhin hat es nach dem Gewinn des UEFA-Cups 1980 im Jahr darauf für den DFB-Pokal gereicht. In den ersten Runden war auch schon mal harte Arbeit oder auch etwas Glück nötig. Spannend war für mich persönlich das Aufeinandertreffen mit dem SSV Ulm 1848 in der dritten Hauptrunde. Denn auf der Trainerbank des Süd-Zweitligisten saß mittlerweile Jörg Berger. Und der war mehr als nur ein alter Bekannter. Unter Jörg hatte ich in Halle an der Saale schon trainiert, als ich als Jugendspieler zu den ersten Einsätzen in der zweiten Mannschaft gekommen war und er sich als noch sehr junger Trainer die ersten Sporen verdient hatte. In der Zwischenzeit hatte er eine Jugend-Auswahlmannschaft der DDR übernommen und galt als der designierte Nationaltrainer. Sozusagen der Julian Nagelsmann des Ostens.

Anfang April 1979, es muss nach unserem unter der Woche ausgetragenen Bundesliga-Heimspiel gegen den VfB Stuttgart gewesen sein, stand dieser Jörg Berger im VIP-Raum des Waldstadions neben mir. Ich dachte, mich trifft der Schlag. Er erzählte mir, dass er auf einer Länderspielreise in Jugoslawien mit dem Zug vom Spielort Subotica nach Belgrad gefahren sei. Dort hätte er in der Botschaft der BRD in Belgrad gefälschte Papiere und ein Bahnticket zur Weiterfahrt nach München bekommen. Angeblich haben ihn die Grenzer im Zug sogar erkannt, sie hätten ewig seinen Pass geprüft. Ein Reisepass-Ersatzdokument, ausgestellt auf den Namen Gerd Penzel. Dann soll der Grenzer zu ihm gesagt haben: „Viel Glück im Westen, Herr Berger."

Und da stand er nun. Er wirkte ein bisschen wie ein Häufchen Elend. In den Jahren zuvor hatte er offenbar viel Mist erlebt. Unter anderem eine Scheidung, was dazu geführt hatte, dass er zumindest zeitweise nicht mehr zu Turnieren und Spielen in den Westen ausreisen durfte. Dadurch geriet seine Trainerkarriere natürlich ins Stocken. Jetzt im Westen sollte alles besser werden. Und Jürgen Pahl und ich, die wir ihn ja beide kannten, sollten ihm helfen.

Das war schon schräg. Denn Jörg Berger war für mich der Inbegriff eines DDR-Kaders. Streng, fordernd, alles der sportlichen Leistung unterordnend. Wenn ich jemandem rein aus Karrieregründen zugetraut hätte, für das Ministerium für Staatssicherheit zu arbeiten, dann ihm. Dem Berger, wie ich ihn noch aus Halle kannte. Er machte zwar auch in Halle als Trainer der zweiten Mannschaft mal einen Spaß, über den er lachen konnte, fiel dann aber ganz schnell wieder in seine grobe Ernsthaftigkeit zurück. Von einer Sekunde auf die andere. Von seinen Spielern erwartete er immer viel, konnte aber auch fußballerisch eine Menge vermitteln. Kurzum: Berger war von seiner Art her niemand, mit dem ich um die Häuser gezogen wäre. Aber darum ging es nicht. Er stand hier plötzlich vor mir und brauchte Hilfe. Und natürlich hat er die bekommen.

Drei Monate lang hat er bei Patricia und mir gewohnt. Und während der Zeit habe ich nach Kräften versucht, ihm zu helfen, in der neuen Welt zurechtzukommen und Kontakte zu knüpfen. Seine Situation war mir nur zu vertraut. Wie Jürgen und ich zuvor empfand auch er die Tage im Notaufnahmelager von Gießen als Tortur. Die Atmosphäre dort machte ihn fertig. Und gerade in der ersten Zeit in der BRD war er wahnsinnig enttäuscht, dass im West-Fußball niemand auf ihn gewartet hatte. Wobei ich mich richtig reingehängt habe. Ich bin mit ihm zu Adidas nach Herzogenaurach gefahren, um ihn neu einzukleiden. Er hatte ja nichts, wohingegen ich einen guten Draht zu den Freunden mit den drei Streifen hatte. Natürlich habe ich ihn auch bei der Eintracht vorgestellt, wo er zeitweise sogar mittrainiert hat. Wohlgemerkt als Spieler, denn auch mit Mitte 30 brauchte er sich mit dem, was er mit dem Ball und auch läuferisch draufhatte, nicht zu verstecken. In Frankfurt hat er dann auch ein paar Leute kennengelernt, mit denen er etwas zusammen machte. Jürgen und ich haben ihn abends auch mal mitgenommen, aber bei den Gelegenheiten hat er kaum etwas getrunken. Jörg konnte allerdings gut Skat spielen, was Jürgen und ich mit ihm einige Male gemacht haben.

Das Schlimmste war, dass er unglaublich nervös war. Schon ein Rascheln im Baum hat ihn die Wände hochgehen lassen. Gott, war Jörg nervös. In dieser Phase hat er sich ständig umgedreht und hinter sich geschaut, wenn wir unterwegs waren. Das war anstrengend. So locker, ausgelassen und unbekümmert – wahrscheinlich auch naiv – ich unterwegs war, so ängstlich und übervorsichtig bewegte sich Jörg Berger durch die Freiheit. In den drei Monaten, in denen er bei uns gewohnt hat, haben wir ihn praktisch nicht aus den Augen gelassen. Wir ließen ihn nie allein.

Übel mitgespielt hat ihm anfangs auch der Deutsche Fußball-Bund. Bergers Uni-Abschluss von der Deutschen Hochschule für Körperkultur in Leipzig wurde zwar anerkannt, aber nicht seine

Trainerlizenz. Er musste also zurück auf die Schulbank, wobei er in der DDR sogar schon Dozent gewesen war. Parallel dazu hat er bei Darmstadt 98 einen ersten Job bekommen. Dort blieb er aber nicht lange, sondern wechselte stattdessen nach Ulm. Mit den Spatzen kehrte mein Kurzzeitmitbewohner also nach Frankfurt zurück, was außer Jürgen und mir aber sonst kaum noch jemanden interessierte. Zu dem DFB-Pokal-Spiel in der dritten Runde kamen knapp 2000 Zuschauer ins Waldstadion, die am Ende einen 3:0-Sieg mit uns feierten. Schön, dass Jörg Berger später seinen Weg machte. Seine permanente Angst vor der Stasi sollte sich später als überaus berechtigt erweisen.

In der Saison 1980/1981 haben wir letztlich den Einzug ins DFB-Pokal-Finale geschafft, das vor 71.000 Zuschauern in Stuttgart ausgetragen wurde. Als Favorit galt der 1.FC Kaiserslautern, was uns nicht schreckte: Wir haben eines unserer besten Spiele gemacht. Ein Zeichen gesetzt haben wir gleich mit Willi Neubergers Fackel zum 1:0. Und dank unserer spielerischen Überlegenheit gewannen wir 3:1 und haben damit den zweiten Titel in zwei Jahren nach Frankfurt geholt. Aber der Erfolg täuschte über die Unruhe hinweg, die sich mittlerweile bei uns breit gemacht hatte. Es ging ums Geld. Denn trotz der Erfolge wurde im Verein schlecht gewirtschaftet. Oder anders formuliert: Über Jahrzehnte wurde die Eintracht sehr amateurhaft geführt. Auf der höchsten Führungsebene hatten reihenweise Blender und Schaumschläger das Sagen. Für uns als Spieler war das schwierig, weil wir keine Hilfe bekamen, wenn wir mal irgendetwas Privates, Wirtschaftliches oder Rechtliches zu klären hatten. Noch schlimmer wurde es, als Wolfgang Zenker im Umfeld der Mannschaft sein Unwesen trieb.

Zenker war, bis er zur Persona non grata wurde, sogar Vizepräsident. Etabliert hat er sich bei der Eintracht als Freund von uns Spielern. Er machte einen auf Kumpeltyp, der immer einen flotten Spruch auf Lager und noch bessere Ideen hatte, wo wir uns Geld anlegen können. Zenker kam aus der Immobilienbranche. Über Jürgen Grabowski hat er einen engen Zugang zu uns als Team aufbauen können. Jürgen war der unumstrittene Boss. Jürgens Freund war auch unser Freund. Und noch viel wichtiger: Wenn Jürgen dem und seinen Anlageideen vertraute, dann musste das schon gut sein.

Zenker war über Monate bei uns dabei. Nach den Spielen oder nach den Trainingseinheiten, auch bei manchen nächtlichen Ausflügen. Oder bei den Europapokal-Auswärtsfahrten. Natürlich auch im VIP-Raum im Waldstadion. Zenker war mittendrin statt nur dabei. Der Bursche war lustig, großzügig und wirkte nach außen hin gewieft, erfolgreich und sympathisch. Er zählte ab etwa 1979 zum Freundeskreis von mir und einigen meiner Mitspieler. Er war sogar Bruno Pezzeys Trauzeuge oder Taufpate eines seiner Kinder. Vielleicht auch beides. Daran erinnere ich mich nicht mehr so genau.

Ich weiß auch gar nicht mehr, wann das anfing mit seinen konkreten Angeboten. Aber ich erinnere mich noch sehr gut daran, welche Goldgräberstimmung in unserer Mannschaft aufkam. Immer häufiger ging es in der Kabine nicht mehr um die Schlagzeilen der Boulevardpresse, den nächsten Gegner oder dumme Witze, sondern um Wohnungen, Häuser und alle möglichen Immobilien. Alles drehte sich um Zenkers Versprechen, in beträchtlichem Maße Steuern zu sparen und für die Zukunft vorzusorgen.

Ich habe mich lange zurückgehalten. Ich hatte ja bereits vor Zenker mit Jürgen Pahl schon in eine Eigentumswohnung in einem mehrstöckigen Gebäude in Gravenbruch investiert. Schöne Gegend, etwas feiner. Damals galt das als Promi-Gegend. Und es war gar nicht so teuer: 120.000 Mark haben wir dafür bezahlt, sind aber nie eingezogen, weil wir das Ding gleich weiterverkauft haben. Ein wenig später habe ich für mich und Patricia dann das erste Mal über den Zenker zugeschlagen, der das Geschäft vermittelte. Das war ein Reihenhaus, dreigeteilt. Auf der einen Außenseite ist Bruno Pezzey eingezogen, in der Mitte wohnte ein uns Unbekannter und ich auf der anderen Außenseite. In Hochstatt waren wir relativ zufrieden. Die Lage war gut, aber die Bauqualität ließ an einigen Stellen ganz offensichtlich zu wünschen übrig. Hier hätte ich schon das erste Mal stutzig werden müssen. Bin ich aber nicht. Auch nicht, als ich nach einem Starkregen den Keller voller Wasser hatte. Offenbar wurde beim Bau die Muttererde entfernt und nicht wieder aufgefüllt, sodass es bei einer gewissen Regenmenge immer Probleme mit eintretendem Wasser gab. Da das Problem aber nur ich hatte – an Brunos Außenseite trat das nicht auf –, habe ich mir keine großen Gedanken gemacht.

Was die Mannschaft in unserer erfolgreichen Europapokalsaison beschäftigte, war allerdings ein ganz anderes Geschäftsmodell. Es ging nicht mehr um selbstgenutzte Häuser, sondern um Immobilien als Geldanlage und Steuersparmodelle. Ungelogen: Bis auf ganz wenige Ausnahmen waren alle anderen dabei. Eine Ausnahme war Bernd Hölzenbein, der uns wörtlich sagte, er habe schon genug Scheiße an der Backe gehabt, weshalb er da nicht mitmache. Fast alle anderen haben aber zugegriffen. Und ganz ehrlich: Das klang doch sehr verlockend – einfach Steuern sparen!

Als Profis bei der Eintracht mit 100.000 Mark Einkommen zählten wir alle zu den Spitzenverdienern. Und wenn ich mich richtig erinnere, lag Ende der 1970er-Jahre der Spitzensteuersatz bei 56 Prozent. Und da kam Zenkers Angebot gerade richtig: Er machte uns die Investition in überteuerte Häuser schmackhaft. Also neu gebaute Immobilien, die für mehr Kohle angeboten wurden, als sie wert waren. Damit, so rechnete er uns auf Bierdeckeln in der Vereinskneipe am Riederwald vor, könnte jeder von uns seine Steuerlast massiv senken. Die laufenden Kosten für uns seien so bemessen, dass die Immobilien nach etwa zehn Jahren, also zum Ende unserer Karrieren, komplett abbezahlt seien. Und das Beste: Durch die Mieteinnahmen bekämen wir schon in der Investitionsphase Kohle zurück und würden nach der Profi-Laufbahn, wenn wir keine fetten Überweisungen mehr von den Vereinen bekommen, ausreichend Geld von den Mietern erhalten. Ausreichend für ein süßes Leben bis in alle Ewigkeit.

Da wir Zenker lange kannten, haben wir dem Typen vertraut. Zumal Grabi als unser Boss und Kapitän das alles quasi abgesegnet hatte. Zumindest hat er dem Zenker die Tür geöffnet, was ihm nachträglich viele übel genommen haben. Jürgen Pahl hat sich entsprechend auch mal öffentlich geäußert. Was mir aber fernliegt. Auch deshalb, weil es für mich am Ende gut ausging und Jürgen Grabowski das heikle Thema bis ins Grab begleitete.

Schon in den Monaten, als der sogenannte Bauherrenskandal öffentlich wurde, hat er gelitten wie ein Hund. Ob oder wie viel er in dieser Phase persönlich daran verdient hat, weiß ich nicht. Aber ich nehme an, dass da Gelder geflossen sind. Ich kann mich an eine Situation mit Zenker in einer Kneipe erinnern, als er uns einen Scheck gezeigt hat. 50.000 oder sogar 100.000 Mark stand da drauf. Er sagte, dass sei sein Monatsverdienst, den er mit der Immobilienvermittlung einfährt.

Es war verrückt. Wir Spieler saßen in der Vereinsgaststätte am Riederwald und haben bei Zenker die Verträge unterschrieben, während zwei Meter weiter geflippert wurde. Wie im Vorbeigehen gingen da ganze Häuser über den Tisch. Was kostet die Welt?

Ich bin schließlich auch eingestiegen, wenn auch ziemlich spät. Und Gott sei Dank habe ich nur zwei Häuser gekauft. Irgendwo am Rhein. Gesehen habe ich die nie, noch nicht mal, als der ganze Skandal Jahre später an die Öffentlichkeit kam. Ich habe sie mir noch nicht einmal in der Phase angeschaut, als sie gebaut worden sind oder die ersten Probleme auftraten, was ich gern als meinen nächsten Fehler in dieser Angelegenheit eingestehe.

Für die beiden Häuser musste ich im Monat 4000 Mark aufwenden. Kein Problem, eigentlich. Denn so viel war jeden Monat übrig, zumal auch noch Mietzahlungen reinkommen sollten. Tatsächlich war es aber so, dass sie anfangs nur spärlich und dann irgendwann gar nicht mehr eingingen. Denn die Häuser waren Schrott. Und wenn nicht Schrott, dann waren die Mieten zumindest deutlich überteuert. Die Mieter, die sich am Anfang darauf eingelassen hatten, machten also nach und nach die Biege. Das hieß für mich, dass ich weiterhin die Ausgaben hatte, aber die Einnahmen fehlten. Und das ging nicht nur mir so, sondern uns allen. Natürlich haben wir Zenker die Hölle heiß gemacht, aber der wähnte sich fein raus. Er erzählte uns etwas von einer anderen GmbH, die die Miete eintreibe. Wir sollten uns keine Sorgen machen, er kläre das und rufe da an. Geklärt wurde nichts und unsere Sorgen wurden immer größer. Für manche ging es richtig ans Eingemachte.

Ich weiß von Bum-kun Cha, dass er fünf, sechs oder sieben solcher Häuser hatte. Für diejenigen, die so zugeschlagen hatten, ging es ums Existenzielle. Ich konnte weiter den Kühlschrank füllen und ein relativ normales Leben führen, nur halt nichts mehr zur Seite legen. Andere waren da viel schlimmer dran. Von Bum-kun Cha kursierte die Geschichte, dass er unseren Europapokalsieg bei Kerzenschein feierte, weil bei ihm zu Hause schon der Strom abgestellt war. Einige Kicker, auch aus anderen Vereinen, standen plötzlich vor einem Scherbenhaufen. Ich weiß von einigen Bundesliga-Spielern, die damals Privatinsolvenz anmelden mussten. Massiv betroffen waren vor allem solche ohne ganz große Namen. Die bis dahin erst ein paar Bundesliga-Einsätze hatten. Einige sind daran auch zerbrochen.

Der Bauherrenskandal beschränkte sich nicht nur auf Frankfurt. Zenker gab gewiss ein Vorbild ab für andere Typen, die mit dem gleichen Investitionsmodell bei allen möglichen anderen Vereinen oder auch anderen Gutverdienern wie etwa Ärzten hausieren gegangen sind. Erwischt hat es sogar Neunmalkluge wie Ewald Lienen, der auch gleich mehrere Immobilien gekauft hatte. Ich habe mal aus gut unterrichteter Quelle gehört, dass Lienen nur deshalb dem Fußballgeschäft nicht nur sehr lange als Spieler, sondern später auch als Trainer treu geblieben sei. Er hat das ganze Business, so wie er es nach außen hin vermittelt hat, schon immer sehr negativ gesehen und sich extrem kritisch geäußert, aber letztlich die Kohle gebraucht, weil er mit dem Bauherrenmodell so viel Geld verloren hatte.

Ich persönlich habe ein paar hunderttausend Mark in den Sand gesetzt. Wie viel es genau war, weiß ich nicht. Und das hat auch mit einem Freund und Retter in der Not zu tun, der mit geholfen hat, einen Schlussstrich unter dieses Kapitel zu ziehen. Aber dazu später mehr, wenn wir nach München gekommen sind.

Wir hatten trotzdem noch jede Menge Spaß. Ich erinnere mich an einen Promi-Wettbewerb mit Bruno Pezzey beim Frankfurter Sechstagerennen in der Festhalle, wo ich über Jahre Stammgast war. Einmal habe ich als alter Radsport-Fan das Rennen sogar gewonnen. Ein anderes Rennen sollte ich nicht gewinnen: Ein malerisch verträumter Frühjahrsmorgen im Jahr 1982. Die Sonne war bereits aufgegangen, die Vögel zwitscherten. Und ich war bei Biggy und wollte in meinem Auto heimfahren. Auf meinem Weg raus aus der Stadt war um diese Uhrzeit natürlich nichts los. Die Bankenmetropole muss auch mal ab und an schlafen. Am Stadtrand springt eine Ampel auf Grün und ich fahre an, so wie das Taxi vor mir auch. Allerdings bin ich wohl ein klein bisschen schneller und fahre ganz leicht auf das Auto vor mir auf. Wir steigen beide aus und stellen fest, dass keinerlei

Schaden zu sehen ist. Ich frage den Taxifahrer, was er haben will und gebe ihm meine Telefonnummer. Aber er schüttelt den Kopf. „Nix, nix. Polizei!", fordert er in gebrochenem Deutsch. Er hatte mich ganz sicher nicht erkannt, jedenfalls bestand er darauf, die Polizei zu rufen. Da ich mir im Lauf der Nacht ein paar Whiskey-Cola genehmigt hatte, wollte ich keinen Freund und Helfer sehen. Ich schaute ihn noch einmal an. Aber da tat sich nichts. Der Kerl machte dicht. Da sagte ich „Leck mich", stieg ins Auto, ließ ihn stehen und fuhr weg. Ein paar Minuten später hielt mich auf der Hanauer Landstraße ein Polizeiauto an. Die Beamten hatten da offenbar schon auf mich gewartet. Alkohol am Steuer, dazu die Fahrerflucht. Klare Sache: Der Führerschein war damit zum ersten Mal weg. Dass das der frühe Beginn meiner Karriere als Bahnfahrer und Freund des öffentlichen Personennahverkehrs werden sollte, ahnte damals noch niemand. Ich selbst am wenigsten.

Während ich das erste Mal lernte, auf den Luxus eines fahrbaren Untersatzes zu verzichten, plante meine Frau einen größeren Trip: eine Fahrt in die DDR. Denn im Gegensatz zu mir, ganz unabhängig davon, dass ich gerade meinen Führerschein los war, konnte meine Frau Patricia relativ problemlos in mein Heimatland reisen. Also haben wir ihren blau-weißen Ford Capri vollgepackt. Zusammen mit ihrer Mutter ist sie dann nach Polleben gefahren. Natürlich wurde sie an der Grenze gefilzt. Das komplette Auto haben sie auseinandergenommen und auch die paar Bücher und Magazine gefunden, die wir verbotenerweise über die Grenze schmuggeln wollten. Aber meine Frau bekam keinen ernsthaften Ärger deswegen. Meine Eltern und meine Geschwister haben sich sehr gefreut, meine Frau endlich einmal kennenzulernen. Es gibt großartige Fotos von ihr, meinen Eltern und dem Auto. Denn allein das Auto war ja eine Sensation. So ein kleiner Sportwagen in einem verschlafenen Örtchen, wo es auch Ende der 1970er-Jahre nur ein paar Trabis und Wartburgs gab. Das war halt eine völlig andere Welt. Und Patricia wollte sich diese andere Welt einmal anschauen. Wollte sehen, wo ich aufgewachsen war. Und natürlich meine Eltern kennenlernen, mit denen sie bisher nur telefonisch Kontakt hatte. Sie hatte ein ernsthaftes Interesse daran, sich von all dem ein Bild zu machen, und sie war auch nicht ängstlich: Die Grenzsoldaten und das Unberechenbare, in das sie sich auf dieser Reise begab, hat sie nicht abgeschreckt. Patricia war eine Powerfrau, die sich durch nichts einschüchtern ließ.

Insgesamt stand diese ganze Zeit aber unter keinem guten Stern. Nicht zuletzt auch sportlich: Denn uns als Mannschaft tat dieser ganze Bauherrenmist nicht gut. Ich will es aber nicht nur darauf schieben, denn nach und nach hat sich vieles verändert. Und damit auch die Atmosphäre. Das Team verlor an Qualität und Führungspersönlichkeiten. Jürgen Grabowski ging schon 1980 von Bord. Wegen seiner Verletzung, die sein Karriereaus bedeutete, hatte er schon unseren UEFA-Cup-Sieg nur noch von der Seitenlinie aus mitverfolgen können. Bernd Hölzenbein wechselte 1981 zu den Fort Lauderdale Strikers in die USA. Wolfgang Trapp ging im selben Jahr nach Darmstadt. Bernd Nickel verließ die Eintracht 1983 und unterschrieb in der Schweiz bei den Young Boys. Im selben Jahr gingen auch Bum-kun Cha und Bruno Pezzey. Der Einzige, der blieb, war Charly Körbel.

Meine persönlichen Leistungen waren gut, trotz der sich ändernden Umstände. Manchmal sogar sehr gut. Elf Tore hatte ich in der Saison 1981/1982 erzielt. Eines sogar per Kopf, ausgerechnet gegen Bayern München. Ich habe auf allen Positionen gespielt: Links und rechts im Mittelfeld, zentral, Linksaußen oder Stürmer und auch mal linker Verteidiger. Bei der Eintracht wollten sie mich unbedingt halten, wogegen ich auch gar nichts hatte, denn ich fühlte mich in Frankfurt sehr wohl. Von daher kam mir ein neuer, langfristiger Vertrag gerade recht, zumal sich damit mein Gehalt annähernd verdoppelte. Knapp 200.000 Mark sollten es von nun an für die kommenden vier Jahre sein. Ein üppiges, aber durchaus angemessenes Gehalt für diese Zeit. Dies haben mir meine Mitspieler bestätigt. Denn damals haben wir uns in der Kabine noch abgestimmt, was angemessen war und was nicht. Darüber wurde untereinander tatsächlich offen gesprochen. Und das ganz ohne Neid.

Die Tinte unter dem Vertrag war kaum trocken, da klingelte bei mir zu Hause das Telefon. „Hoeneß", meldete sich die Stimme am anderen Ende der Leitung. Ich wusste im ersten Moment gar nicht, wie ich mit einem der größten Stars des deutschen Fußballs, der nun Manager bei den Bayern war, sprechen sollte. Siezen oder duzen? Ich hatte keine Ahnung. In jedem Fall fragte mich Uli Hoeneß, wie ich mir denn meine Zukunft vorstellen würde. Ich erzählte ihm, dass ich meinen Vertrag gerade erst um vier Jahre verlängert hätte. Kurze Pause. „Das wird ein bisschen Ablöse kosten", sagte ich. Das schien ihn nicht zu schrecken, denn im nächsten Schritt lud er mich ein. Sie wollten sich mit mir mal unterhalten.

Ich flog an einem trainingsfreien Tag nach München, traf im Käfer den Bayern-Coach Pal Csernai, den ich aus Frankfurt noch als Co-Trainer von Gyula Lóránt kannte. Und da war klar: Die Bayern wollten mich. Ich war verloren. Sie wollten etwas aufbauen und ich sollte eine gewisse Rolle in der Mannschaft spielen. Ein paar Tage später war ich wieder in München und klärte dann am Ammersee mit Präsident Willi O. Hoffmann das Organisatorische. Natürlich ließ „Schampus-Willi", wie er respektvoll genannt wurde, einen guten Tropfen bringen, um meinen Wechsel zu besiegeln. Die Eintracht-Verantwortlichen hatte ich zu diesem Zeitpunkt schon informiert. Aber die konnten allein wegen ihrer finanziellen Schieflage nicht anders als zuzustimmen: Der Verein bekam als Ablösesumme die Rekordsumme von 1,55 Millionen Mark sowie die Einnahmen aus einem Abschiedsspiel in Frankfurt. Also unter dem Strich 1,7 Millionen. Ich verdiente nun 370.000 Mark im Jahr plus Prämien. Ich war alle meine Sorgen los und für die nächsten drei Jahre ein gemachter Mann.

Insofern schaute ich im Mannschaftsbus in einige verblüffte Gesichter, als ich meine Mitspieler zum Ende der Saison 1981/1982 über meinen Wechsel informierte. Wir kamen gerade von einem Freundschaftsspiel. Die Bundesliga-Saison war schon zu Ende und wir alle waren mehr oder minder in Urlaubsstimmung. Ich habe gesagt: „So Leute, hört mal zu, der Norbi geht. Ich spiele in der nächsten Saison bei den Bayern." Ich weiß gar nicht mehr, ob sie nicht sogar geklatscht haben. Auf jeden Fall war allen klar, dass ich es geschafft hatte. Da war überhaupt kein böses Blut. Kein Neid. Meine Mitspieler haben sich für mich gefreut. Im Stadionmagazin der Eintracht war ein paar Wochen später ein Interview mit Bernd Nickel zu lesen, der gefragt wurde, wer der Favorit auf den Titel sei? Seine Antwort: „Bayern München, vor allem, da sie jetzt Norbert Nachtweih haben."

BAYERN-LIKE

Ein schwerer Start

Für mich war das ein wahnsinniger Schritt. Man muss sich das mal vorstellen: Ein paar Jahre zuvor saß ich mit meinen Kumpels noch in Halle vor der Glotze und wir haben uns gefragt, ob es bei uns für die Bundesliga reichen würde. Jetzt durfte ich das rote Trikot überstreifen. Jetzt ging es zum obligatorischen Einkleiden mit einer Lederhose. Jetzt spielte ich alle paar Tage unter dem weltbekannten Zeltdach des Olympiastadions. Nach der spontanen Fluchtidee in Bursa und ein paar wilden Jahren in Frankfurt war ich nun beim besten Fußballverein Deutschlands gelandet. Und warum? Weil sie mich haben wollten!

Neben mir hatten die Bayern im Sommer 1982 auch den belgischen Torwart Jean-Marie Pfaff verpflichtet. Eine Granate im Tor, ein Supertyp abseits des Spielfelds. Jean-Marie war immer für einen Spaß zu haben und überdies war er auch ungemein geschäftstüchtig. Der Belgier nahm schon mal den Telefonhörer in die Hand, um irgendwelchen Firmen für gutes Geld exklusive Autogrammstunden mit sich anzubieten. Gewusst wie.

Paul Breitner, Karl-Heinz Rummenigge, Dieter Hoeneß und Klaus Augenthaler gehörten auch zum Kader des Vereins, der in den Jahren vor meinem Wechsel wieder an die früheren Erfolge anknüpfen konnte. Nach einer längeren Durststrecke in den späten 1970er-Jahren waren die Bayern 1980 und 1981 Meister geworden. In den Wochen vor meinem Wechsel hatten sie den DFB-Pokal gewonnen, aber das Finale im Europapokal der Landesmeister gegen Aston Villa verloren.

Auf der Trainerbank saß mit Pal Csernai ein für mich alter Bekannter. Als Assistent von Gyula Lóránt war er 1979 von Frankfurt mit nach München gegangen. Allerdings haben die Bayern seinen Chef, den Gyula, einfach nicht verstanden. Verbal. Noch Jahre später machten Späße die Runde, weil die Spieler immer mal wieder einfach nicht verstanden hatten, was der ungarische Trainer von ihnen wollte. Nach Lóránts Rausschmiss sollte Max Merkel zu den Bayern kommen. Allerdings sträubte sich die Mannschaft um den damaligen Kapitän Sepp Maier gegen die Verpflichtung des als harter Hund geltenden Österreichers. Und so wurde Pal Csernai vom Co- zum Cheftrainer befördert. So wie ich ihn in Frankfurt erlebt hatte, hat mich dieser Schritt überrascht. Denn ich kannte Pal als klaren zweiten Mann, nicht als Boss an der Linie. Als einen, der seinem Chef die Zigarren hinterhertrug. Nicht falsch verstehen: Pal war auch kein klassischer Co-Trainer, der verschwitzt im Trainingsanzug die Bälle aufpumpt und die Leibchen verteilt. Er hatte eher etwas von einem Künstler, trug abseits des Rasens oder bei den Spielen meist einen feinen Seidenschal und liebte das Extravagante. Und, um es klar zu sagen: Viele glaubten, dass er homosexuell sei. Was mir allerdings völlig egal war. Mich hat es eher überrascht, als ich Pal Csernai eines Tages beim Tennis mit seiner Freundin traf. Wir haben kurz geplaudert. Am Ende spielte ich ein paar Bälle mit ihr und dachte, alles sei gut.

Von daher hat mich die Atmosphäre beim Training ziemlich überrascht. Das war schon etwas anderes, als ich es in Frankfurt erlebt hatte. Pal Csernai lief beim Warmmachen als Erster vorneweg, das Team hinterher. Fünfzehn Minuten warmlaufen. So etwas war mir vielleicht noch aus Halle vertraut, aber in Frankfurt gab es das auch unter Co-Trainer Csernai nicht. Es ging deutlich strenger zu und insgesamt dauerte das Training länger und war vor allem intensiver. Der Ungar führte uns als Mannschaft an einer kurzen Leine. Alles war straff organisiert.

Die jüngsten Erfolge mit den beiden Meisterschaften und dem Pokalsieg waren offensichtlich nichts, worauf Csernai sich ausruhen wollte.

Die Rolle des Trainers war nur eine der Sachen, die anders waren als in Frankfurt. Auch das ganze Drumherum an der Säbener Straße sah ganz anders aus als am Riederwald. Bei der Eintracht hatten wir einen Trainingsplatz, und ab und zu durften wir auch mal auf den Rasen des alten Stadions am Riederwald. Später kam auf dem angrenzenden Schulgelände noch ein Hartplatz hinzu. In München hatten wir schon 1982 zwei sehr gute Rasenplätze. Dazu zwei Hartplätze, und zwar solche mit der roten Erde, auf denen man gut spielen konnte. Und wenig später kam noch der erste Kunstrasenplatz hinzu. Die Unterschiede zwischen Frankfurt und München hinsichtlich der Infrastruktur waren vielleicht nicht riesig, aber sie waren da. Einen starken Kontrast stellte hingegen die Organisation dar. In München wurde an alles gedacht. Alles funktionierte, alle Abläufe waren darauf ausgerichtet, dass für uns als Mannschaft alles optimal war – und auch für die sportliche Leitung. Nichts sollte dem Erfolg im Weg stehen. Das war die Grundlage, auf der Uli Hoeneß in seiner damals neuen Rolle als Manager alles aufbaute. Für mich war das eine andere Welt: Denn abseits des Rasens waren in Frankfurt nur wenige Profis am Werk.

Privat, dachte ich insgeheim, würden die Luftveränderung und der Abstand zu Frankfurt mir und meiner Ehe ganz gut tun. Alles fühlte sich richtig an, als die vom FC Bayern organisierten Umzugswagen vorfuhren und all unsere Sachen einpackten, die erst einmal eingelagert wurden. Denn in der ersten Zeit lebten wir in einem Hotelzimmer, bevor ich mit Patricia und unserer Tochter Dana in ein Haus in Unterhaching zog. Genauer gesagt in eine Doppelhaushälfte, die super nah am Trainingsgelände an der Säbener Straße und nur einen Steinwurf von einem schönen Tennisplatz entfernt war.

Sportlich lief es in den ersten Wochen hervorragend. Ich spielte im Mittelfeld. Im Zentrum. Direkt hinter Paul Breitner. Der hat sich freigelaufen, mal zwei Schritte nach vorn, nach links oder rechts gemacht. Ich habe ihn angespielt. Und dann ging die Post ab. Oder ich habe den Ball tief auf Kalle Rummenigge gespielt. Und auch dann ging die Post ab. Es war ein Fest. Auf einmal war ich der indirekte Strippenzieher, konnte unser Spiel mit einfachen, aber effektiven Zuspielen auf unsere Stars regelrecht ankurbeln. Damals widmete mir der *Kicker* sogar eine Titelseite der Montagsausgabe. Überschrift: „Bayerns bester Fang." Das Magazin habe ich viel später mal geschenkt bekommen und heute hängt es bei mir gerahmt im Flur. Die Schlagzeile hat mich stolz gemacht. Es war ein Auftakt nach Maß: Die ersten fünf, sechs Spiele waren traumhaft, allerdings kam dann Wolfgang „Scheppe" Kraus zurück und ich war meine Position wieder los. Csernai stellte mich auf der linken Seite auf, wo ich verhungert bin. Wo jeder verhungert ist, weil Paul und die anderen nur in allerhöchster Not da rausgepasst haben. Gleichzeitig musstest du aber wie ein Leichtathlet die ganze Zeit die Linie hoch und runter rennen. Ungelogen: Bei Ballbesitz habe ich drei Ballkontakte pro Spiel gehabt. Ich hätte während mancher Bundesliga-Partien einige Runden auf der Tartanbahn laufen können, niemand hätte das bemerkt. Es war zum Verrücktwerden.

Ich bin in dieser Zeit tatsächlich ein wenig verrückt geworden. Zumindest sehr dünnhäutig, weil mich die Situation sportlich einfach sehr genervt hat. Zudem hatten wir privat Probleme. Meine Tochter Dana, damals noch nicht einmal zwei Jahre alt, war seit unserem Umzug im Sommer dauernd erkältet. Sie war ständig heiser und brachte an manchen Tagen kaum einen Ton heraus. Die Ärzte stellten sogenannte Papillome fest. Großflächige Hautwucherungen im Hals. So manches Mal hatten wir panische Angst, dass sie erstickt. Wir sind der Luft wegen mit Dana in die Berge gefahren, ans Meer. Aber nichts half so richtig. Und im Abstand von zwei Monaten, wenn es wieder schlimmer wurde, musste sie operiert werden. Grausam, so ein kleiner Mensch, und wir standen mehr oder weniger hilflos daneben.

In diesen ersten Monaten in München hatte ich die Schnauze voll. Zumal dann auch noch Pal Csernai anfing, mich zu reizen. Ich bekam im Training immer wieder Sprüche von ihm reingewürgt. Sobald ich einmal einen Pass unsauber spielte, raunte er mich an: „Na, Norbert, bist du letzte Nacht wieder unterwegs gewesen?"

So wie ich in dem Moment drauf war, reagierte ich auf solche Sprüche allergisch. Mir reichte es. Als mich Pal Csernai wieder mal im Training angepflaumt hatte, platzte mir der Kragen. Bei einem Angriff habe ich aus guter Position nicht geschossen, sondern quer gespielt. Allerdings grätschte ein Abwehrspieler den Ball weg. Und dann ging das Gezeter los. Ich nahm den Ball in die Hand und habe es ihm vor versammelter Mannschaft zurückgegeben und ihn zur Sau gemacht: „Was ist denn los, Trainer? Sie haben mich doch geholt. Sie haben mich doch hierher geholt. Ich kann auch wieder gehen!" Ganz ehrlich: Ich war drauf und dran, zu Uli ins Büro zu gehen und ihn zu bitten, wechseln zu dürfen. Ich hatte keinen Bock mehr.

Mir war vor dem Wechsel bewusst, dass es bei den Bayern für mich schwer werden könnte. Dass es einige hoch talentierte Spieler gegeben hatte, die sich in München einfach nicht durchsetzen konnten. Das beste Beispiel spielte bei uns im Sturm, beziehungsweise saß die meiste Zeit auf der Ersatzbank: Kalle Del'Haye. Für die damalige Rekordablösesumme von 1,3 Millionen Mark kam er als Stürmer von Borussia Mönchengladbach zu den Bayern. Aber er konnte nie richtig glänzen. Inzwischen stellte meine Ablöse die neue Rekordsumme. Aber so enden wie Kalle wollte ich nicht.

Mein Glück war, dass es nicht nur bei mir, sondern mit der gesamten Mannschaft nicht richtig rund lief. Wir spielten einfach nicht gut. Im Viertelfinale des Europapokals der Pokalsieger flogen wir gegen den FC Aberdeen raus. Im DFB-Pokal mussten wir in der ersten Runde in Hamburg gegen den FC Bergedorf 1885 in die Verlängerung, um dann in Runde zwei von Eintracht Braunschweig aus dem Wettbewerb geworfen zu werden. In der Bundesliga reichte es nur für Platz vier. Die Presse setzte uns immer mehr unter Druck. Drei Spieltage vor Schluss entließ der FC Bayern München Csernai, und der junge Co-Trainer Reinhard Saftig übernahm. Angeblich hatte der neue Sponsor Magirus-Deutz aus Imagegründen ein Problem mit dem äußeren Erscheinungsbild des extravaganten Ungarn. Den Nutzfahrzeughersteller aus Ulm hatte Uli Hoeneß an Land gezogen, der über gute Kontakte in seine alte Heimat verfügte. Dieser Sponsorendeal war der erste große wirtschaftliche Erfolg seiner noch jungen Amtszeit. Ob Magirus-Deutz etwas gegen Csernai hatte? Ich glaube eher, dass Uli, der sehr, sehr nah an der Mannschaft dran war, wusste, dass Trainer und Mannschaft nicht zueinander passten. Egal, für mich war diese Entscheidung ein Segen. Plötzlich sah ich in München wieder eine Zukunft.

Zudem verflüchtigte sich auch Danas gesundheitliches Problem. Wir befolgten den Rat der Ärzte und zogen noch einmal um, 30 Kilometer raus aufs Land. Nach Baldham. Offenbar hatte Dana die Luft in Unterhaching, am Stadtrand von München, zu schaffen gemacht. Denn nachdem wir in Baldham angekommen waren, mussten wir mit ihr nur noch einmal zum Arzt. Danach hatte sie keine Probleme mehr mit den Papillomen. Und wir hatten nun ein noch besseres Haus: mit großem Garten und einer eigenen Sauna. Und einen Ort weiter wohnte ein Teamkollege, der in meiner Bayern-Zeit mein bester Freund werden sollte: Klaus Augenthaler. Mit ihm standen mir noch so einige kleine Herausforderungen bevor.

Ich hatte es in den zurückliegenden Monaten geschafft, in der Mannschaft akzeptiert zu werden. Obwohl das alles schon etwas anderes war als in Frankfurt. Ich kam aus einer richtig eingeschworenen Truppe, die über Jahre zusammengewachsen war. In München musste ich die Jungs erst einmal kennenlernen, die ich ja nur vom Platz als Gegenspieler kannte oder aus den Medien. Aber ich kam ganz gut zurecht. Denn da waren einige gute und feine Kerle dabei. Wolfgang Dremmler nahm mich gleich zu Beginn mit zum Tennis. Er wohnte in Unterhaching, so wie ich auch in den ersten Monaten. Kurzerhand bin ich sogar Mitglied im Tennisklub geworden und wir haben oft gemeinsam gespielt. Später bin ich von Baldham weiterhin zum Tennisspielen nach Unterhaching gefahren. Der Klub war auch in den Folgejahren die erste Adresse für uns Bayern-Profis.

Aus der bayerischen Gemütlichkeit, an die ich mich schnell gewöhnt hatte, wurde ich 1983 gleich zweimal herausgerissen. Einmal rief mich Uli ins Büro, weil er Besuch vom Bundesnachrichtendienst hatte. Ein Opel-Mitarbeiter war als Stasi-Spitzel enttarnt worden. In seiner Wohnung in oder bei Frankfurt wurde alles Mögliche an Material über mich gefunden. Fotos von meinem Haus in Hochstatt. Eine Auflistung meiner Wege, die Zeiten, wann ich zum Training fuhr. Welche Straßen ich nahm. Alles sehr detailliert ausgekundschaftet. Uli Hoeneß und ich haben nicht schlecht gestaunt, als die Beamten uns das an der Säbener Straße alles zeigten. Aber echte Sorgen habe ich mir deswegen nicht gemacht, ich konnte das sehr gut ausblenden. Für Uli war vor allem wichtig, wie ich damit umgehe. Er selbst hat diesbezüglich keine Gefahr gesehen. In der NDR-Doku erzählt er dazu sehr offen, dass er sich überhaupt keine Gedanken darüber gemacht hatte, was die DDR im Westen alles so trieb. Ihm war genauso wenig bekannt wie mir, dass die Staatssicherheit uns Flüchtlinge im Westen selbstverständlich weiterhin von Spitzeln, offiziellen und inoffiziellen Mitarbeitern beschatten ließ. Ich glaube Uli aufs Wort, dass er sich nicht vorstellen konnte, dass er sich durch meine Verpflichtung quasi die Staatssicherheit auf den Vorhof der Säbener Straße geholt hatte.

Ernster war der zweite Vorfall: der Unfalltod von Lutz Eigendorf im März 1983. Oder sollte ich besser Stasi-Mord sagen? Ganz ehrlich: Ich glaube nicht daran, dass es sich um einen Verkehrsunfall handelte. Vielmehr bin ich davon überzeugt, dass es der Staatssicherheit gereicht hat mit dem Auftreten von Lutz Eigendorf in den West-Medien. Wiederholt hatte er sich in Zeitungen und im Fernsehen negativ über die DDR geäußert. Meines Wissens hat er sein letztes Interview der ARD gegeben, was gewissermaßen sein Todesurteil gewesen sein dürfte. Er stand dabei mit dem Rücken zur Berliner Mauer und machte den DDR-Fußball schlecht. Und auch zuvor hatte er immer wieder in die gleiche Kerbe geschlagen. Er plauderte sogar aus, wie viel Kohle er beim BFC Dynamo in Berlin verdient hat. Er sprach über die Privilegien im Ost-Fußball, dass du als guter DDR-Kicker nicht jahrelang auf ein Fahrzeug warten musstest. All diese Dinge. Das muss dich als DDR-Bürger doch verrückt gemacht haben, zu hören, wie gut es uns Fußballern im Arbeiter-und-Bauern-Staat ging. Eines stand fest: Seine Interviews waren ein enormer Affront gegen die DDR, die Stasi, den DDR-Fußball, seinen Ex-Verein und nicht zuletzt Stasi- und BFC-Chef Erich Mielke höchstpersönlich. Ich hatte ihn vor solchen Äußerungen immer wieder gewarnt.

Meine persönliche Geschichte mit Lutz ist wahrlich eine besondere. Mit ihm hatte ich schon in der DDR-Junioren-Nationalmannschaft zusammengespielt. Im Hotel in Bursa war er mein Zimmergenosse. Dort, wo ich mit Jürgen Pahl unseren amerikanischen Fluchthelfer kennenlernte. Allerdings hatten wir zu dieser Zeit ein ziemlich distanziertes Verhältnis. Lutz war ohnehin kein besonders beliebter Teamkollege, er war eher ein Einzelgänger. Er hatte, wie soll ich das sagen, immer so etwas Überhebliches an sich. Das kam bei niemandem gut an, und weil er zudem noch Spieler des BFC Dynamo Berlin war, versuchten sowieso einige in unserer DDR-Juniorenelf, eine gewisse Distanz zu ihm zu wahren. Das ging mir ganz genauso. Der Ostberliner Stasi-Klub, der mehr oder weniger direkt Erich Mielke unterstand, war für viele insgeheim ein Hassobjekt. So war es für mich auch nur logisch, dass ich Lutz in Bursa kein Sterbenswörtchen erzählte von dem Amerikaner und unseren Plänen. Ich wollte auf keinen Fall, dass Lutz mitbekam, dass wir was im Schilde führten. Um es klar zu sagen: Ich habe ihm kein bisschen über den Weg getraut.

Umso überraschter war ich, als ich von seiner Flucht im März 1979 erfuhr. Er hatte ein Freundschaftsspiel seines BFC Dynamo Berlin beim 1. FC Kaiserslautern genutzt. Jürgen Pahl und ich haben uns dieses Spiel sogar im Stadion auf dem Betzenberg angesehen. Wir sind häufig zu Spielen gegangen, wenn Ost-Teams im Europapokal oder eben zu sogenannten Freundschaftsspielen da waren. Wir hatten uns über die gastgebenden Vereine Tickets besorgt, sind hingefahren und ins Stadion gegangen und haben nach den Spielen geschaut, ob wir mit dem ein oder anderen früheren Bekannten ins Gespräch kommen können. 1978, also ein paar Monate vor der Flucht von Lutz, war ich mit Jürgen zum Beispiel auch beim UEFA-Cup-Auswärtsspiel von FC Carl Zeiss Jena beim MSV Duisburg. Im Wedaustadion war es nicht möglich, einen Spieler von Jena zu sprechen, sodass Jürgen vorschlug, zum Mannschaftshotel zu fahren. Wir stellten uns mit dem Auto direkt davor, und tatsächlich kam ein Jenaer Spieler, Gert Brauer, raus. Wir rauchten eine Zigarette mit ihm und quatschten ein bisschen, dann ist Gert wieder rein. Im Nachhinein ist das schon komisch, dass da einer aus der Mannschaft einfach so direkt vors Hotl kommen konnte. Ohne jede Begleitung. Man kann natürlich spekulieren, ob Gert vielleicht von irgendjemandem geschickt worden war. Aber egal, wir konnten uns mit einem Kollegen von früher austauschen, und das tat gut. Mehr wollten wir auch gar nicht.

Ich erfuhr von Lutz Eigendorfs Flucht durch die Radionachrichten. Für Jürgen und mich war klar, wir mussten wieder nach Kaiserslautern. Also sind wir in das Hotel gefahren, wo die meisten Gästeteams bei Auswärtsspielen gegen den FCK abgestiegen sind. Direkt unterhalb vom Betzenberg. Und natürlich war er da, hatte unter falschem Namen eingecheckt. In der Gaststätte des Hotels erzählte er uns, wie er einen kleinen Einkaufsbummel in Gießen dazu genutzt hatte, in ein Taxi zu steigen und gleich wieder die 180 Kilometer nach Kaiserslautern zurückzufahren. Er erzählte uns, dass er seine Frau und seine Tochter rüberholen wolle. Ich hatte den Eindruck, dass er sich das alles ein bisschen zu einfach vorstellte. Was sich schließlich auch bestätigte. Die Stasi fuhr in seinem Fall die großen Geschütze auf. Seine Ehe wurde zwangsgeschieden und auf seine damalige Frau wurde ein Stasi-Casanova angesetzt, in den sie sich verliebte. Ich glaube, sie hat den IM, also den Inoffiziellen Mitarbeiter, sogar geheiratet. Ein Wahnsinn, was die Stasi alles angestellt hat.

Sportlich hat Lutz Eigendorf nach seiner obligatorischen Sperre gleich überzeugt. Er hat für den FCK ein paar Tore gemacht und konnte seine Qualitäten gut einbringen. Nur zu den Auswärtsspielen im Europapokal im Ostblock durfte er nicht mitfahren. In seinem zweiten Jahr in der Bundesliga hat er sich jedoch mit dem Lauterer Trainer Karl-Heinz Feldkamp in die Wolle bekommen. Bevor er damals zu Eintracht Braunschweig wechselte, hat er sogar ein paar Wochen bei uns in Frankfurt gewohnt. Patricia und ich hatten zu der Zeit schon den Umzug nach München geplant. Und wir hatten Platz genug, sodass wir Lutz ein eigenes Zimmer geben konnten. Auch wenn wir persönlich nie besonders dicke waren, habe ich gern geholfen.

Irgendwie saßen wir Flüchtigen alle im selben Boot. Zumindest ein bisschen. Wirklich viele oder gar konkrete Erinnerungen an die Wochen mit Lutz habe ich nicht mehr, das ist alles weg. Ich weiß noch, dass wir zusammen Tennis spielen waren. Aber an viel mehr kann ich mich nicht erinnern.

In meiner Erinnerung kommt erst wieder der große Knall vor. Sein Unfall, für den die Stasi gesorgt hat. Ein Ereignis, das mich damals aus der Bahn hätte werfen können. Wenn ich das rückblickend betrachte. Aber das tat es nicht. Auch wenn das merkwürdig klingt: Ich hatte mir längst einen eigenen Schutzpanzer gebaut. Unbewusst. An dem prallten diese ganzen beunruhigenden, existentiellen Gedanken, selbst gefährdet zu sein, ab. Ich bezog das alles nicht auf mich. Ich machte mir um meine Familie und mich keine Sorgen. Ich hatte keine Angst vor der Stasi. Selbst nach dem Tod von Lutz nicht. Ich wollte weiter mein entspanntes Leben führen, einfach nur Fußball spielen, Erfolge feiern und ab und zu die Sau rauslassen.

Ganz ehrlich: Ich habe es nie anders gehalten. Ich habe mich nicht einschränken lassen. Ich habe die Zeit genossen. Statt an Stasi, mögliche Gefahren oder was auch immer zu denken, habe ich das Leben eines Bayern-Profis gelebt. Mit allen Annehmlichkeiten: den Seen, den Bergen vor der Tür, Österreich und auch Italien so nah. Einfach alles. Ich liebte die Natur. Und natürlich hat mir auch die Biergartenkultur sehr gefallen. Das Draußensitzen. Der lockere Umgang miteinander. Ein Wahnsinn. So sehr ich Frankfurt und den Taunus mochte. Oder so sehr ich meine Kindheit in Sangerhausen und vor allem in Polleben liebte, die Lebensqualität im Umland von München war fantastisch. Man konnte sein Leben hier einfach in vollen Zügen genießen. Gedanken an die Stasi wären pure Zeitverschwendung gewesen.

Als Bayern-Spieler konnten wir dieses idyllische Umland noch ganz anders nutzen, als es heutzutage gemacht wird. Vor Heimspielen und manchmal auch für Trainingslager fuhren wir beispielsweise zum Tegernsee. Später wurde das meines Wissens wegen den häufigen Staus auf der Strecke geändert. Wir kamen aber noch in den Genuss der herrlichen Hotelanlage. Dort gab es ein großes Haupthaus und in der dazu gehörenden Parkanlage einige kleinere Gebäude, in denen wir unsere Zimmer hatten. Quasi ein bayerisches Campo Bahia. Schon beim ersten Aufenthalt dort habe ich Freundschaft mit dem langen Hoeneß geschlossen. Mit Dieter, Ulis jüngerem Bruder. Mit ihm, Bernd Dürrenberger und ab 1984 mit Holger Willmer haben wir sehr, sehr oft Karten gespielt. Eigentlich in jeder freien Minute. Klaus Augenthaler, mein Zimmernachbar, hätte gern mitgemacht. Er durfte aber nicht. Denn in unserer Runde wurde um ein wenig Geld gespielt. Dafür hätte Klaus von seiner Ehefrau Monika aber kräftig auf die Finger bekommen. Sie, die vom Fan aus der Südkurve zur Spielerfrau aufgestiegen war, hatte in dieser Phase sprichwörtlich die Hosen an. Klaus blieb des lieben Friedens Willen keine andere Wahl. Der arme Kerl hatte es nicht leicht. Aber das Leben mit ihm wiederum, das merkte ich als Zimmergenosse schnell, war auch nicht einfach. Schon am ersten Tag im Trainingslager dachte ich, ich sei im falschen Film. Ich kam zu Klaus aufs Zimmer. Punkt 22 Uhr war für uns Spieler Zimmerruhe angesagt und da lag Klaus auch schon auf seinem Bett. Zu meiner Überraschung hatte er ein Buch in seinen riesigen Händen und eine Schachtel Zigaretten auf dem Bauch. Ich dachte mir: „Na großartig, was mach ich denn nun?“ Fernseher an? Nein, da würde er mir was husten. Umziehen? Auch nicht. Wenn ich nach 22 Uhr in der Lobby gesehen würde, wäre das kein guter Start. Außerdem mochte ich das bayerische Urviech schon ein bisschen.

Was ich zu diesem Zeitpunkt aber noch nicht wusste, war, dass sich bis ein oder zwei Uhr nachts an dieser Situation nichts ändern würde. Klaus lag auf seinem Bett, las und rauchte. Bis er die gesamte Schachtel Zigaretten weggequarzt und das Buch verschlungen hatte. Dabei war das Schlimmste, dass Klaus während der ganzen Zeit fast keinen einzigen Ton sagte. Als hätte ihm irgendjemand die Zunge herausgeschnitten. Der Kerl war auf einmal stumm wie ein Fisch. Die einzigen Töne, die er von sich gab, waren die intensiven Züge an seinen Zigaretten. Das Auspusten des Qualms konnte ich hören, das Vibrieren der Lungenflügel habe ich wahrgenommen. Mehr nicht. Und so sollte es Nacht für Nacht, Sommer wie Winter bei offenem Fenster weitergehen. Ich war geliefert! Der einzige Ausweg war, nun selbst auch zu lesen. Ich und lesen! Aber was blieb mir anderes übrig? Und so wurde das Lesen für die nächsten Jahre tatsächlich zu einem Ritual für mich. Bevor wir irgendwo hingefahren sind, habe ich mir schon Tage vorher oder direkt am Flughafen Bücher gekauft. Meistens Spionage-Romane, die in Russland, den USA, der DDR und der BRD spielten. Diese Geschichten haben mich begeistert, vor allem die Bücher des Amerikaners Robert Ludlum. Wobei ich die Inhalte wie Flucht, Verfolgung und gezielte Morde kein bisschen auf mich und meine Situation als DDR-Flüchtling bezogen habe. Keine Spur. Noch heute stehen die Bücher kistenweise in meinem Keller. Sie sind eine herrliche Erinnerung an meine Zeit bei den Bayern und die vielen Nächte auf dem Zimmer mit meinem Freund Klaus.

Aber zum Sportlichen: Retten konnten wir die Saison 1982/1983 nach dem Trainerwechsel nicht mehr. Unter Reinhard Saftig schafften wir in Dortmund ein 4:4, verloren dann aber zu Hause 0:1 gegen Schalke, und beendeten die Saison mit einem 3:2-Auswärtssieg in Nürnberg. Meine erste Spielzeit bei den Bayern endete titellos mit einem enttäuschenden vierten Platz in der Tabelle. Schon damals bedeutete das für den

FC Bayern, dass es nichts zu feiern gab. Aber das konnte ja nicht ihr Ernst sein, dachte ich! Das durfte nicht sein! Also begann ich in kleinen Schritten, den Bayern zu zeigen, wie richtig gefeiert wird.

Hilfreich war, dass ich schon Monate vorher die Verwahrung der Beinschusskasse übernommen hatte. Damals spielten wir im Training regelmäßig Eckchen. Also 5 gegen 2 oder 6 gegen 2. Immer in zwei Gruppen. Auf der einen Seite waren Paul Breitner und Kalle Rummenigge mit ein paar anderen. Bei mir spielten unter anderem der lange Hoeneß, Wolfgang Dremmler und Bertram Beierlorzer. Es galt die Regel, dass von denen in der Mitte fünf Mark gezahlt werden mussten, wenn es einen Beinschuss gab oder wenn die draußen 30 Pässe spielten, ohne dass die in der Mitte den Ball berühren konnten. Da kam über das Jahr ein bisschen was zusammen. Aber zu wenig für das, was ich vorhatte. Also haben wir innerhalb der Mannschaft kurz entschlossen noch eine Autogrammstunde auf die Beine gestellt. Ein Sponsor, der dafür zahlte, fand sich schnell, und schon hatten wir ein bisschen mehr in der Kasse. Mit dem Geld bin ich dann zum Manager des Hotels gegangen, in dem ich in der ersten Zeit wohnte, und habe mit ihm vereinbart, dass wir an einem Abend exklusiv die Disko des Hauses nutzen dürfen. Inklusive Essen und Trinken. Da es aber nicht so viel Geld war, musste ich improvisieren. Vor der geplanten Fete bin ich also mit Bertram Beierlorzer in den Kaufhof in der Innenstadt, wo wir 20 Flaschen ordentlichen Champagner gekauft haben. Im Hotel hätten wir für den gleichen Preis höchstens zwei, drei Flaschen bekommen. Also sind Bertram und ich mit zwei Einkaufstüten und jeweils zehn Flaschen Schampus quer über den Marienplatz gelaufen. Der Einsatz hat sich gelohnt, die Feier war großartig und ich hatte einen neuen Nebenjob: Ich war nun der Vergnügungswart der Profi-Mannschaft des FC Bayern München. Wobei ich mich eher als Entwicklungshelfer fühlte:

Denn bis ich nach München kam, konnten sie einfach nicht feiern. Klar, nach großen Erfolgen und wichtigen Titeln gab es so manche Sause. Aber nicht zwischendurch, im Alltag. In Frankfurt war das anders, da haben wir alle Nase lang gefeiert, was uns als Mannschaft gutgetan hat. Also, hier musste ich etwas ändern. Der Norbert aus der DDR musste den Bayern-Stars also das Feiern beibringen.

Ein weiterer großer Unterschied zu meiner Zeit bei Eintracht Frankfurt war auch, dass es in der Bayern-Mannschaft keine „Gänger" gab. Also Mitspieler, mit denen ich mal abends unterwegs sein konnte. Bei der Eintracht waren wir so eine kleine Gruppe von fünf, sechs, sieben Spielern, die wussten, dass es nicht nur Pflichten gab. In München: tote Hose. Da sind alle nach dem Training nach Hause. Also war ich meist allein unterwegs, was auch kein großes Problem darstellte. Ich war nie menschenscheu. In den paar Monaten in Unterhaching hatte ich schon Manni kennengelernt. Ein Bayern-Fan und leidenschaftlicher Kneipengänger. Mit ihm war ich an manchen Abenden auf Tour. Längst hatte ich zu diesem Zeitpunkt auch schon mein Faible für die bayerischen Biergärten entdeckt. Mit einem Freund eröffnete Manni dann sogar wenig später eine Kneipe unweit von Baldham. Das hieß kurze Wege zum Kartenspielen und Feierabendbierchen. Und in der Stadt gab es das Namenlos. Eine Münchner Diskothek, die ich manchmal besuchte. Aber tatsächlich nicht sehr häufig. Aber doch oft genug, dass der Münchner Boulevard davon Wind bekam. Damit erklärte sich auch der Rüffel von Pal Csernai. Einen Rüffel hätte ich aber nicht von meinem ersten Bayern-Trainer gebraucht, sondern eher von meiner Frau. Aber den gab es nicht, was ich ihr wahrlich nicht vorwerfen kann. Den Schuh muss ich mir schon selbst anziehen.

Unterdessen holte mich ein anderes Problem ein: meine Verwicklung in den Bauherrenmodell-Skandal. Nach meinem Wechsel nach München musste ich weiter fleißig meine horrenden monatlichen Zahlungen leisten. Zwar verdiente ich jetzt noch besser als in Frankfurt, aber der Mist nervte. Und nun brachten die Medien den ganzen Skandal ans Tageslicht. Im Mittelpunkt eines *Spiegel*-Artikels stand mein alter Mannschaftskamerad Bum-kun Cha, gegen den es wohl vom Amtsgericht Seligenstadt einen Beschluss über die Pfändung seines Gehalts gab. Er war aufgrund seiner Investitionen beim Zenker praktisch pleite. Wolfgang Zenker soll 80 Spielern solche Bauherrenmodelle aufgeschwatzt haben. Im Fall von Bum-kun Cha sollen 40 Prozent der Kaufsumme als Gebühren an Zenker geflossen sein. Einem Rolls-Royce-Fahrer, wie es süffisant in dem Artikel heißt.

Auch ich war Zielscheibe der Medien. Allen voran des Boulevards. Was klar war: Schließlich war ich für die als Bayern-Profi die perfekte Sau, um sie durchs Dorf zu treiben. Und was da nahelag, war natürlich, dass ich nicht nur als geldgeiler Fußballprofi auf Abwegen dargestellt wurde, sondern auch als dummer DDR-Flüchtling, der nicht mit Geld umgehen kann.

In dieser Phase hatte ich mir aber schon Unterstützung geholt. Nach einem Training bin ich zu Uli Hoeneß ins Büro gegangen und habe ihm das Problem geschildert. Ich musste ihn gar nicht ausdrücklich um Hilfe bitten. Kaum hatte ich ihm die ganze Geschichte erzählt, stand für ihn fest, dass er mich da herausboxen würde. Uli kümmerte sich um alles. Um die Anwälte, um Zenker und um die Presse. Als Erstes gab es ein gepfeffertes Anwaltsschreiben aus München. Was Eindruck gemacht haben dürfte. Angesichts der Post vom Anwalt aus München und den mitgesandten schönen Grüßen vom FC Bayern wird die Gegenseite um Zenker sicher zusammengezuckt sein. Ich für meinen Teil habe auch nicht schlecht gestaunt, da allein die Anwaltskosten bei ungefähr 100.000 Mark lagen. Aber auch darum hat sich Uli gekümmert. Im Ergebnis wurde ein Vergleich mit den Banken geschlossen, die meine beiden Häuser übernahmen, und ich war von einem Tag auf den anderen fein raus. Das Thema war damit für mich ein für allemal erledigt. Fast, zumindest.

Ich weiß noch, dass Uli nach einem Training zu uns in die Kabine kam. Er sagte: „Jungs, morgen steht etwas in der Zeitung. Dass Norbert pleite sein soll. Aber das stimmt so nicht, das haben wir alles schon geregelt. Macht euch da keine Sorgen." Am nächsten Tag war tatsächlich eine solche Meldung zu lesen. Aber ich wusste ja, dass die Nummer zumindest für mich glimpflich ausgegangen war. Meine Mitspieler wussten das auch. Andere haben viel, viel stärker darunter gelitten. Es war ein Jammer. Dass ich aus der Geschichte ohne nennenswerten Schaden herausgekommen bin, habe ich Uli zu verdanken. Wie ein Löwe hat er für mich gekämpft. Und das sind Dinge, die ihm Spaß machen. In solchen Situationen blüht er förmlich auf. Und da ist mir erst so richtig bewusst geworden, was für Pappnasen bei der Eintracht im Präsidium und in der Vereinsführung saßen. Nicht nur Zenker, auch viele andere, die sich um nichts gekümmert haben

Um dem medialen Rummel ein Ende zu bereiten, hat Uli sogar noch eine Pressekonferenz organisiert. Dort hat er vor den versammelten Medienvertretern erklärt, wie die Geschichte in meinem Fall abgelaufen ist. Alles klar und deutlich und nachvollziehbar dargelegt, sodass ich gar nicht viel sagen musste. Es war sogar so, dass Uli keine Nachfragen zugelassen hat. Er hat einen Monolog gehalten. Und dies, obwohl auch der Zenker da war, den er aber kaum zu Wort hat kommen lassen. Für mich hat diese Strategie gut funktioniert, das Thema war medial damit für mich abgehakt. Und die Bayern haben auch keinen Schaden genommen, zumal von den offenbar 80 betroffenen Spielern keiner sonst aus München kam. Dieses Kapitel konnte ich also schließen.

Privat habe ich mich sehr geärgert. Ich hätte das nicht machen sollen. Insofern habe ich aus der Nummer gelernt. Steuersparmodelle oder andere risikobehaftete Finanzgeschäfte waren nichts für mich und kamen mir vorerst nicht ins Haus. Dummer Ossi hin oder her: Ein großes Talent, mit Geld umzugehen, hatte ich noch nie. Aber mir ging es auch nie schlecht. Schon gar nicht als Kind, auch wenn wir nicht viel Geld hatten. Auch nicht als ambitionierter Jugendfußballer in der DDR, als ich mehr verdient habe als mein Vater als Bergmann. Schon gar nicht als Profi bei der Eintracht und natürlich auch nicht bei Bayern München. Egal wie viel Geld ich gerade verdiente, es war immer genügend da, um es auszugeben.

Wolfgang Zenker, der über Jahre zu meinem engeren Bekanntenkreis in Frankfurt zählte, habe ich 1994 wiedergesehen. Bei der Beerdigung von Bruno Pezzey. Mit ihm hatte ich mit der Eintracht den UEFA-Cup gewonnen. Einer meiner besten Freunde kippt mit 39 Jahren bei einem privaten Eishockeyspiel einfach um. Plötzlicher Herztod. Bei Brunos Beerdigung kam Zenker nach all den Jahren auf mich zu. Er begrüßte mich und wollte ein Gespräch beginnen. Aber da bin ich gleich dazwischen. Ich habe, glaube ich, nur zwei Worte zu ihm gesagt: „Hör auf." Es war das letzte Mal, dass ich ihn gesehen habe. Zwischenzeitlich hatte ich nur gehört, dass er von seiner Frau getrennt irgendwo in der Nähe von München wohnen soll. Ihm sind seine Geschäfte um die Ohren geflogen. Ich hege heute keinen Groll mehr gegen ihn, aber Mitleid empfinde ich auch nicht. Ich will schlicht nichts mit ihm und dieser ganzen Sache zu tun haben. Um das aber noch mal ganz klar zu sagen: Den Fehler, die beiden Häuser zu kaufen, habe ich selbst gemacht. Und damit ist das für mich abgehakt.

Was das Sportliche anging, war die Saison 1982/1983 für uns Bayern-Spieler nach dem letzten Bundesliga-Spieltag, der genau auf meinen 26. Geburtstag fiel, noch nicht ganz vorbei. Es standen noch ein paar Freundschaftsspiele an, zu denen sich der Verein verpflichtet hatte. Nicht, wie ich es von der Eintracht kannte, im Umland, sondern in Asien. Statt Baunatal, Kassel oder Hofheim ging es nach Singapur und Hongkong.

Es wurde eine besondere Reise, die sogar das deutsche Fußball-Universum ein ganz klein wenig veränderte. Und das Ganze im Wesentlichen wegen mir. Es geht um den seit vier Jahrzehnten andauernden Streit zwischen Uli Hoeneß und Paul Breitner. Seit einiger Zeit ist er nicht mehr so spürbar, untereinander ist er vielleicht sogar fast beigelegt, aber er hat Spuren hinterlassen. Ein Streit, für den am Ende einzig und allein ich verantwortlich bin.

Die Älteren werden sich erinnern, wie dicke die beiden miteinander waren. Nicht nur auf dem Feld, sondern auch abseits davon. Uli und Paul waren ein Traumgespann, das die Münchner Presse auch gerne die „Zwillinge" nannte. Zeitweise haben sie sogar zusammen in einer WG gewohnt. Zwei Typen, die zwar sehr unterschiedlich waren, sich aber perfekt ergänzten. Gerade Uli, den ich unglaublich für seinen Spürsinn, seine Durchsetzungskraft und seine Menschlichkeit schätze, hätte mit Paul an seiner Seite bestimmt so manches Mal die noch bessere Entscheidung getroffen. Da bin ich mir sicher. Aber gut, den Schuh muss ich mir anziehen. Was war passiert?

Meine erste Saison bei den Bayern war für Paul Breitner die letzte. Uli hatte als eine besondere Abschiedstour und mit Blick auf zusätzliche Einnahmen eine Asienreise mit Stationen in Singapur und Hongkong organisiert. Finanziert wurde das Ganze von einem Schweizer Hotelier. Uli schwärmt noch heute von den Summen, die er für die Freundschaftsspiele kassiert hatte. Und auch wir waren davon sehr angetan, schließlich wurden wir für solche Fahrten immer prächtig entlohnt. Gute Hotels waren Standard, und dazu gab es Umschläge mit ein paar Aufmerksamkeiten. Sportlich wurden die Spiele in der Regel nicht so hoch gehängt. Doch in diesem Fall war es Uli wegen des Schweizer Investors schon wichtig, dass wir ordentliche Auftritte hinlegen. Zumal das letzte Spiel in Hongkong auch live im Fernsehen übertragen wurde, was zu dieser

Zeit noch etwas ganz Besonderes war. Ich höre Uli noch sagen, dass wir gerade im ersten Spiel in Singapur gut spielen müssten, weil dann zum Abschluss in Hongkong beim Fernsehspiel das Stadion voll wäre. Was wir in den Tagen neben unserem sportlichen Pflichtprogramm trieben, war Uli aber herzlich egal. Wir trafen uns zu den Mahlzeiten, hatten einmal am Tag Training im jeweiligen Stadion und sollten bei den Partien Gas geben. Das war der Deal.

Naja, Gas geben konnte ich – nicht nur auf dem Platz. Und so genoss ich von Beginn unserer Reise an die Freiheiten und Köstlichkeiten des Fernen Ostens. Ich war damals sehr interessiert an anderen Kulturen, an anderen Sprachen, an Land und Leuten. Oder um genau zu sein: an der Damenwelt des jeweiligen Gastlandes. Solche Schönheiten kannte ich nicht. Und so kam es, dass ich am Abend vor unserem Spiel in Singapur schlecht schlafen konnte und mich stattdessen auf einen nächtlichen Erkundungstrip begab. Und was soll ich sagen? Es war großartig, „Tausendundeine Nacht" in ein paar sehr intensiven Stunden. Am nächsten Morgen spazierte ich gut gelaunt und rechtzeitig vor dem Frühstück, also gegen acht Uhr morgens, wieder in Richtung Hotel. In der Lobby lief ich Hildegard über den Weg, Paul Breitners Frau. Sie war sehr amüsiert angesichts meines kulturellen Interesses.

Am Abend stand das besagte Spiel in Singapur gegen eine Stadtauswahl an. Und wir haben katastrophal gespielt. Nicht nur ich, viele. Uli erzählt heute noch, wie sehr er sich darüber aufgeregt hat. Dass wir zu blöd waren, gegen die körperlich unterlegenen und viel kleineren Gegenspieler einfach ein paar Flanken auf seinen Bruder Dieter zu schlagen. Dieter sah mit seinen 1,88 Metern im gegnerischen Strafraum aus wie ein Basketballspieler. Aber nein, wir spielten Flachpässe und hatten immer gleich ein paar von diesen übermotivierten Gegnern an den Hacken. Oh Mann, war Uli sauer. Und so stürmte er in der

Halbzeit des Spiels, das wir am Ende, trotz allem, was wir auch versuchten, mit 1:2 verlieren sollten, in die Kabine und polterte los. Heute sagt er, dass er das in seiner Karriere als Manager nur ein- oder zweimal gemacht habe. Einmal in Fahrt, konnte er sich nicht mehr bremsen. Dass er überhaupt den Drang verspürte, uns die Leviten zu lesen, lag auch daran, dass wir keinen echten Cheftrainer dabeihatten. Pal Csernai war schon weg und Udo Lattek noch nicht da. Die Asienreise fiel noch in die Verantwortung von Reinhard Saftig, was ihm – vorsichtig formuliert – nicht leichtfiel. Das mag ungerecht klingen, aber so war es eben: Der Rheinländer hatte in unserem Kreis so viel Durchsetzungsvermögen wie ein Reh im Löwenkäfig. Und so kam Uli auch deshalb in die Kabine gerannt und tobte, um Reinhard Saftig zu stärken.

Mann, war der sauer. Nicht nur auf mich, sondern auch auf einige andere. Aber mir hat er wohl zu lang und zu tief in die Augen geschaut. Wobei Uli von meinem nächtlichen Ausflug nichts wusste. Aber blöd und blind war er eben auch nicht. Jedenfalls regte sich dann Paul wahnsinnig auf. Er empfand Ulis Verhalten als völlig unangebracht, maßlos übertrieben. Und ungerecht mir gegenüber. Paul wusste von seiner Hildegard Bescheid über meine nächtliche Exkursion und er ging wie der junge Che Guevara auf die Barrikaden. In der Kabine flogen dermaßen die Fetzen zwischen den beiden Freunden, dass uns angst und bange wurde. Zu Recht, denn in diesem Moment ging in der Kabine in Singapur ihre enge Freundschaft in Sekundenschnelle in die Brüche. Fast 40 Jahre lang herrschte zwischen beiden fast komplette Funkstille. Bis Paul Uli zu seinem 70. Geburtstag einen Brief schrieb und die beiden das Kriegsbeil begruben. Darüber bin auch ich heilfroh, denn so schön die Nacht von Singapur war, so überflüssig war eigentlich der Streit. Zumindest was mich als Auslöser betraf.

Dass das alles so kam, ist nicht zuletzt auch schade gewesen für den FC Bayern, dessen Entwicklung vielleicht noch etwas besser verlaufen wäre, wenn sich Paul in den späten 1980er- und in den 1990er-Jahren nicht nur über die Boulevardmedien zu Wort gemeldet hätte, wenn er Uli kritisieren wollte. Paul, ein schlauer Kopf wie Uli, hätte dem FC Bayern nach seiner Karriere – in welcher Funktion auch immer – sicher gutgetan. Vielleicht meldet sich, wenn er das hier lesen sollte, Kai Pflaume. Ich unterstütze ihn gerne wegen meines Anteils an dem Zerwürfnis bei einer Wiederauflage von „Nur die Liebe zählt".

Erfolgreiche Jahre

In meinem ersten Sommer in München änderte sich einiges: Paul Breitner war weg. Mein persönlicher Verteidiger aus Singapur. Mit 32 Jahren hatte er mit der Asienreise seine Karriere beendet. Als Ersatz kam Sören Lerby. Ein Däne, den Uli Hoeneß für zwei Millionen Mark von Ajax Amsterdam holte. Das war Geld, das die Bayern zu dieser Zeit eigentlich gar nicht hatten. Aber Uli war von ihm überzeugt. Und wenn er von etwas überzeugt war, dann ließ er sich nicht beirren. Und einen neuen Trainer hatten wir auch: Udo Lattek.

Im Vergleich zu Pal Csernai änderte sich mit Udo alles. Er war der Trainer, den wir als Mannschaft gebraucht hatten. Einer, der uns als Spieler respektierte, der uns viel hat selbst entscheiden lassen und oft nur moderierend eingriff. Vor allem war er einer, der uns als Menschen gemocht hat. Im Prinzip war er einer von uns.

Legendär fand ich seine Motivationsansprachen. Vor den Spielen haben wir uns in der Kabine in einem Kreis versammelt. Wir haben uns umarmt, standen Kopf an Kopf, Seite an Seite. Dann hat Udo inmitten des Kreises brutal Gas gegeben. Er hat uns immer wieder richtig heiß gemacht. Auch in diesen Momenten gab er immer noch mal ein paar konkrete Hinweise, worauf wir beim Spiel achten sollten. Das konnte er wahnsinnig gut. Sobald er mit seiner Ansprache fertig war, gingen wir raus aufs Feld. Für ihn gab es im Schutz unserer Umkleide einen Tee mit einem ordentlichen Schuss. Das war Udos Ritual.

Teile der Mannschaft hatten ein anderes merkwürdiges Ritual. Mit fünf oder sechs meiner Mitspieler war ich nach dem Umziehen und vor dem Aufwärmprogramm unter der Dusche. Also genauer in der Nasszelle. Dort haben wir dann den Ball hochgehalten. Wer das Ding auf den Boden fallen ließ, bekam einen Minuspunkt. Bei drei Minuspunkten warst du raus. Die Mitspieler haben durchaus schon mal gewechselt. Wobei Dieter Hoeneß immer mit dabei war. Der Lange, der für seine feine Klinge weltberühmt war. Nein, im Ernst: Seine Technik war gar nicht so schlecht. Er wirkte eben nur immer ein wenig ungelenk. Unter der Dusche war er in jedem Fall ein ernsthafter Konkurrent für mich. Was waren das für Duelle! Da kannte man keine Freunde. Wenn möglich, hast du dein Gegenüber krumm und schief angespielt. Gegen das Knie oder an die Hüfte geschossen. Sodass der andere nicht mehr gut reagieren konnte. Bei dem Spiel ging es auch gar nicht um Geld. Es ging bloß darum, als Letzter noch unter der Dusche zu stehen. Das war ein Gaudi, den ich in dieser Form mit keiner anderen Mannschaft erlebt habe.

In Lothar Matthäus' Buch, der zum Udo auch einen guten Draht hatte, habe ich gelesen, dass er das Training manchmal hart fand. Er erinnerte sich an Tage, an denen das Mittagessen ausfiel und stattdessen eine Trainingseinheit angesetzt wurde. Und dass sich einige sogar übergeben haben vor Anstrengung. So genau weiß ich das nicht mehr. Aber gut möglich, dass das so war. Wenn ich an Udos Ansagen nach Trainingseinheiten oder Spielen denke, dann erinnere ich mich eher an meine

Unsicherheit, denn bei ihm mussten wir schon genau hinhören: Hatte er uns zum Auslaufen oder zum Aussaufen geschickt? Grundsätzlich war beides möglich.

Bei aller Lockerheit setzte Udo immer Einsatz und Fleiß voraus. Und er konnte in bestimmten Situationen auch laut werden: Immer dann, wenn aus seiner Sicht etwas nicht richtig lief. Ab und zu haben wir das als Mannschaft, in kleineren Gruppen oder in Einzelgesprächen erlebt. Diejenigen, die ihn gut kannten, wussten aber auch, wie schwer ihm das fiel, so auf den Putz zu hauen. Das machte den Ernst der Lage aber umso deutlicher. Ich weiß noch, wie er mich mal zur Seite nahm: In ruhigem Ton erklärte er mir hinsichtlich meiner hier und da ausschweifenden Freizeitaktivitäten in den Abendstunden, dass ich mich für einen Weg entscheiden müsse: Ich könne ruhig den einen Weg wählen, aber dann wäre ich beim FC Bayern München falsch. Er musste gar nicht weiterreden, mir war sofort klar, dass ich den anderen Weg nehmen wollte. Was nicht heißt, dass ich keinen Quatsch mehr gemacht habe und fortan abstinent war, aber ich habe die Prioritäten für mich klar definiert und meinen Fokus danach ausgerichtet.

Ich wollte mich der Herausforderung Bayern München stellen. Nein, ich wollte sie meistern, ich wollte aus dieser Chance, beim besten Verein Deutschlands zu spielen, das Beste machen. Und das gelang mir ab dem zweiten Jahr recht gut. Ich wurde zu einem Faktor innerhalb des Teams und konnte durch meine Vielseitigkeit glänzen. Das Vertrauen von Uli und Udo hatte ich auch. Das habe ich gespürt. In der Bundesliga-Saison 1983/1984 absolvierte ich 30 Spiele. Ab dem 16. Spieltag habe ich keine Minute mehr verpasst, erzielte in der Phase vier Tore und bereitete eines vor. Leider reichte es in der Meisterschaft wieder nur zum vierten Platz. Mit drei Auswärtsniederlagen in Mönchengladbach, Bremen und Hamburg im letzten Saisondrittel haben wir die Chance auf den ganz großen Erfolg verspielt. Allerdings trennte uns vom Meister aus Stuttgart nur ein einziger Punkt. Ein Umstand, der sich bald ändern sollte.

International schafften wir es nur bis ins Achtelfinale des UEFA-Cups. Immerhin hatten wir das Pokalfinale erreicht. Ausgetragen wurde das Spiel gegen Borussia Mönchengladbach in meinem alten Wohnzimmer, im Frankfurter Waldstadion. Da, wo ich immer noch sehr viele Freunde hatte. Frank Mill hatte Gladbach mit einem Kopfball nach Ecke von Lothar Matthäus in Führung gebracht, der sein letztes Spiel für die Fohlen bestritt und danach zu uns wechseln würde. In der 83. Minute glich Wolfgang Dremmler nach Vorarbeit von Reinhold Mathy aus – auch so ein feiner Kerl. Leider war er nicht für den Leistungssport gemacht, was den Umgang mit Stress und Druck angeht. Aber, wie gesagt, ein feiner Kerl. Es blieb beim 1:1, es gab keine Verlängerung, sondern gleich Elfmeterschießen. Und das war legendär. Nicht unbedingt wegen meines Treffers und nicht nur weil es das erste Pokalfinale war, das durch ein Elfmeterschießen entschieden wurde, sondern wegen des Fehlschusses von einem gewissen Lothar Matthäus. Lässig schlurfte der damals 23-Jährige zum Punkt, den Ball locker in seinen Händen. Er trat gleich als erster Schütze an. Alle Augen waren auf ihn gerichtet, und er jagte den Ball rechts oben über die Latte. Beschissener kannst du dich nicht von deinem Verein verabschieden. So ein Schuss läuft dir bis ins Grab hinterher.

Lothar sollte bei uns in den Folgejahren zu einem Weltstar heranreifen. Die Anlagen hatte er, daran bestanden keinerlei Zweifel. Er war schnell, dynamisch, technisch gut. Und er hatte eine gewisse Härte, Verbissenheit und Zielstrebigkeit. Aber zu dieser Zeit fehlte es ihm noch an Reife. Ich kann mich gut erinnern, dass ich mich darüber gewundert habe, wie kindisch dieser Kerl sein konnte. In unserer Mannschaft hatte er sein Standing, aber vom Sportlichen abgesehen konnte ihn von den erfahrenen Spielern niemand so richtig ernst nehmen. Ganz im Gegenteil.

Es gab wie in jeder Mannschaft auch bei uns eine gewisse Hierarchie. Sie ließ sich zum Beispiel an den Sitzplätzen im Mannschaftsbus ablesen. Vorn saßen die alten Hasen, die Rädelsführer. Hinten die jungen Wilden, wie eben Lothar, Roland Wohlfarth, Wiggerl Kögl, Hansi Pflügler oder Manni Schwabl. Wenn Lothar sich einmal traute, bei uns anzutraben, haben wir ihn postwendend weggeschickt. Zurück in die, wie wir sagten, „Schulsportabteilung". Abseits des Platzes hatte er einfach nichts zu melden. Witzig ist, dass sich daran auch über die Jahre nicht viel verändert hat, trotz seiner großen Erfolge als Spieler. Ich kann mich an mehrere Treffen mit der Traditionsmannschaft des FC Bayern München erinnern. Da haben wir Lothar regelrecht aufgezogen. Wir wussten ja, dass er mit seiner jeweiligen Frau oder Freundin immer als Letzter am Veranstaltungsort aufkreuzen würde. Wie üblich. Und so haben wir die Stühle und Tische so aufgeteilt, dass am Tisch der Mannschaft kein Platz mehr für ihn übrig war. Lothar musste sich also an einen Extratisch setzen. Darüber konnte er sich so herrlich aufregen, dass es den Spaß wert war.

Aber das war auch in den 1980ern nie boshaft. Lothar und die anderen jungen Spieler waren integriert, sie gehörten dazu. Zum Beispiel zu unserer Tennisgruppe. Mit ein paar Jungs haben wir parallel zu unseren Verpflichtungen als Kicker in der Bundesliga, im Pokal oder auf der internationalen Bühne auf Liga-Ebene Tennis für den Verein in Unterhaching gespielt. Manchmal sind wir nach Bundesliga-Spielen direkt noch zum Tennis-Spieltag gedüst. Was heute ein mittelschwerer Aufreger oder eine mittelgroße Sensation wäre, hat damals niemanden interessiert. Ich kann mich nicht einmal erinnern, dass wir da Autogramme gegeben hätten oder Fotos machen mussten. Weder unsere Gegenspieler noch die Öffentlichkeit haben sich in den 1980er-Jahren in besonderem Maße dafür interessiert, dass ein paar Bayern-Kicker nebenbei zum Spaß noch Tennis spielen. Was unseren Arbeitgeber anging, sah das allerdings schon etwas anders aus. Da gab es schon mal ein paar kritische Worte, wenn wir zwischen zwei Trainingseinheiten mal eben noch drei Stunden Tennis gespielt hatten. Aber es hat mir nicht geschadet, im Gegenteil: Es hat wahnsinnig viel Spaß gemacht, zumal ich erst im Erwachsenenalter diesen Sport für mich entdeckt habe. In der DDR war Tennis als Bonzensport verpönt und entsprechend gab es keinerlei staatliche Förderung. Ich wusste zwar, dass es in Halle an der Saale einen Tennisplatz gab, aber dort hat nur alle Jubeljahre mal einer gespielt. Als Quereinsteiger schlug ich mich gar nicht so schlecht. Gern hätte ich damals mal ein Duell gegen Thomas Emmrich gespielt. Der wurde zwischen 1970 und 1988 17-mal DDR-Meister im Einzel. Ich meine, das wäre ein spannendes Duell um die offene DDR-Meisterschaft geworden. Leider habe ich Emmrich im Gegensatz zu einigen westdeutschen Tennisstars bislang noch nicht persönlich kennengelernt.

Mit meinem Wechsel nach München war unterdessen die Entfernung zu meiner ostdeutschen Heimat etwas größer geworden. Aber wir hielten weiterhin Kontakt. Ich telefonierte regelmäßig mit meinen Eltern, ab und an schrieb ich mal einen Brief. Außerdem war ich treuer Kunde des skandinavischen Versandhändlers. Aber der persönliche Kontakt fehlte natürlich. Meine Mutter stellte sogar einen Antrag auf einen Westbesuch, der von dem aussichtsreichen Nachwuchspolitiker Edmund Stoiber unterstützt wurde. Der Antrag wurde abgelehnt.

Darüber hinaus habe ich jede Chance genutzt, meiner Familie ein paar Aufmerksamkeiten zukommen zu lassen. An eine Anekdote wurde ich neulich erst erinnert: Am Starnberger See gab es einen rührigen Buchhändler. Paul Puppe war auch ein Republikflüchtling, er hatte sich in der Nähe von München niedergelassen. Er nahm zu mir Kontakt auf und bot mir an, für eine genehmigte Reise in die DDR etwas mitzunehmen. Puppe war verrückt genug, an die 10.000 Ostmark ins Polster des Rücksitzes von seinem Auto einnähen zu lassen. Das Geld lieferte der Handelsreisende dann wie vereinbart bei meinen Eltern in Polleben und bei meiner Schwester in Sangerhausen ab, was eine gefährliche Aktion war. Aber er ist das Risiko eingegangen. Als Paul Wind davon bekam, dass ich dieses Buch hier schreibe, erzählte er mir von diesem abenteuerlichen Trip, an den ich mich tatsächlich nicht mehr erinnern konnte.

Zwar wurde in den 1980er-Jahren die Distanz zu meiner Familie größer, medial war ich ihnen aber näher denn je. Denn durch meine sportlichen Erfolge mit dem FC Bayern München war ich immer häufiger im Fernsehen zu sehen. Zum einen wurden unsere Spiele öfter übertragen, zum anderen gab es die ein oder andere Showbühne, auf der wir als Bayern-Spieler tanzen durften. Ich erinnere mich an einen Auftritt im *Aktuellen Sportstudio*, wo wir als Bayern-Mannschaft unsere Platte mit Weihnachtsliedern vorgestellt haben. „Die schönste Zeit des Jahres" hieß das Album. Das war damals ein richtiger Kassenschlager. Auf der Platte waren 15 Songs von „Stille Nacht" bis hin zu mutigen Neu-Kompositionen, die wir mit dem Nymphenburger Kinderchor eingespielt hatten. Meine Musiklehrerin in Polleben dürfte vor Stolz geplatzt sein. Ich spielte auch mal im *Sportstudio* mit Steffi Graf Tennis. So etwas habe ich gern gemacht, auch wenn ich für die Journalisten zu dieser Zeit weiterhin ein zäher Gesprächspartner war. Da blieb ich meiner Linie treu. Ich redete über das 1:0, das 2:0 oder auch mal über Gegentreffer. Aber eben immer nur über das Sportliche. Zu politischen Dingen habe ich mich konsequent nicht geäußert. Nicht aus Angst, wie Lutz Eigendorf an einem Baum zu landen, sondern weil ich keine Probleme mit der DDR hatte und meiner Familie drüben keine bescheren wollte. Mir, meinen Eltern und meinen Geschwistern ging es doch gut. Und ohne die sportliche Ausbildung in der DDR wäre ich nie in der Bundesliga oder gar beim FC Bayern München gelandet. Ich hatte also keinerlei Anlass, etwas an meiner kontrollierten Defensive gegenüber den Medien zu ändern.

Aufgrund meiner konstanten sportlichen Leistungen im Bayern-Trikot wurden mir unter Udo Lattek auch ein paar Freiheiten zugestanden. Vielleicht mehr als anderen. Ich erinnere mich noch, als Egon Cordes, unser Co-Trainer, versucht hat durchzusetzen, dass im Mannschaftsbus nicht mehr geraucht wird. Er meinte, er stinke immer, als würde er direkt aus einer Kneipe kommen, wenn er aus unserem Bus aussteigt. Zu dieser Zeit war es nicht unüblich, dass Fußballprofis geraucht haben. Die meisten nicht übermäßig viel, aber schon ab und zu mal. Und bei den langen Busfahrten steckte sich immer mal wieder einer von uns eine Fluppe an. So war das eben damals. Egon, heute würde man ihn Fitnesstrainer nennen, störte das immer mehr. Unser Co-Trainer war für unsere Kondition und die Physis zuständig. Und das nahm er tatsächlich ernst. Was sind wir mit ihm gerannt! Und er immer als Erster vorneweg. Egon war so fit, dass mir bis heute noch der Spaß auf der Zunge liegt, dass er zu Hause regelmäßig seine Schäferhunde totgelaufen hat. Egon, unsere Hundelunge. Verständlich, dass ihn das Rauchen störte. Und so wurde ein Kompromiss gefunden, der so aussah, dass nur noch Leseratte Klaus Augenthaler und ich im Bus rauchen durften.

Ein gesunder Kompromiss war das nicht. Und so kam es, dass Manager Uli Hoeneß sich einschaltete. Er bot Klaus und mir eine Wette an: Wenn wir es schafften, einen Monat gar nicht mehr zu rauchen, bekäme jeder 1000 Mark. Es dauerte höchstens ein paar Tage, bis Auge rauchend unter der Dusche erwischt wurde. Die Wette war verloren, die Kohle dahin. Aber wir haben uns bereit erklärt, dass auch wir zumindest nicht mehr im Bus qualmten. Egon zuliebe.

Sportlich hatten wir nach der knapp verpassten Meisterschaft 1984 ordentlich Fahrt aufgenommen. Mit vier Punkten Vorsprung vor Werder Bremen wurden wir Meister. Meine erste Meisterschaft. Ich weiß noch, wie ich die Schale das erste Mal in die Hände bekam. Fast ehrfürchtig hielt ich das Ding hoch und schaute mir die eingravierten Namen der bisherigen Meister von unten an. An Momente wie diesen durfte ich mich gewöhnen. Es wuchs in dieser Zeit eine Mannschaft heran, die Erstaunliches leisten konnte. Wir waren damals in der Lage, Spiele zu kontrollieren und unsere Gegner in die Verzweiflung zu treiben. In Schönheit zu sterben, war nicht unser Ding. Auch offensive Feuerwerke haben wir nur selten abgebrannt, vielmehr ging es darum, unsere Gegner zu beherrschen. Wir haben uns fallen lassen, um dann blitzschnell und überlegt zu kontern. Wir waren uns auch nicht zu fein, lange Bälle auf Dieter Hoeneß zu schlagen, die er dann ablegte, sodass wir vorn mit solch einfachen Mitteln zu Chancen kamen. Wir beherrschten die komplette Klaviatur.

Aber an manchen Gegnern bissen wir uns auch die Zähne aus. So war der 1. FC Kaiserslautern für den FC Bayern über Jahre auf dem Betzenberg nicht zu schlagen. Oft gab es sogar richtig auf den Sack. Und so spielten wir Mitte der 80er dort aus lauter Aberglauben in gelb-blauen Trikots. Die hatte Uli Hoeneß 1983 zum ersten Mal aus dem Hut gezaubert, um den Auswärtsfluch zu brechen. Und um die Lauterer zu provozieren. Sie waren diejenigen, die den Fangesang „Wir ziehen den Bayern die Lederhosen aus" etabliert hatten. Also liefen wir dort in den brasilianischen Farben auf. Weil das auf Anhieb funktionierte – wir gewannen 1:0 durch einen von Klaus Augenthaler verwandelten Elfmeter –, trugen wir die ungewöhnlichen Farben immer wieder in Kaiserslautern und

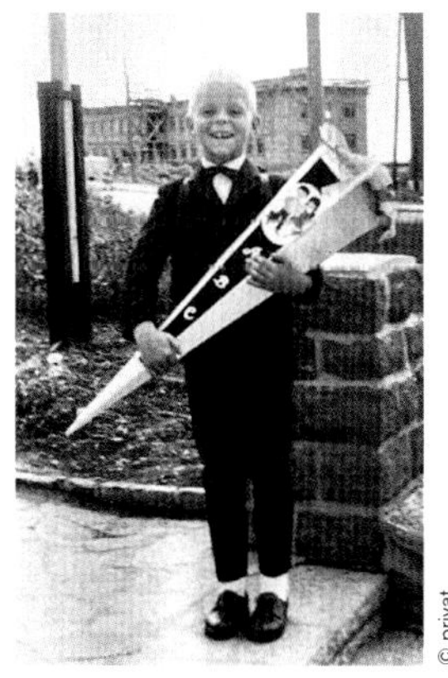

Stolzer Erstklässler: Einschulung im Sommer 1963 in Sangershausen

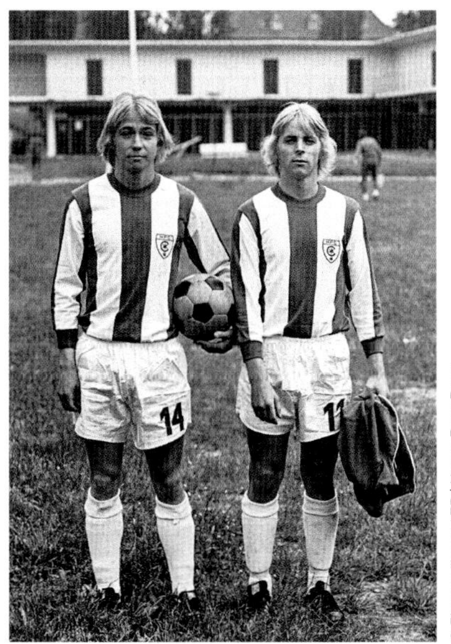

Zusammen mit Burkhard Pingel (links) im Trikot des Halleschen FC. Die Wege der besten Freunde trennen sich mit der Flucht.

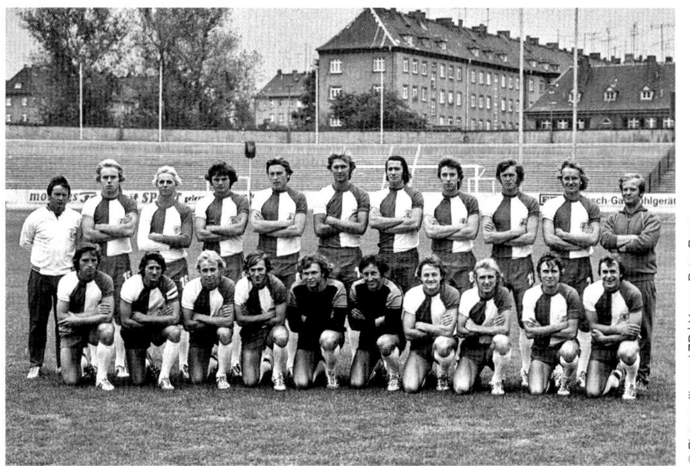

Mannschaftsbild des Oberligisten Hallescher FC Chemie in der Saison 1976/77 mit Norbert Nachtweih (3. v. l. o., stehend) und Mitflüchtling Jürgen Pahl (5. v. l., kniend)

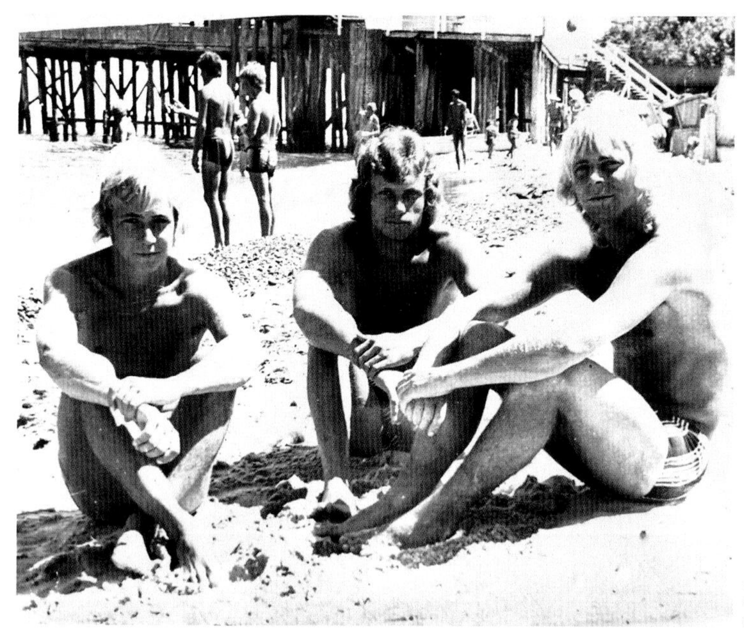

Der letzte Ostseeurlaub im Sommer 1976:
mit Burkhard Pingel und Jürgen Pahl am Strand

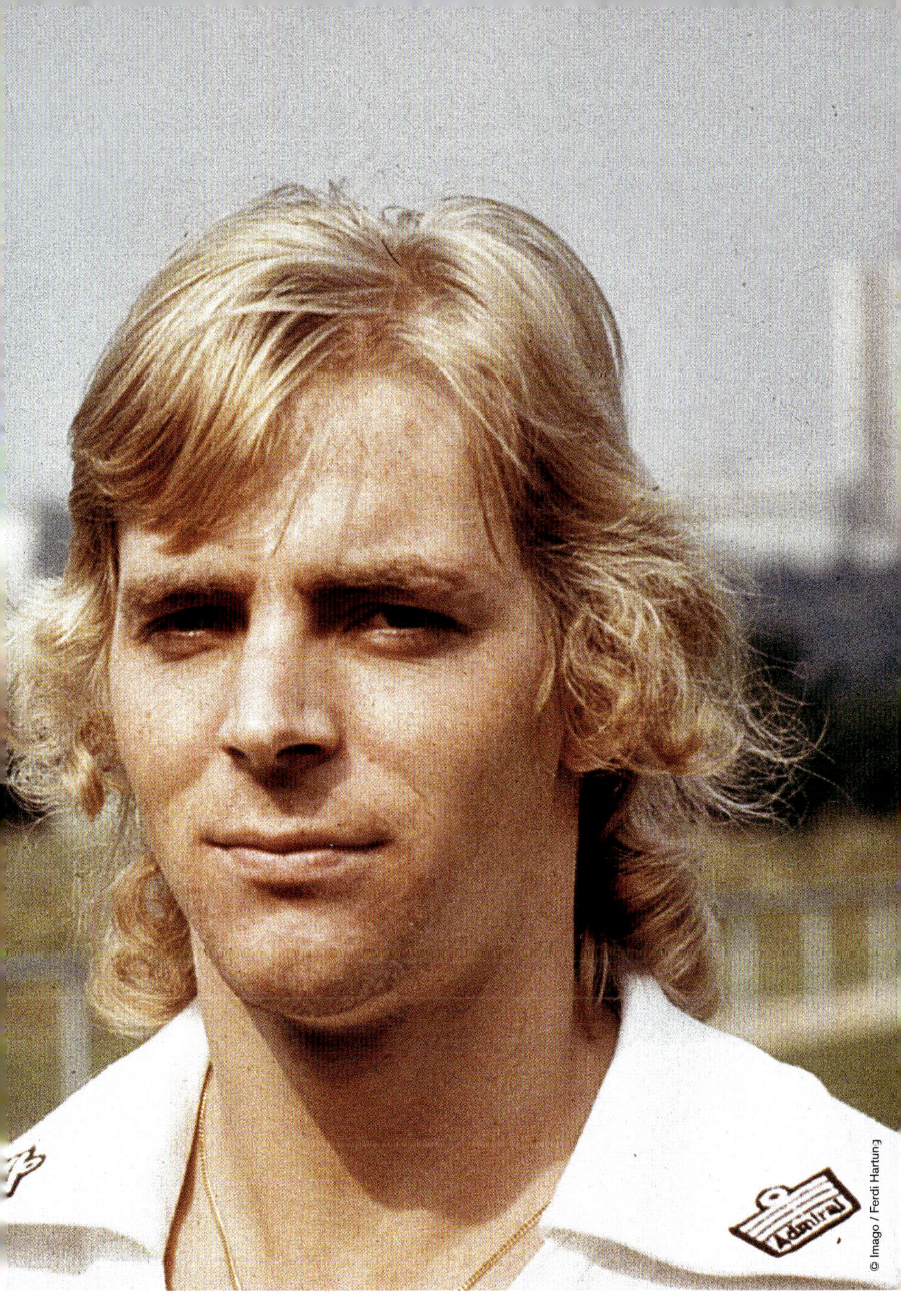

Angekommen im Westen: In Frankfurt am Main
findet Nachtweih sein neues Zuhause.

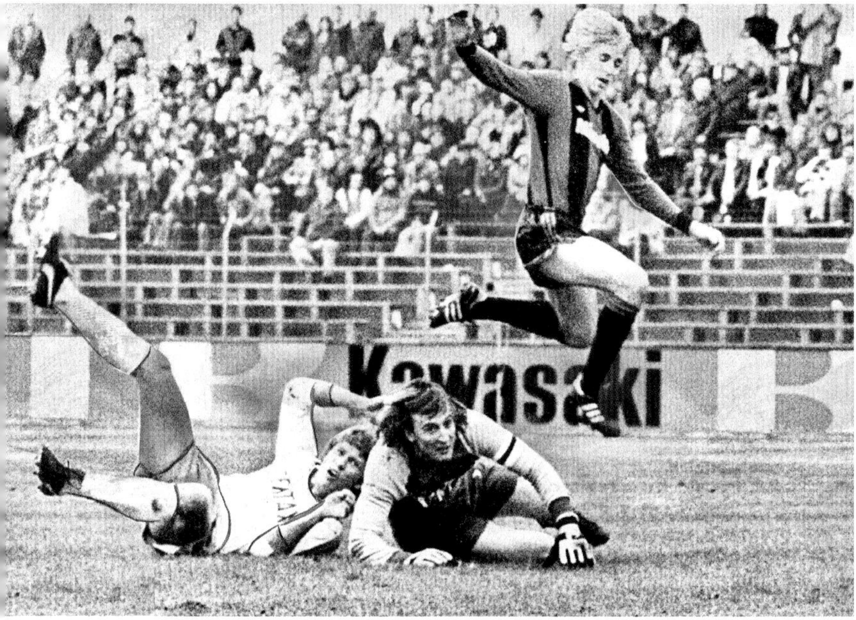

Der erste Bundesligatreffer: Am 17. März 1979 tunnelt Nachtweih den Bremer Dieter Burdenski. Frankfurt siegt 2 : 1.

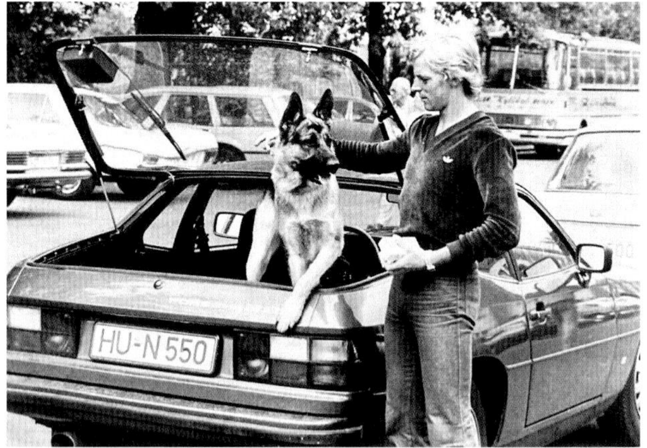

Mit Porsche und Schäferhund Kerry von der Weisenau am Frankfurter Riederwald

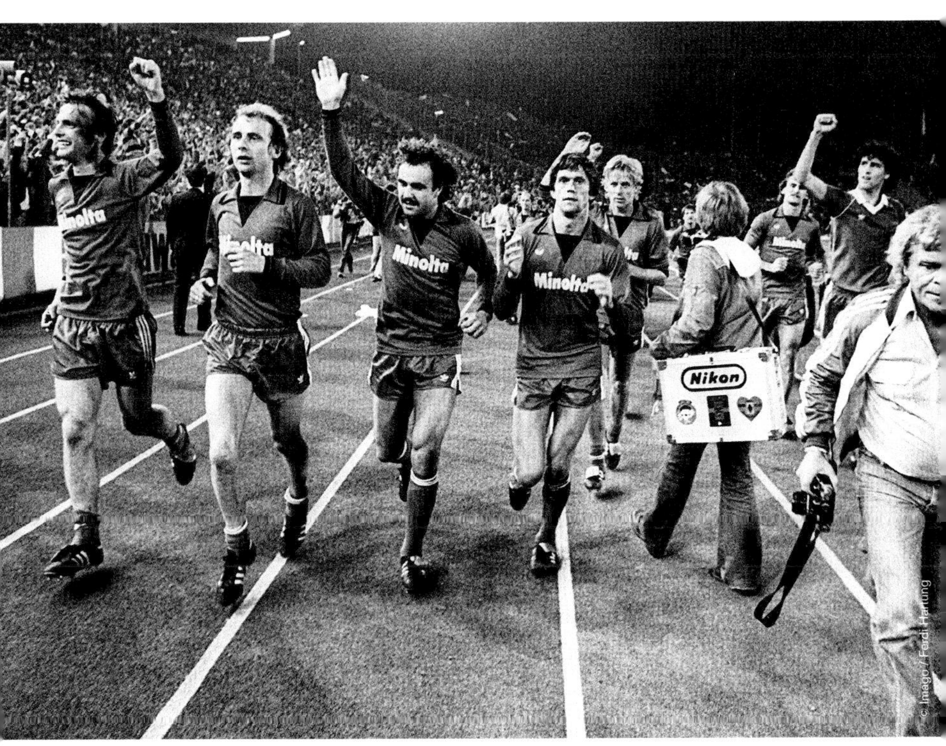

Im Mai 1980 feiert Eintracht Frankfurt den UEFA-Cup-Sieg.
Es ist der erste große Erfolg für Norbert Nachtweih (5. v. l.).

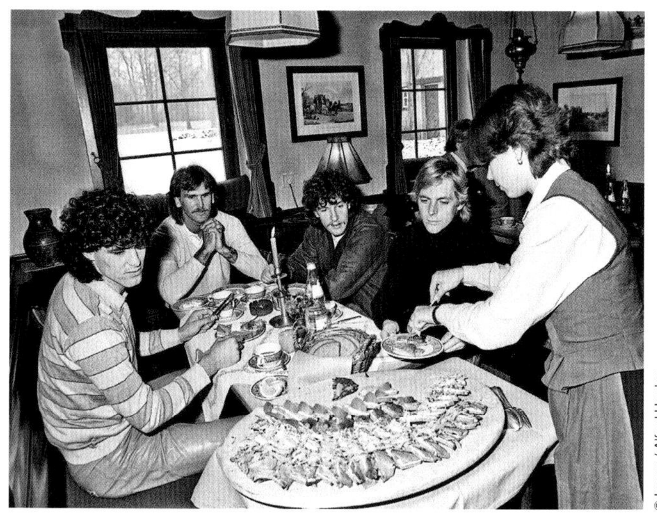

© Imago / Alfred Harder

Das Erfolgsgeheimnis in Frankurt war der Zusammenhalt. Nachtweih im Kreis seiner Freunde Bruno Pezzey, Ronald Borchers und Wolfgang Trapp (von links).

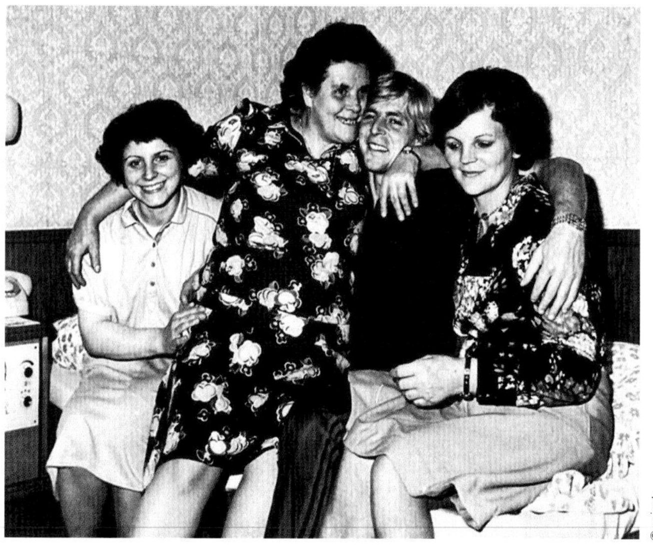

© privat

Zurück in Mutters Armen: Beim UEFA-Cup-Auswärtsspiel der Eintracht in Brünn kommt es zum Wiedersehen mit der Familie.

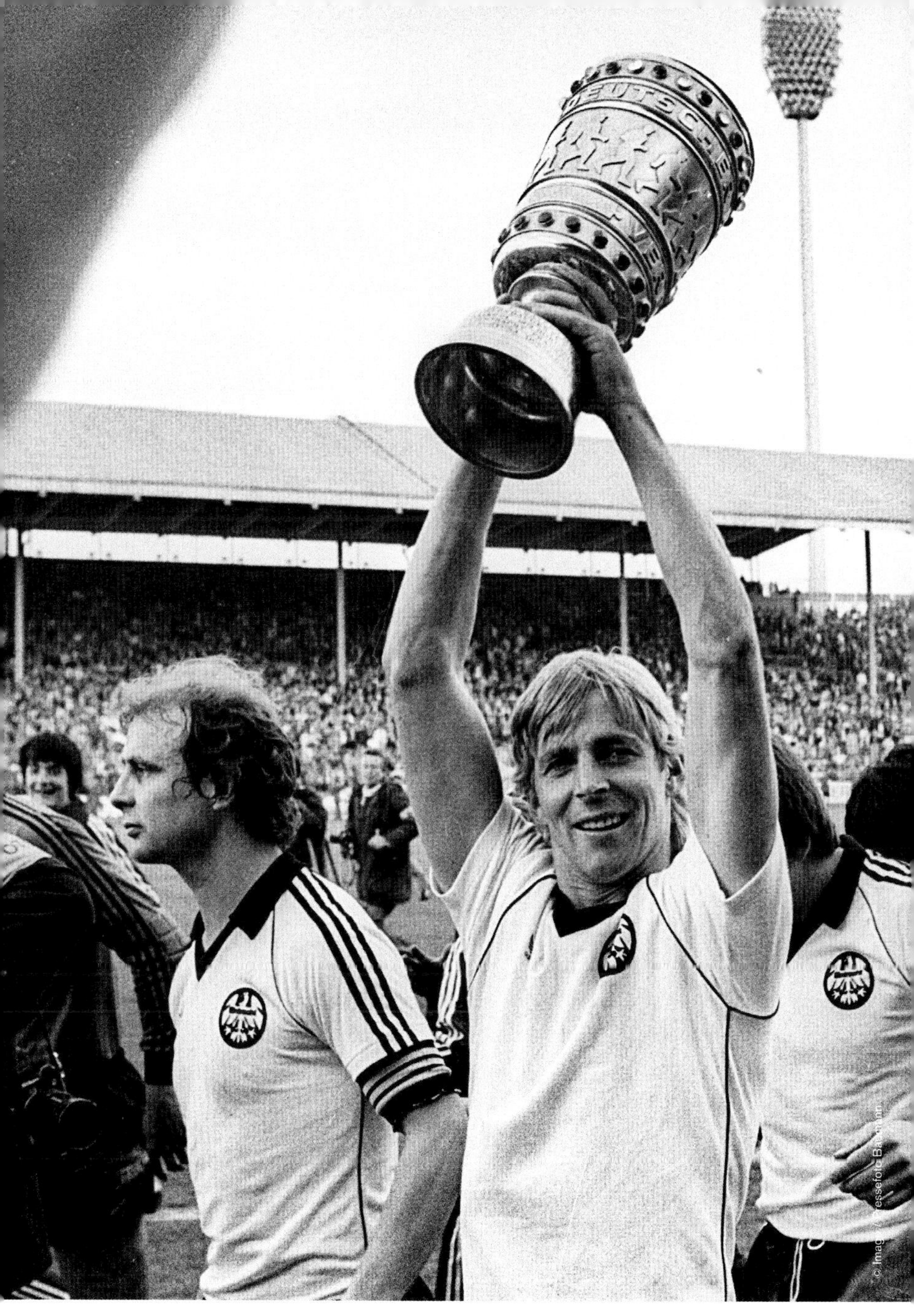

Der DFB-Pokalsieg 1981 ist der letzte Titel, den Nachtweih mit der Frankfurter Eintracht feiert.

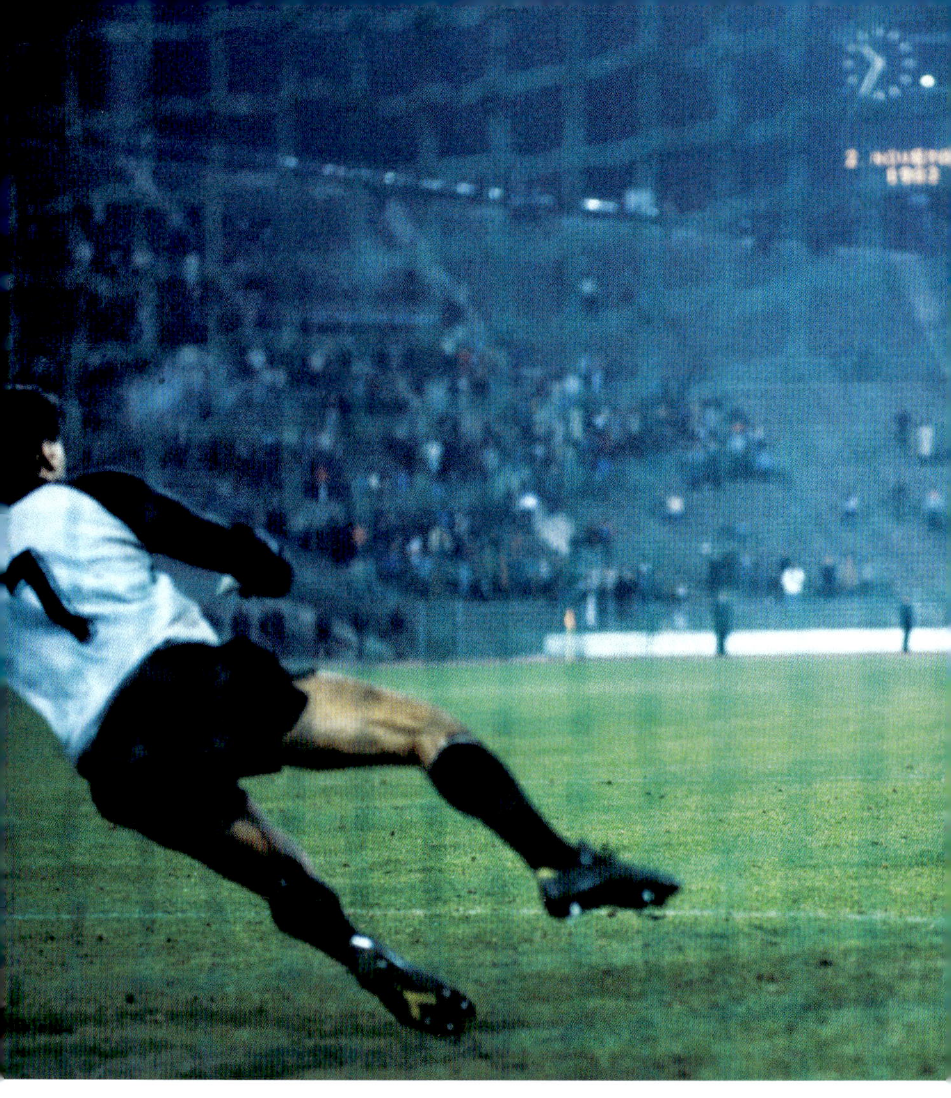

Neue Ziele, neue Bühne: Norbert Nachtweih trifft am 11. Februar 1983 im UEFA-Cup-Match für die Bayern gegen PAOK Saloniki per Elfmeter.

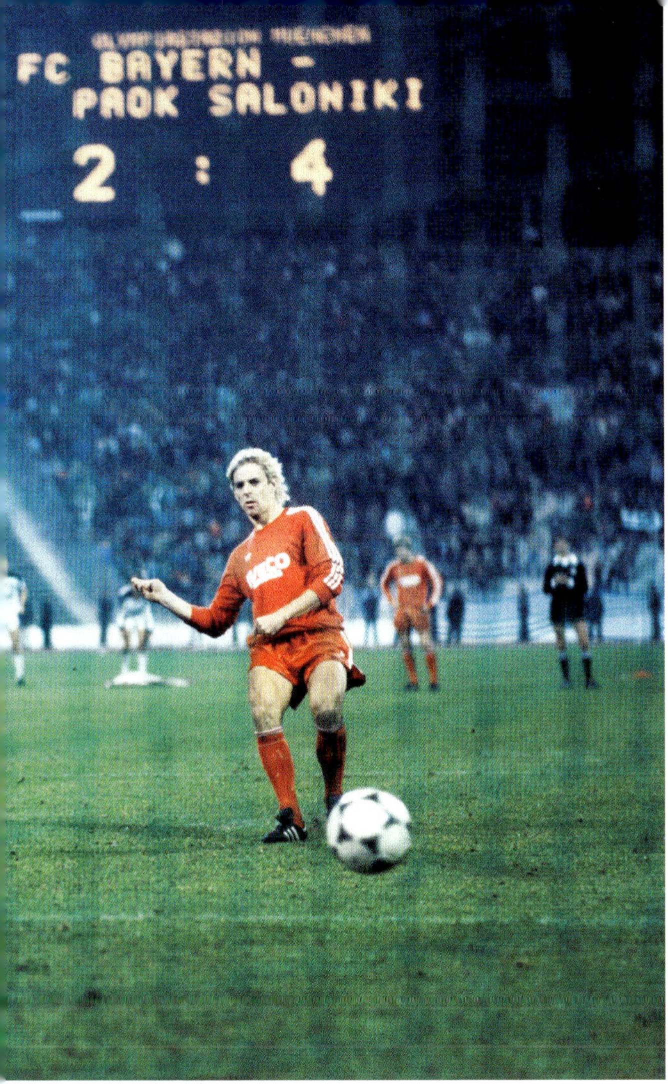

Deutscher Meister 1985. Mit dem FC Bayern München holt Nachtweih viermal die Schale.

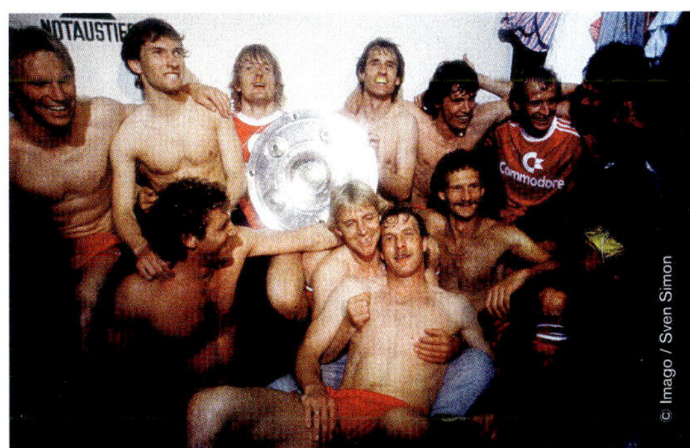

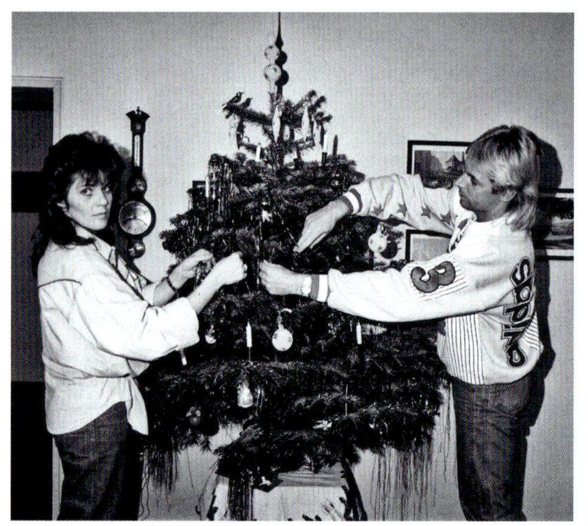

Norbert Nachtweih schmückt mit seiner Frau Patricia 1986 den Weihnachtsbaum.

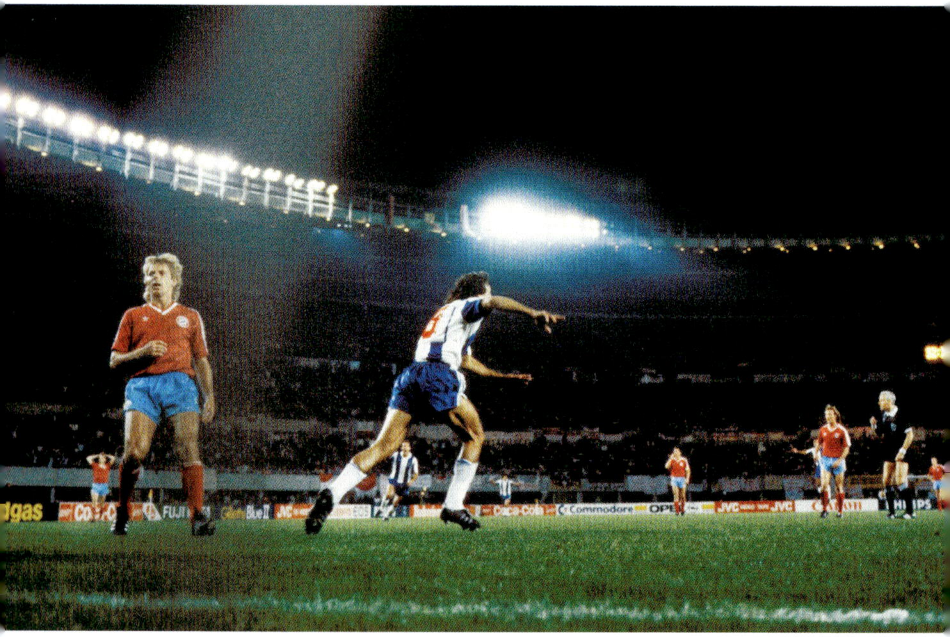

Die größte Enttäuschung in der Karriere: Im Finale des Europapokals der Landesmeister 1987 in Wien verliert Bayern München gegen den FC Porto. Nachtweih ist bei Madjers Treffer nur Zuschauer.

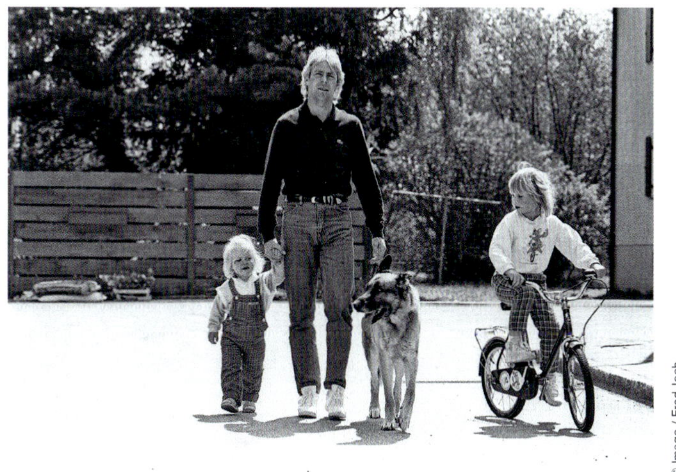

Nachtweih mit seinen beiden Töchtern Dana und Sina und dem Schäferhund Kerry

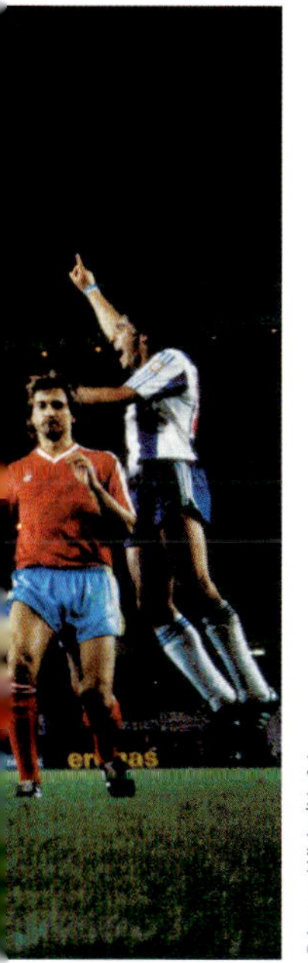

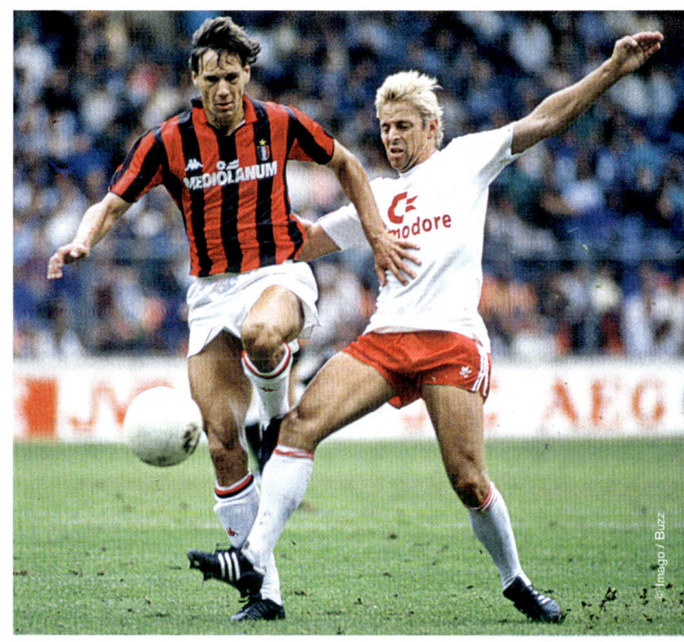

Im Zweikampf mit Marco van Basten vom AC Mailand

Auch nach dem Wechsel von Andreas Brehme zu Inter Mailand bleiben die beiden Freunde. 1990 feiern sie am Mittelmeer gemeinsam Brehmes WM-Sieg.

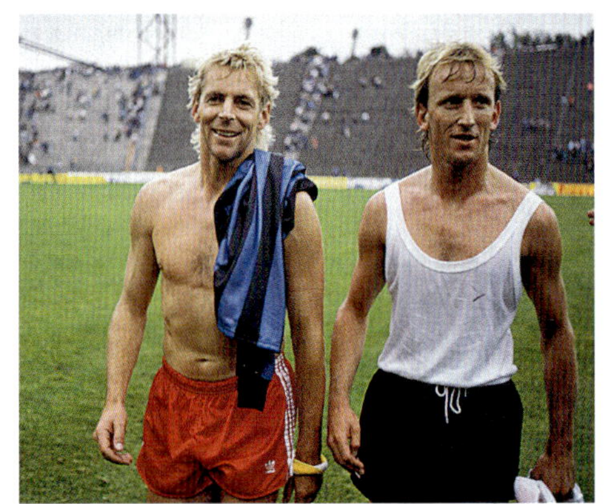

Im UEFA-Cup-Match gegen den SSC Neapel am 19. April 1989 ist Nachtweih vor Diego Maradona am Ball.

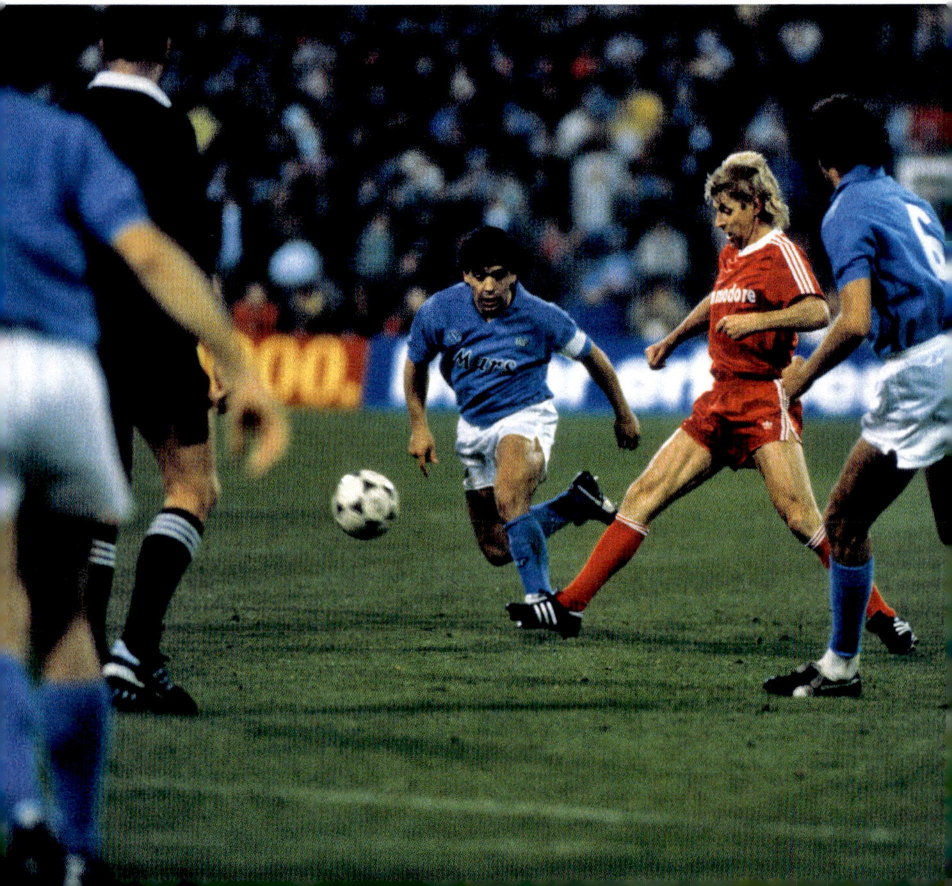

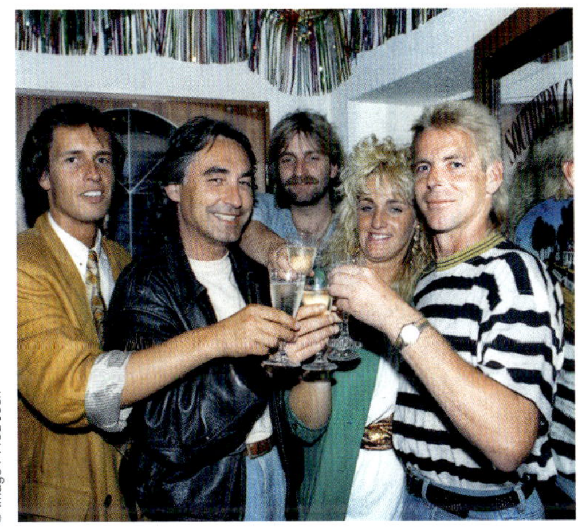

Abschiedsparty mit Freunden und Bekannten in München. Im Sommer 1989 wechselt Nachtweih nach Frankreich.

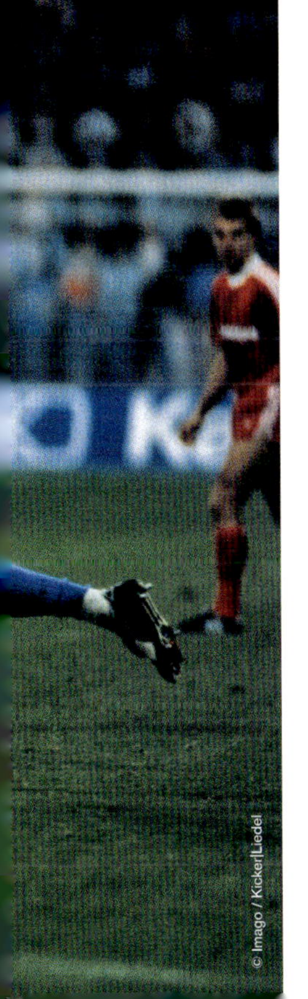

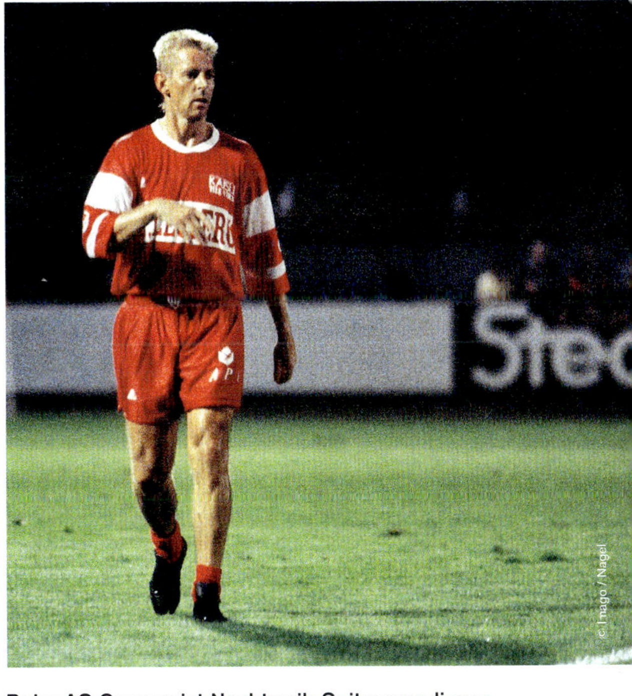

Beim AS Cannes ist Nachtweih Spitzenverdiener, obwohl er zeitweise nur für die zweite Mannschaft spielt – und dort Zinédine Zidane kennenlernt.

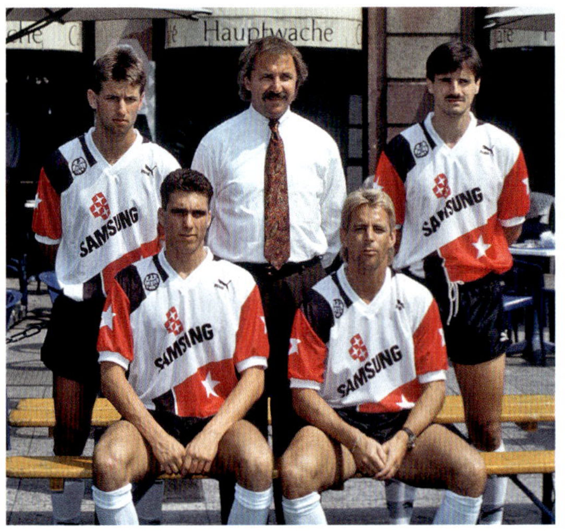

Zurück in die Bundesliga: Eintracht Frankfurt holt Nachtweih 1991 als Libero. Allerdings endet das Engagement nach einem heftigen Streit mit Dragoslav Stepanović.

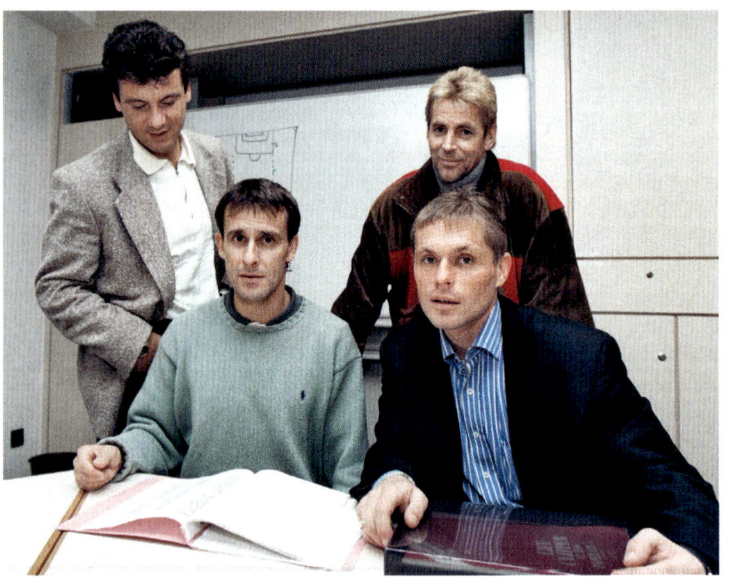

Trainerlehrgang in Hennef: Noch als Zweitligaprofi von Waldhof Mannheim macht Nachtweih mit Pierre Littbarski und Uli Borowka seinen Trainerschein.

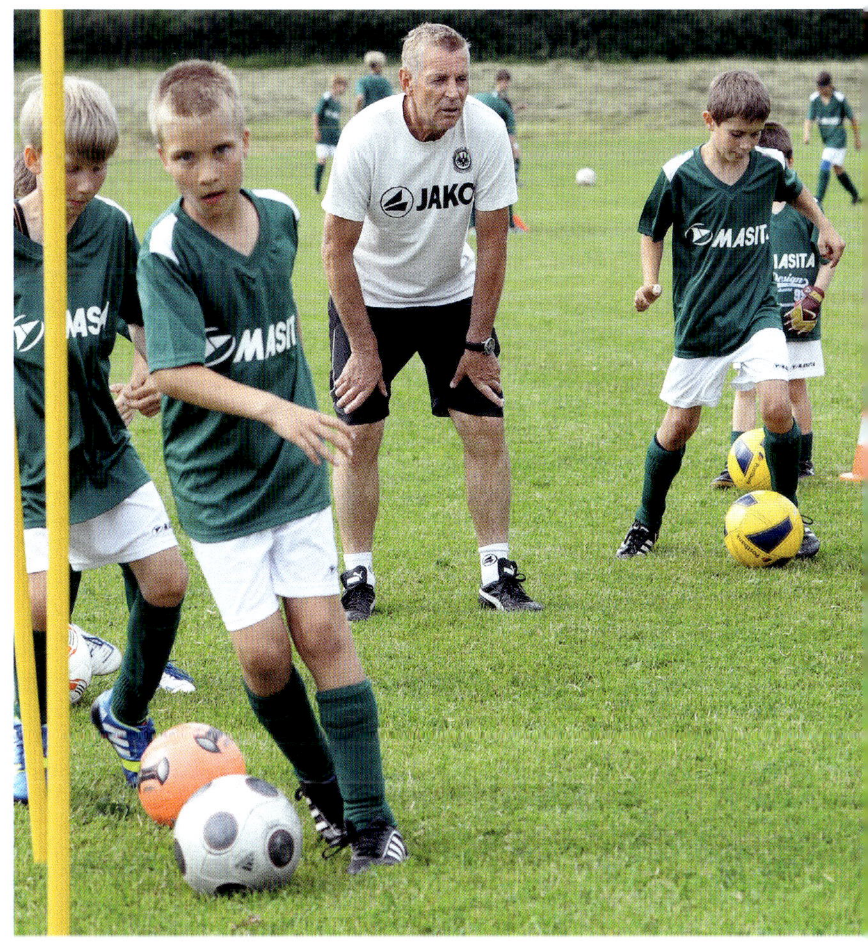

Norbert Nachtweih als Nachwuchstrainer in
der Fußballferienschule von Eintracht Frankfurt

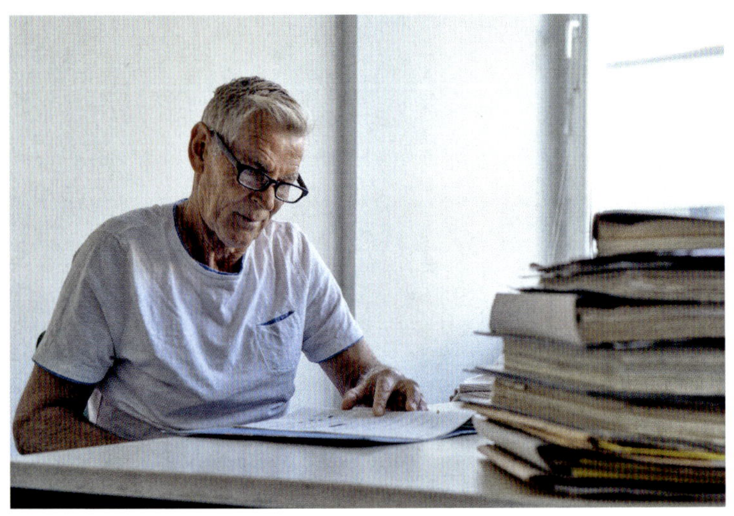

Im Visier der Staatssicherheit:
Einblicke in die Stasiakte zeigen Nachtweih, dass Spitzel sogar in seinem Haus in Frankfurt zu Gast waren.

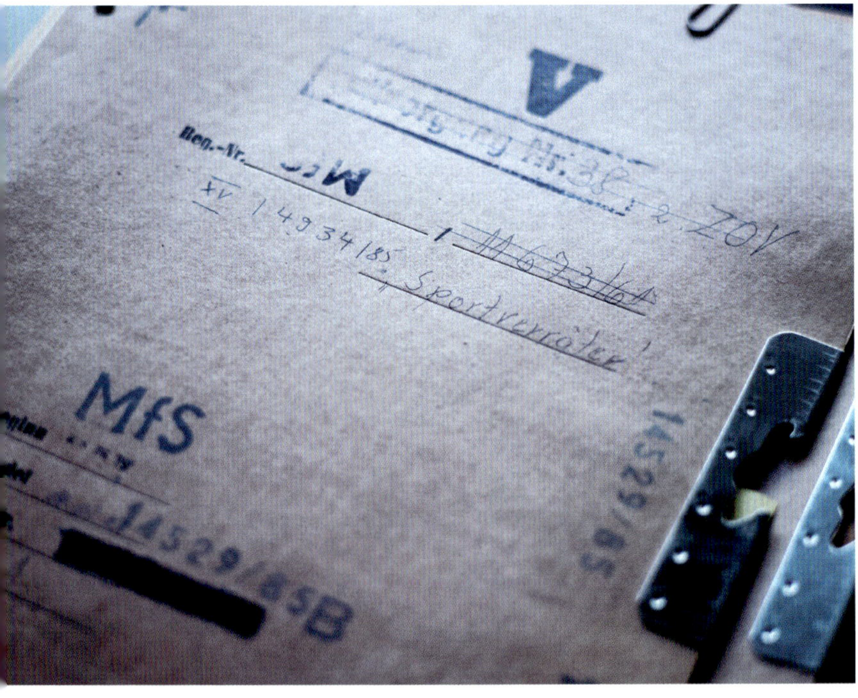

manchmal auch bei anderen wichtigen Spielen. Uli Hoeneß ließ nichts unversucht.

Der Erfolg sollte uns recht geben. Der FC Bayern München war nicht mehr aufzuhalten. Ein erheblicher Teil des Erfolgs hat schlicht und einfach mit Uli Hoeneß zu tun. Vieles über ihn ist bekannt: Wie er es als junger und zielstrebiger Mann von Ulm nach München schaffte. Wie er sich neben überragenden Größen wie Sepp Maier, Franz Beckenbauer, Paul Breitner und Gerd Müller seinen Platz in der Ahnengalerie des FC Bayern München sicherte. Wie er danach als Manager die Fäden zog. Und sicher ist auch bekannt, wie persönlich verbindlich und menschlich er hinter den Kulissen agierte. Ganz ehrlich: Seine Leistung kann nicht hoch genug eingeschätzt werden. Der FC Bayern München von heute, dieses Aushängeschild des deutschen Fußballs, würde ohne ihn heute ganz anders aussehen. Dafür hat er damals, in den 80ern, die Grundlage geschaffen.

Aus heutiger Sicht sieht es vielleicht so aus, dass der FC Bayern München ausschließlich erfolgreiche Jahre hatte. Dass die drei Titel im Europapokal der Landesmeister in den 1970er-Jahren quasi automatisch zu den Erfolgen der 1980er-Jahre und der Gegenwart geführt hätten. Aber das war nicht so. Gerade in meinen ersten Jahren beim FC Bayern schwamm der Verein alles andere als im Geld. Wir mussten es erst einmal verdienen. Was gar nicht so einfach war, denn Einnahmen aus Fernsehgeldern gab es erst viel später. Mit Trikotverkäufen und Bandensponsoring ließen sich auch noch keine Unsummen verdienen. Und wenn sich ins Olympiastadion bei Heimspielen gegen den Tabellenletzten Hannover 96 unter der Woche – wie im Oktober 1985, um nur ein Beispiel zu nennen – 13.000 Zuschauer verlaufen hatten, hat das an der Kassenlage auch nicht viel geändert. Also waren wir fast immer unterwegs, um für den Verein Geld zu verdienen. Jede Woche, in der wir nicht in der Liga, im Pokal oder im europäischen Wettbewerb gefragt waren, sind wir irgendwohin geflogen. Zu dieser Zeit fanden unter der Woche sogar kleine Turniere statt. Wir haben dann beispielsweise dienstagabends vor 120.000 Zuschauern im Camp Nou gegen Barcelona gespielt und ein paar Wochen später bei Real Madrid oder in Paris. Oder gerade da, wo es was zu verdienen gab. Aber das war großartig. Ich erinnere mich gern an die Abende, wie in Barcelona, wenn wir nach den Spielen noch einmal ein Stündchen oder zwei unterwegs waren. In unseren privaten Klamotten, komplett inkognito, absolvierten wir das Auslaufen auf der La Rambla. Wir Bayern-Profis führten ein Jetset-Leben.

Bis ungefähr 1984 war Uli bei vielen unserer Freizeitaktivitäten immer noch mit dabei. Als gehörte er weiterhin zu den Spielern. Nicht zuletzt beim Kartenspielen war er gern zugegen, was gleich aus zwei Gründen Zündstoff bot: Zum einen war Uli nicht der begnadetste Kartenspieler, aber auch nicht knauserig, was die Einsätze anging. Jede Runde mit ihm bedeutete also gute Gewinnchancen. Die Übungsstunden, die ich mit meinem Vater und meinem älteren Bruder Uwe in meinen frühen Jugendtagen rundum Weihnachten absolviert hatte, wurden also richtig Geld wert. Und zum anderen war es ein Naturereignis, wenn sich die beiden Hoeneß-Brüder am Spieltisch in die Haare bekamen. Da war was los. Irgendwann meinte unser Manager zu uns, dass das so nicht weitergehen könne. Er müsse sich da stärker rausziehen, was für uns schade war: Denn wenn Uli mit dabei war, war alles relativ. Jede Verhaltensregel wurde wachsweich. An Abenden vor Spielen wurde dann schon mal die Bettruhe verschoben, wenn es am Kartentisch noch hoch herging. Das änderte sich also Mitte der 1980er. Es wurde beim FC Bayern dadurch noch mal etwas professioneller, aber nicht unbedingt weniger menschlich. Denn die Nähe zu den Spielern hat er nie verloren. Als wir irgendwohin geflogen sind, saß er auf einmal neben dir. Und dann wurde gequatscht. Über alles Mögliche. Privates, Sportliches oder was uns als Spieler sonst so bewegte. Wenn es irgendwo ein Problem oder die kleinste Schwierigkeit gab, war er sofort da. Wir wussten alle, dass wir immer zu ihm gehen konnten, wenn irgendwo der Schuh drückte.

Was das Menschliche anging, stimmte es einfach bei uns. Und dafür haben Uli Hoeneß und Udo Lattek gesorgt. Beide. Jeder auf seine Art. Und das ist für mich bis heute eines der Geheimnisse unseres Erfolgs. Trotz aller guten Laune fehlte es nie an der nötigen Ernsthaftigkeit. Beim FC Bayern München ging es am Ende immer um Leistung. Ich kann mich an kaum ein Training erinnern, an dem Uli Hoeneß nicht oben am Fenster seines Büros stand oder sogar von unten direkt am Platz zuschaute. Er sah, hörte und spürte alles.

Wenn ich mir heute das Gemecker über den FC Bayern München und dessen Überlegenheit im deutschen Fußball anhöre, kann ich nur mit dem Kopf schütteln. Bis heute habe ich nicht verstanden, weshalb die Konkurrenz das Gute, was der FC Bayern und Uli Hoeneß vorgemacht haben, nicht konsequenter kopierte. Denn der Erfolg der Münchner ist doch nicht vom Himmel gefallen. Dieser Erfolg wurde hart erarbeitet.

Ich habe es genossen, ein Teil dieser Erfolgsmannschaft zu sein. Auch die Anfeindungen haben mich nicht gestört. Oft habe ich das gar nicht mitbekommen, wenn im Stadion irgendetwas los war, wenn wir beschimpft worden sind. Auf dem Rasen ging es ohnehin meist sportlich zu. Auch wenn wir gespürt haben, dass das Spiel gegen uns für fast jeden Gegner das Highlight des Jahres war. Die Stadien waren auswärts voll und die Heimmannschaft war hoch motiviert, so wie ich es noch aus eigener Erfahrung aus Frankfurt kannte. Aber gerade das habe ich geliebt, das Dagegenhalten, gegen die Widerstände anspielen. Dann machte es richtig Spaß, Erfolge zu feiern.

Besonders gerne erinnere ich mich an meine zweite Meisterschaft. 1986. Eigentlich hatten wir sie schon verspielt. Am vorletzten Spieltag mussten wir nach Bremen, zum Tabellenführer. Werder hatte zwei Punkte Vorsprung. Kurz vor Schluss bekommen die Bremer beim Stand von 0:0 einen Elfmeter zugesprochen. Lächerlich. Sören Lerby hat den Ball vor die Brust bekommen, seine Armhaltung war ganz natürlich. Zu keiner Zeit wäre das ein Elfmeter gewesen. Michael Kutzop läuft an und wird auf einen Schlag berühmt. Nicht, weil er das Ding reinnagelt und Bremen zur Meisterschaft schießt, sondern weil er den Ball an den Pfosten setzt. Das Spiel endet torlos, 0:0. Am letzten Spieltag müssen die Bremer dann auswärts gegen den VfB Stuttgart ran und wir haben Borussia Mönchengladbach im Olympiastadion zu Gast. Lothar Matthäus schenkt seinem Exklub gleich in der ersten Minute einen ein und wir fahren einen komplett ungefährdeten 6:0-Sieg ein. Spätestens ab der zweiten Hälfte wollen alle von uns auf der einen Außenseite mit der Bank spielen, weil dort das Bremen-Spiel im Radio verfolgt wird. Die Bilder sind legendär, wie Uli Hoeneß mit so einem kleinen Radio am Ohr auf der Tartanbahn herumtigert. Tatsächlich verlieren die Bremer in Stuttgart und wir werden, punktgleich mit Werder, wegen des besseren Torverhältnisses Meister. Als Dankeschön an den VfB Stuttgart haben wir sie ein paar Tage später beim Pokalfinale in Berliner Olympiastadion mit 5:2 böse vermöbelt. Zwischenzeitlich hatte es schon 4:0 gestanden. Wir waren entspannt und haben vollkommen befreit aufgespielt. Ganz ehrlich: Der Pokal an sich war für uns an diesem Abend nicht wichtig, den haben wir nur noch so mitgenommen. Viel wichtiger war die Meisterschaft. Ich sehe noch vor mir, wie wir in Berlin nach der Ehrenrunde, die sich schon gezogen hatte, in die Kabine kamen. Dort stand schon eine Menge Alkohol bereit, aber von uns hatte keiner mehr Bock zu saufen. Wir hatten wegen der Meisterschaft schon die ganze Woche lang gefeiert. Freunde haben wir uns mit diesem Saisonfinale definitiv nicht gemacht, aber wir haben eine Marke gesetzt.

Immer Spaß gemacht haben unsere Fernreisen. Ob nun zu Trainingslagern oder Freundschaftsspielen, die Trips führten quer über den Erdball und vermehrt in den Nahen Osten. Katar, Bahrain und wie all diese großen Fußballnationen heißen. Das war verrückt. Gestartet sind wir im kalten Münchner Winter, gelandet sind wir in der Wüste. Dort sind wir bei 30 Grad und mehr in Oasen gebracht worden, wo quasi im Nichts Luxushotels und Sportplätze mit unverschämt grünem Rasen auf uns warteten. Zum Teil gab es richtig große Stadien, wo wir dann gegen irgendwelche Klubs oder Auswahlteams spielten. Ich erinnere mich an ein Trainingslager, wo wir in einer beeindruckenden Hotelanlage untergebracht waren. In der Mitte war ein prunkvoller Raum, der aussah wie eine Filmkulisse. Dort trafen sich abends alle Hotelgäste. Denn nicht nur wir waren dort untergebracht, sondern auch täglich wechselnde Crews der unterschiedlichen Fluggesellschaften. Das war nett, sehr nett sogar. Besonders die vielen Stewardessen. Oh mein Gott, war das ein Trainingslager.

Die verbotenen Früchte habe ich in erster Linie fernab der Heimat genossen. Über die Jahre beim FC Bayern München hatte sich das so ergeben. Diesbezüglich änderte sich auch meine Rolle als Vergnügungswart. Als ich 1982 in diese Rolle schlüpfte, ging es los mit einer Party in einem Münchner Hotel. Das war okay. Meine Vergnügungskompetenz gründete nicht zuletzt auch auf meinen alten Verbindungen ins Frankfurter Nachtleben, die ich ab und zu reaktivieren konnte. Zumal Frankfurt aus Münchner Perspektive oder aus Sicht von Manager Uli Hoeneß fast so weit entfernt war wie irgendeine Oase im Nahen Osten. Konkret erinnere ich mich an ein Freundschaftsspiel im Jahr 1987 gegen den FC Schalke 04. Ausgetragen wurde das Match in Kassel, vorher übernachtet haben wir allerdings in Frankfurt. Kein Wunder, dass da die Frage aufkam, ob ich nicht etwas organisieren könne. Na klar, konnte ich. Ich rief also Biggy an und sie sagte, dass sie bis 0 Uhr ihre BB-Bar aufräumt. Sollte heißen: Alle normalen Gäste hatte sie bis dahin rausgeschickt, danach hatten wir den Laden für uns: geschlossene Gesellschaft. Allerdings hatten wir ein Problem: Kaum jemand hatte Bargeld dabei, beziehungsweise genug. Als Helfer in der Not sprang unser damaliger Trainer Udo Lattek ein. Von ihm bekamen wir die nötigen Scheine ausgelegt, die wir ihm in München dann zurückgegeben haben. Nicht zuletzt dafür gab es die von mir verwaltete Beinschusskasse, mit der anfangs nur Schülerstreiche finanziert worden sind. Jetzt waren wir, was das Feiern anging, ein wenig erwachsener geworden. Die Frankfurter Party war traumhaft, eine sensationelle Sause. Mit dem langen Hoeneß bin ich als einer der Letzten gegen 6 Uhr morgens aus der Bar raus. Was hatten wir für einen Spaß!

Das Freundschaftsspiel, das ein paar Stunden später anstand, hatten wir vorsorglich schon in gewisse Bahnen gelenkt. Wir haben uns mit den Schalkern auf ein 3:3 verständigt. Allerdings führten wir schon nach 20 Minuten 3:0. Offenbar hatten wir den Überschwang der Partynacht mit in die Anfangsviertelstunde gerettet. Die Schalker waren richtig sauer und haben uns das auch spüren lassen. Aber letztlich ging alles gut und wir haben uns schließlich friedlich 3:3 getrennt.

Biggy war zu dieser Zeit nicht mehr nur Bar-Chefin, sondern hatte im Frankfurter Hühnerweg auch ein sich großer Beliebtheit erfreuendes Bordell eröffnet. 20 Mädels hatte sie dort laufen. Ein großer Laden mit verschiedenen Bars, Separees und einer Sauna. Ich weiß gar nicht mehr, ob sogar ein Schwimmbad dazugehörte. Von der BB-Bar war es mit dem Taxi eine Viertelstunde bis dahin. Auch wenn die beiden Locations vordergründig nicht etwas miteinander zu tun hatten, gab es wegen Biggy aber doch eine enge Verbindung. Es war der pure

Wahnsinn, was sich in dieser Zeit in den beiden Häusern alles abspielte. Es waren nicht nur Fußballer, auch der Konzertveranstalter Mark Lieberberg vermittelte seine Künstler dorthin, die nach getaner Arbeit die Sau rauslassen wollten. Es konnte also gut und gerne vorkommen, dass du hier wie da solche Stars wie Bon Jovi oder andere Größen getroffen hast.

Dass ich gute Kontakte habe, hat sich in Fußballerkreisen natürlich herumgesprochen, sodass ich Biggy immer mal wieder jemanden vermitteln konnte. Eine witzige Anekdote ist, dass sich meine liebe Biggy dabei über beide Ohren in unseren Lothar Matthäus verliebte. So kannte ich sie gar nicht. In seinem Fall hat es sie aber mal so richtig erwischt, und da Lothar ja auch sehr reaktionsschnell beim Verlieben ist, funkte es bei einem dieser Frankfurtbesuche. Wenn ich mich richtig erinnere, hatte Biggy eine gewisse Zeit lang an einem Spiegel im Eingangsbereich vom Hühnerweg sogar ein Autogramm mit Widmung von ihm hängen: „Für meine liebe Biggy, dein Lothar“, oder so ähnlich. So richtig clever war das zumindest von unserem Bayern-Casanova nicht. Legendär waren auch die Szenen bei unseren regulären Auswärtsspielen bei der Eintracht. Wann immer wir mit den Bayern in Frankfurt spielten, wartete Biggy an unserem Mannschaftsbus. Viele kannten sie ja, mehr oder weniger. Aber in den Momenten schauten unsere seriösen Familienväter starr nach unten oder zur Seite. Nur Lothar, der von ihr in schrillem Ton gerufen wurde, holte sich ein Bussi ab oder zwei. Da das damals in aller Öffentlichkeit stattgefunden hat, bin ich sicher nicht der Einzige, der sich an diese lustigen Szenen erinnert. Ohne weitere Namen zu nennen: Selbst für die deutsche Nationalmannschaft war ich wegen meiner besonderen Verbindungen ab und zu als Vergnügungswart gefragt. Mitspielen durfte ich als DDR-Bürger bis dahin nicht, aber wenn es Lücken im Freizeitprogramm gab, wurde ich gerne konsultiert.

Zu Biggy, die direkt über dem Hühnerweg wohnte, habe ich über all die Jahre Kontakt gehalten. Freundschaftlich. Auch von München aus habe ich sie so manches Mal besucht. Natürlich auch, als ich später allein wohnte. Gemeinsam haben wir schon so einige verrückte Sachen erlebt.

Zurück zum Leistungssport. Nach der Last-Minute-Meisterschaft 1986 ging es in der Bundesliga-Saison 1986/1987 weniger spannend zu. Nur ein einziges Spiel haben wir verloren. Auswärts 0:3 in Leverkusen. Mit sechs Punkten Vorsprung, was bei der 2-Punkte-Regel eine Menge war, sind wir vor dem HSV zum dritten Mal in Folge Meister geworden. Das war sehr gut, aber wir wollten mehr: Als gewachsene Mannschaft wollten wir endlich mal wieder international etwas gewinnen. Den Europapokal der Landesmeister. PSV Eindhoven, Austria Wien und RSC Anderlecht. Alle hatten wir aus dem Weg geräumt. Im Halbfinale lieferten wir uns zwei Schlachten mit Real Madrid, wobei wir verdientermaßen das Ticket fürs Endspiel lösten. Das Finale in Wien gegen den FC Porto war dann nur noch reine Formsache. Das klingt zwar überheblich, war aber so. In dieser Phase waren wir unseren Gegnern so dermaßen überlegen, dass wir das Spiel schon vorher gewonnen hatten. Gefühlt zumindest.

Abgesehen davon haben wir auch einige organisatorische Fehler gemacht. Ich weiß noch, dass bereits im Hotel eine unglaubliche Hektik herrschte. Am Tag des Spiels waren so viele Leute bei uns vor und sogar im Hotel, es war unglaublich. Wir haben Autogramme geschrieben, als hätten wir den Pokal schon in der Tasche. Überdies hat uns den ganzen Tag auf Schritt und Tritt ein Kamerateam vom Bayerischen Rundfunk begleitet. Ich weiß noch, dass ich mich auf dem Zimmer schlafend stellen sollte, damit sie dann mein gespieltes Aufwachen filmen konnten. Das war alles Mögliche, aber ganz sicher keine optimale Vorbereitung auf ein Finale. Dabei waren wir aber alle gut drauf: Beim Abschlusstraining am Vorabend waren wir total locker, haben Späße gemacht und vor Selbstvertrauen nur so gestrotzt.

Das Finale ließ sich dann auch gar nicht so schlecht an. In der 25. Minute gingen wir durch einen Kopfball von Wiggerl Kögl in Führung. Anstatt als bessere Mannschaft den Sack dann auch zuzumachen, sind wir immer gemächlicher und fahriger geworden. Es fehlte an Laufbereitschaft, Einsatz, Abstimmung. Die Portugiesen haben das natürlich registriert und sind ihrerseits immer mutiger geworden. Naja, der Rest ist bekannt. Madjers Hacke, Ausgleich in der 77. Minute. Wir finden nicht mehr zurück ins Spiel. 80. Minute Juary. Innerhalb von drei Minuten dreht der FC Porto das Spiel und der Europapokal der Landesmeister ist weg. Heute ärgert mich das ungemein, aber direkt nach dem Spiel fühlte ich keinen riesigen Frust, keine Wut oder so etwas. Klar, ich war enttäuscht, das waren wir alle. Wir waren wie vor den Kopf gestoßen. Aber ich hatte irgendwie das Gefühl, dass Porto an dem Tag besser war. Am Abend von Wien fühlte ich mich wie ein fairer Verlierer.

Richtig zäh wurde es am Tag danach. An einer Mühle an der Isar sollte gefeiert werden. Dort war alles vorbereitet, der Champagner stand kalt. In dem schicken Restaurant ist schon so mancher Titel gefeiert worden. Nach der Landung in München sind wir dann dorthin, aber was sollten wir da? Wir fühlten uns am Tag nach der Niederlage wie begossene Pudel, Deppen, Trottel. Nach einer Feier war uns jedenfalls nicht zumute.

Die Stimmung war im Eimer. In der Bundesliga trudelten wir noch aus, bis wir die Meisterschaft feiern konnten. Aber ausgelassen ging es dabei nicht zu, dafür lag allen der Abend von Wien noch viel zu quer. Stimmung kam nur noch einmal auf. Im Olympiastadion lief der Udo-Jürgens-Schlager „Mercie Cherie“, zu dem unser Trainer Udo Lattek verabschiedet wurde. Der verschenkte vor der Südkurve sein letztes Hemd und kam in Unterwäsche noch ein letztes Mal in die Kabine. Leider hatten sich

Udo und Uli nicht auf eine Verlängerung seines Vertrages einigen können. Udo wollte für zwei Jahre verlängern, Uli offenbar nur für eines. So ist der Meistermacher der Jahre 1985, 1986 und 1987 dann zum 1.FC Köln gewechselt, während bei uns schon Jupp Heynckes durch den Türspalt lugte. So geht es im Fußball zu – trotz aller Freundschaft, trotz aller Erfolge von gestern. Alles hat seine Zeit.

Die Niederlage im Finale des Europapokals der Landesmeister 1987 wirkt bei mir nach. Bis heute. Bis heute geblieben ist sogar eine merkwürdige Abneigung gegen Porto. Vollkommen zu Unrecht. Aber auf Porto habe ich einfach keinen Bock. Ich war in Lissabon, das fand ich super. Und Porto soll noch viel schöner sein, haben mir Freunde gesagt. Ich wurde sogar dorthin eingeladen. Aber das habe ich alles dankend abgelehnt. Um ehrlich zu sein, ich habe gesagt: „Du kannst mich mal."

Privat lief es in dieser Zeit gut. Ich war vielleicht nie der Vorzeige-Familienvater, aber wir hatten wenig Stress zu Hause. Bis eines Nachmittags das Telefon klingelte. Mein Freund Klaus Augenthaler war dran. Er ist bis heute kein Freund großer Worte und für Telefonstreiche war er auch schon damals nicht bekannt. Aber das, was er sagte, klang schon irgendwie komisch: „Norbert, bei mir im Keller sitzen drei Handballer. Flüchtlinge. Die wollen hierbleiben. Du kennst dich doch aus mit dem Mist, komm mal vorbei."

Also bin ich zu Klaus gefahren, der im Nachbarort Vaterstetten lebte. Seinen Partykeller, den er sich schön ausgebaut hatte, kannte ich gut. Dort saßen wir gern zu viert. Also Klaus mit seiner Monika und ich mit Patricia. Jetzt komme ich da runter und dort sitzen drei junge Kerle. Ziemlich nervös. Und ein Typ in feinem Zwirn, der mich anguckt und sagt: „Ach was, da kommt noch so einer." Der Typ war Dr. Günther Ullmann, ein DDR-Anwalt. Im Partykeller von Klaus war er bestens aufgelegt, total locker. Ganz im Gegensatz zu den

Handballern Fred Radig, Henry Blatter und Mario Wille. Die drei U21-Handball-Nationalspieler der DDR hatten sich ein, zwei Tage vorher nach einem Turnier abgesetzt und wollten beim Handball-Bundesligisten in Schwabing anheuern. Allerdings fuhr die DDR die größtmöglichen Geschütze auf. Sie hatten die Mütter der drei vorgefahren und wollten damit den größtmöglichen Druck aufbauen. Das Gespräch in der Runde verlief dann für die ziemlich brenzlige Situation erfreulich entspannt. Fast freundschaftlich. Ich habe ihnen nur gesagt, dass ihre Handballkarriere vorbei wäre, wenn sie zurückgehen würden. Sie würden nie wieder zu einem nennenswerten Einsatz kommen. Ganz egal, was die DDR ihnen versprechen würde. Und dazu gab ich ihnen den ausdrücklichen Rat, ihre Mütter nicht zu treffen. Das kann keiner aushalten, ohne weich zu werden, sagte ich. Letztlich entschieden sich die Jungs für die Freiheit, spielten ein Jahr in Schwabing und wechselten dann zum THW Kiel. Ich habe sie nie wieder getroffen.

Mein Sondereinsatz von Vaterstetten war einer der wenigen Momente, in denen es in meiner Münchner Zeit um meine DDR-Vergangenheit ging. Einmal holte mich meine Vergangenheit aber noch ein, als es um meinen möglichen Einsatz bei der Fußball-Weltmeisterschaft 1990 in Italien gehen sollte. Aber dazu später.

WENDEJAHRE

Bloß kein Ende mit Schrecken

Die Saison nach unserer Final-Niederlage gegen Porto brachte einige Veränderungen mit sich. Udo Lattek war weg. Stattdessen bekamen wir es mit dem jungen, ambitionierten Jupp Heynckes zu tun. Für den Gladbacher war das hier ein ziemlicher Kulturschock. Damit meine ich nicht nur das deftige bayerische Essen am Abend. Sondern auch, mit welcher Selbstverständlichkeit wir an der Bar nach Schweinsbraten oder Leberkäs unser Bierchen bestellten. Das Helle, das unter Udo bei uns im Team einfach dazugehörte wie sein mit Tee verdünntem Schnaps vor Spielbeginn. Es hat ein wenig gedauert, bis wir uns gefunden hatten. Das Team, das bis dahin reibungslos funktionierte, fest zusammengewachsen war und die gewährten Freiheiten zu schätzen wusste. Und der moderne Trainer, der eine neue Professionalität, andere taktische Ideen und eine Vorliebe für Nudeln mitgebracht hatte.

In den ersten Saisonspielen ging es gut los: In Frankfurt gewannen wir die erste Auflage des DFB-Supercups zwischen Meister und Pokalsieger mit 2:1 gegen den Hamburger SV. In der Bundesliga haben wir Dortmund auswärts geschlagen, servierten dann erneut den HSV ab, diesmal mit 6:1, und gewannen auch gegen Waldhof Mannheim. Beim FC Homburg kamen wir aus dem Tritt und verloren. Es knirschte erstmals im System. Wir mussten uns in dieser Phase als Mannschaft erst an die Vorgaben des neuen Trainers gewöhnen. Heynckes hat sich viele Gedanken gemacht und wollte einige seiner Ideen natürlich auf dem Platz umgesetzt sehen. Es brauchte seine Zeit, wobei die Resultate meistens stimmten. Hilfreich war dabei sicher, dass unser neuer Stürmer Jürgen Wegmann gleich vom ersten Tag an zündete. Im Saisonverlauf kam dann sogar noch der Waliser Mark Hughes dazu, den Uli Hoeneß vom FC Barcelona ausgeliehen hatte. Gerade im Angriff musste frisches Blut her, nicht zuletzt, weil wir einen großen Namen verloren.

Im Sommer 1987 hat der Lange Schluss gemacht. Dieter Hoeneß, mein Bruder im Geiste am Kartentisch, Zielspieler für meine langen Bälle und ein guter Freund während meiner Bayern-Zeit. Dieter hängte die Fußballschuhe an den Nagel und stieg beim amerikanischen Computerhersteller Commodore ein. Damals eine innovative Firma, mit deren Produkten ich eigentlich nicht viel anfangen konnte. Als Leiter des Sportmarketings hatte Dieter aber eine großartige Idee, mit der er auch bei mir offene Türen einrannte: Er organisierte für uns Bayern-Spieler einen Computer-Kurs. Für alle, die wollten. Aber ich war ja nicht doof: Schließlich durften wir am Ende des Kurses jeder so ein Gerät mitnehmen. Und da war natürlich mein Interesse geweckt. Ich wollte mal wissen, was diese Brotkästen, wie sie genannt wurden, alles können.

Der Kurs in einem der Münchner Universitäts- oder Hochschulgebäude in der Innenstadt war großartig. Das war schlicht eine andere Welt. Zum einen die Uni an sich, zum anderen aber auch, mit der Mannschaft in einem solchen Raum mit den ganzen Geräten, Bildschirmen und Kabeln zu hocken. Es kam mir vor wie eine Reise in die Zukunft. Das war schräg und hatte wenig mit dem zu tun, was ich noch von meiner Ausbildung in der DDR kannte. Das schien Lichtjahre entfernt, dabei lagen gerade einmal zehn Jahre dazwischen.

Uns Bayern-Spieler trieb die Neugier an. Ende der 1980er hatten wir von den technischen Versprechungen der Heimcomputer alle schon irgendetwas gehört. Zumindest durch die Werbung etwas mitbekommen. Am Ende war es damals aber doch komplettes Neuland. Überzeugt hat uns von vornherein jedoch die Aussicht, die Spiele zocken zu können, die auf den Geräten drauf sein sollten. Bevor wir allerdings dort hingelangten, schien es ein langer Weg zu werden. Erst mal ging es um die Grundlagen, und das dauerte schon eine kleine Ewigkeit. Wir fanden uns in einem Kurs für dumme Fußballer wieder. Ohne Quatsch: Wir haben als Erstes gelernt, dass der Netzstecker des Geräts in die Steckdose gesteckt werden muss. Also, alles von der Pieke auf. Später sollte es auch um das Erstellen von irgendwelchen Programmen gehen. Aber da war ich raus. Ich wollte nur spielen. „The Last Ninja", „Bruce Lee" und „California Games" oder wie die Spiele damals alle hießen. Das Gerät bekam in jedem Fall einen Ehrenplatz in meinem Musikkeller. Ein Arbeitszimmer hatte ich nicht, das Wohnzimmer war für solch ein technisches Gerät tabu. Meinen Commodore habe ich in dieser Zeit, wenn ich daheim war, tatsächlich täglich genutzt. Und zwar ausschließlich zum Zocken.

Im Untergeschoss des Hauses in Baldham hatte ich es mir mit der Zeit richtig gemütlich gemacht. In den Münchner Jahren wuchs auch meine Plattensammlung rasant. In Spitzenzeiten hatte ich mehrere hundert Stück in den Regalen, darunter auch ein paar schöne Raritäten. Es fehlten nur meine allerersten Vinyl-Scheiben, die ich mir in den 1970er-Jahren als DDR-Junioren-Nationalspieler gekauft hatte. Damals waren wir zu einem Turnier in der Schweiz und ich habe mein Taschengeld für zwei Schallplatten ausgegeben: das Album von Mott the Hoople mit dem Hit „All The Young Dudes". David Bowie hat den Song für die Band geschrieben, der ein Welterfolg wurde. Ein richtiger Hit. Die Band war damals der neueste Schrei aus England. Die waren so groß, dass Queen bei denen zu dieser Zeit als Vorgruppe aufgetreten ist. Ich war einer ihrer Fans aus der DDR. Außerdem reichte mein Taschengeld während der Schweiz-Reise noch für eine Platte von Sweet mit dem Titel „Funny How Sweet Co-Co Can Be". Das müsste deren erstes Album gewesen sein. Die beiden Platten liefen in Polleben rauf und runter. Einzig unterbrochen am Sonntag von der Hitparade von Radio Luxemburg und einer Musiksendung vom Deutschlandfunk, die freitagabends kam. Damals haben wir uns in Polleben immer irgendwo getroffen, um gemeinsam solche Programme zu hören. Sender und Inhalte, die wir eigentlich als DDR-Bürger nicht hören durften. Aber das hat bei mir auf dem Dorf tatsächlich niemanden interessiert. Diese Vorliebe für die Rockmusik der 70er-Jahre ist bis heute geblieben. Sweet und Mott the Hoople höre ich auch heute noch gern. Allerdings nicht mehr von Platte.

Ich ärgere mich heute, dass ich vor ein paar Jahren meine ganze Plattensammlung verkauft habe. Der Typ, der das alles aufgekauft hat, muss sich auch gedacht haben, dass ich entweder sterbenskrank, auf der Flucht oder einfach nur bescheuert bin: 300 EUR wollte ich für die Sammlung haben. Irgendwie hatte ich das Gefühl, die Platten würden im Keller verrotten. Naja, selbst schuld.

Zurück in die 80er, nach Baldham: In meinem Musikkeller hatte ich mir eine richtig schöne Stereo-Anlage zusammengestellt. Große Boxen, wie es sich damals gehörte. Dazu einen hochwertigen Plattenspieler und ein gutes Kassettendeck, mit dem ich dann eigene Mix-Tapes zusammenstellte. Wenn ich in meinem Zimmer nicht am Commodore-Computer saß oder mit den Kindern spielte, war ich in meine Musik vertieft.

Wenn ich abends mal unterwegs war, dann oft, weil ich auf Konzerte ging. Dafür war München ein gutes Pflaster. Gefühlt kannten größere Bands nur Hamburg, Frankfurt, Köln und eben München. Als Bayern-Profi hatte ich meist gute Chancen, an Karten zu kommen. Im Juli 1988 hatte ich so mal die

Gelegenheit, Michael Jackson im Olympiastadion zu sehen. Oder Rod Stewart. Beide waren zu dieser Zeit echte Top-Acts. Einmal hatte ich besonderes Glück, als Auge als Kapitän gerade verletzt und der Foreigner-Sänger Lou Gramm in der Stadt war. Foreigner ist bis heute eine meiner Lieblingsbands. Ihren Song „Dirty White Boy" kann ich heute noch zehnmal hintereinander hören.

Damals hatte ein Journalist eingefädelt, dass ich dem Musiker als Bayern-Kapitän einen unterschriebenen Ball übergebe und er mir auf dem Trainingsgelände eine signierte Platte in die Hand drückt. Das Beste: Er lud mich auch noch zum Konzert am Abend ein, wo ich ihn dann vor dem Auftritt backstage besucht habe. Diesen Rock'n'Roll-Zirkus mal von innen zu sehen, war schon großartig. Mit Lou Gramm bin ich dann sogar locker in Kontakt geblieben, sodass ich ihn Jahre später noch einmal bei einem Konzert in Mannheim besucht habe. Außerdem habe ich bei diesem Konzert noch eine alte Freundin aus Frankfurt getroffen, die bei Sony gearbeitet hat. Sie gehörte in meinen Eintracht-Zeiten zum Freundeskreis aus dem Schnurrbart, der Kneipe von Ronny Borchers. Jetzt war sie in Begleitung ihres Mannes im Auftrag der Plattenfirma da. Ein toller Abend, von denen es im Lauf der Jahre durchaus ein paar gab. An der Tagesordnung standen solche Backstage-Feiern aber natürlich nicht.

Sportlich hatte sich meine Rolle beim FC Bayern München noch unter Udo Lattek in der Vorsaison etwas geändert. Was sogar sehr positiv war: Ich wurde nun häufiger als Libero eingesetzt. Bis dahin hatte ich schon auf allen möglichen Positionen gespielt, außer Torwart. In der Mitte, offensiv wie defensiv. Auf den Außen. Aber meist in der Abwehr. Die Rolle als Libero war aber etwas Besonderes. Das Gestalterische, das Übernehmen von Verantwortung und gleichzeitig der Spaß, alle Freiheiten zu besitzen. Es hat mich gefreut, dass nach ein paar Wochen nun auch mein neuer Trainer Jupp Heynckes mich in dieser Rolle sah. Allerdings hatte ich das auch den gesundheitlichen Problemen meines besten Kumpels zu verdanken. Auge hatte Rücken. Schon länger. Am Ende der Vorsaison hatte er an den Bandscheiben etwas machen lassen müssen. Diese Chance konnte ich nutzen. Ich spielte so gut, dass ich sogar reichlich Rückenwind von der Presse bekam. Allerorten wurde ich gefeiert, was mir dann schon fast unangenehm war. Denn als Klaus zurückkam, spielte ich auf seiner Position. Mein Freund musste ins Mittelfeld. Heutzutage wird immer wieder gesagt, dass es im Profi-Fußball keinen Platz für Freundschaften gibt. Damals war das noch anders. Und daher hat mich unser Rollentausch schon sehr beschäftigt. Auch wenn wir da nie drüber gesprochen haben. Ging ja auch nicht, abends im Bett hat er ja weiterhin gelesen, anstatt mit der Außenwelt zu kommunizieren. Das war halt so, und wir kamen damit klar. Auch beim FC Bayern ist das knappe dreiviertel Jahr mit dem Libero Norbert Nachtweih offenbar etwas in Vergessenheit geraten: Nur wenige erinnern sich daran, dass ich auch auf dieser Position gespielt habe. Das merke ich immer wieder. Uli Hoeneß wirkte bei den Dreharbeiten für die NDR-Doku fast ein wenig erstaunt, dass es in einer Phase einen Zweikampf zwischen Auge und mir um die Libero-Position gegeben hatte. Ihm und vielen Bayern-Fans aus dieser Zeit bin ich als Allrounder in Erinnerung geblieben. Als die blonde Allzweckwaffe von drüben.

Wirklich gefreut habe ich mich nicht, als Jupp Heynckes im Frühjahr 1988 zu mir kam und sagte: „Norbert, auf der rechten Seite fehlt einer. Würdest du das machen?“ – „Na klar, Trainer, mache ich“, habe ich ihm geantwortet. Damit war ich wieder Verteidiger. In Nürnberg haben wir 3:0 gewonnen, Klaus war als Libero zurück. Doch für mich, so viel kann ich rückblickend und ohne Groll sagen, war es der Anfang vom Ende beim FC Bayern München. Aber dazu später mehr.

Diese kleinen Reibereien, die Positionskämpfe gehören im Sport dazu. Was beim FC Bayern München damals aber viel entscheidender war, war der Zusammenhalt. Obwohl sich die Mannschaft seit meinem Wechsel 1982 an die Säbener Straße stark verändert hatte. Wir hatten einige Stars verloren, andere hinzugewonnen, blieben aber die dominierende Mannschaft der 1980er-Jahre im deutschen Fußball. Eben weil es bei uns einen enormen Zusammenhalt gab. In Einzelfällen auch Freundschaften. Neben Auge war einer meiner besten Kumpel im Team Andreas Brehme. Ein großartiger Typ, mit dem ich viel Zeit verbracht habe. Mit unseren Familien sind wir sogar in den Urlaub gefahren. Hinzu kamen viele Abende, an denen wir mit den Frauen zusammensaßen, etwas gegessen und getrunken haben. Bei der Hochzeit von Andy und Pilar war ich sogar Trauzeuge. Auch wenn ich solche halb öffentlichen Auftritte gehasst habe wie die Pest. Andere im Team sahen das anders, die haben ihre Hochzeiten sogar an die Boulevard-Presse verkauft. Solche Möglichkeiten, Geld zu machen, gab es immer häufiger, weil es langsam damit losging, dass sich immer mehr Leute für uns Profi-Fußballer und unsere sogenannten Spielerfrauen interessierten. Dabei ging es gar nicht mehr vorrangig um Fußball, sondern zunehmend um das ganze Private drumherum. Das war nichts für mich. Ich konnte mit dieser großen Bühne und dem ganzen Tamtam noch nie etwas anfangen.

Mir war lieber, wenn wir unter uns waren. Spaß hatte ich an kleinen internen Spielchen wie unserem Krawatten-Wettbewerb. Bei den vielen Auslandsreisen waren die Flughäfen nämlich längst zu einem Laufsteg geworden. Mit Lothar Matthäus und Andy Brehme, Klaus Augenthaler und noch ein paar anderen lieferten wir uns einen echten Wettstreit. Es ging darum, wer mit der außergewöhnlichsten Krawatte ans Gate kommt. Mitte, Ende der 1980er waren die Dinger eher dezent und schmal. Aber das änderte sich gerade. Lothar war bei uns der Mutigste und Verrückteste. Er hat immer wieder den Vogel abgeschossen mit seinen unglaublichen Teilen am Hals. Er kam mit Krawattenknoten an, mit denen würdest du heutzutage in kein Flugzeug mehr reinkommen, weil das Sicherheitspersonal vermuten würde, dass du da drin Sprengstoff versteckt hast. Bei diesem Quatsch habe ich gerne mitgemacht.

Ein viel größerer Quatsch wäre um ein Haar bei einem Freundschaftsspiel in Bratislava passiert. Beinahe hätte ich zweien meiner Geschwister und deren Freunden die Flucht in den Westen ermöglicht. Aber nur fast. Zu der Partie in Bratislava hatte ich Besuch vom anderen Teil meiner Familie. Nach dem Wiedersehen mit meinen Eltern, meiner Schwester Jutta und meinem Bruder Uwe zum UEFA-Cup-Auswärtsspiel mit der Frankfurter Eintracht in Brünn im März 1980 kam nun acht Jahre später die zweite Delegation. Mein Bruder Hein, meine kleine Schwester Kathrin und zwei, drei Freunde von ihnen. Die Jugendreisegruppe aus der Deutschen Demokratischen Republik war für das Spiel in der damaligen Tschechoslowakei angereist. An das Spiel selbst habe ich keine Erinnerung mehr. Ich dachte sogar, es wäre ein Europapokalspiel gewesen. Was es aber nicht war. Ich weiß nur, dass ich meine Teamkollegen vorher gebeten hatte, dieses Mal keine Trikots zu tauschen. Denn ich wollte den gesamten Trikotsatz meinen Geschwistern mitgeben. Die konnten das Zeug im Osten unter der Hand gut zu Geld machen. Originale Bayern-Trikots, das war etwas. Zumal es in dieser Zeit auch im Westen mit Fanartikeln gerade erst losging. DDR-Schlachtenbummler haben sich die Trikots ihrer Lieblingsmannschaften bis dahin noch selbst schneidern müssen.

Das mit den Trikots hat auch gut funktioniert. In der Kabine habe ich die ganzen verschwitzten Klamotten in einen Sack gepackt und zum Bus bringen lassen. Nach dem Spiel habe ich Kathrin, die nicht mehr das kleine Kind war, das ich kannte, sondern mittlerweile eine junge Frau, und Hein, mit dem ich in meiner Kindheit so viel Zeit verbracht hatte, dann am Stadion getroffen. Zwölf Jahre waren seit meiner Flucht vergangen. Viel Zeit hatten wir an diesem Abend leider nicht, da wir als Mannschaft gar nicht in Bratislava übernachtet haben, sondern nach dem Spiel zurück zum Flughafen oder sogar mit dem Bus zurück nach München gefahren sind. Als wir da am Stadion standen und uns unterhalten haben, meinte unser Busfahrer Norbert Eger plötzlich, dass wir die Gäste aus der DDR doch mit in die Stadt nehmen könnten. Da hatte er eine Idee! Ganz ehrlich: Wenn Kathrin, Hein und ihre Freunde im Bus sitzen geblieben wären, hätte das niemand mitbekommen. Wir hätten sie einfach mit über die Grenze nach Österreich genommen und die Reisegruppe wäre im Handumdrehen im Westen gewesen. Unser Bus, der von einer Polizei-Eskorte begleitet wurde, wurde nicht kontrolliert. Es hätte eine der entspanntesten Republikfluchten in der deutsch-deutschen Geschichte werden können. Ich verstand aber den Ernst der Lage. Diese Minuten von Bratislava waren für mich viel gefährlicher als die Stunden rund um die Flucht in Istanbul. Denn wenn ich meine kleine Schwester und meinen Bruder mit in den Westen genommen hätte, wäre ich ein toter Mann gewesen. Meine Mutter hätte einen Auftragskiller über die Grenze geschickt! Nein, ohne Quatsch, das hätte ich meiner Mutter niemals antun können. Stattdessen haben wir Kathrin, Hein und ihre Kumpels im Stadtzentrum von Bratislava die Trikots in die Hand gedrückt, die sie später in der DDR verhökert haben. Und ich habe sie zum Abschied herzlich gedrückt. Dass das nächste Wiedersehen da eigentlich schon zum Greifen nah war, hat keiner von uns ahnen können.

Mit der Trennung durch die innerdeutsche Grenze hatten wir uns zu dieser Zeit als Familie längst arrangiert. Uns ging es ja auch gut. Meine Eltern hatten mehr oder weniger das Rentenalter erreicht, der Vulkan in meinem Bruder Uwe war nicht noch einmal ausgebrochen und auch meine anderen Geschwister haben ihren Weg gemacht. Größere Repressalien von Seiten des Staatsapparates haben sie nicht zu spüren bekommen. Und ich habe im Westen mein Ding gemacht. Inzwischen war ich Familienvater, Hausbesitzer und Top-Verdiener. Ich war ein etablierter Bundesliga-Spieler, mit ein paar Meisterschaften und Pokalen im Trophäenschrank. Und ich habe mich mit meiner Freiheit wohl gefühlt.

War ich angekommen? Interessanterweise habe ich mich in der ganzen Zeit in der Bundesliga nie als Westdeutscher gefühlt. Ich bin im Geiste DDR-Bürger geblieben. Bis heute sage ich, dass ich ein Ossi bin, wenn mich jemand fragt. Obwohl ich seit meiner Flucht nie länger als ein paar Tage in Ostdeutschland verbracht habe. Du kannst zwar das Land verlassen, in dem du geboren wurdest. Aber das Land verlässt dich nicht. So könnte man das wohl ausdrücken. Es ist einfach so. Geäußert hat sich das auch schon in den 1980er-Jahren, wenn ich bei Sportwettkämpfen wie den Olympischen Spielen zuallererst nach den DDR-Athleten geschaut habe. Beim Fußball auch, aber da war das weniger relevant. Der Leistungsunterschied wurde auf Nationalmannschafts- und Vereinsebene ja nicht kleiner. Umso kurioser war dann die Situation, als hinter den Kulissen die Frage im Raum stand, ob ich Nationalspieler für die Bundesrepublik werden könnte. Ich selbst habe mich nie an dieser Diskussion beteiligt. Schön bescheuert, könnte ich heute sagen. Aber das wäre mir selbst gegenüber ungerecht, denn ich habe es einfach nicht anders gefühlt.

Aber: Wenn es nach Franz Beckenbauer gegangen wäre, hätte ich Weltmeister werden können. Tatsächlich mochte mich der Kaiser nicht nur als Mensch, sondern auch meine Spielweise. Und ich mochte ihn natürlich auch, wie jeder, der mit ihm etwas Zeit verbringen konnte. Wir kannten uns sogar recht gut, weil er in den 1980er-Jahren, wann immer er Lust hatte, beim FC Bayern München mit uns Profis trainiert hat. Einige Male stand er kurz nach Trainingsbeginn mit auf dem Platz, hat sich ein bisschen warm gemacht und war dann mit dabei. Die Zuschauer am Trainingsplatz, die es damals ja auch schon gab, auch wenn es nicht so viele waren wie heute, hat das damals nicht sonderlich interessiert. Oder besser gesagt: Die haben sich sicher gefreut und amüsiert, aber es ist nie ein großes Thema außerhalb des Trainingsgeländes der Säbener Straße geworden. Für die Journalisten galt das Gleiche. Der Ball wurde flach gehalten, wenn der Franz seine Zauberpässe spielte.

Wie gesagt, wir hatten ein sehr gutes Verhältnis. Auf allen Ebenen. Und so hat er, zwischen 1984 und 1990 in seiner Zeit als Teamchef, wohl immer mal wieder mit dem Gedanken gespielt, mich zur Nationalelf zu holen. Ganz konkret wurde es in der Phase vor der WM 1990 in Italien. Wegen meiner Vielseitigkeit hätte er mich wohl gern im Kader mit dabeigehabt. Ich habe das als Auszeichnung empfunden, aber ziemlich schnell wieder abgetan. Denn wie sollte das gehen? Ich hatte schon Auswahlspiele für die Junioren-Teams der DDR gemacht. Wie ich später erfahren habe, hätte es da vielleicht sogar regulatorische Schlupflöcher gegeben. Aus meiner Stasi-Akte war später zu erfahren, dass mir die DDR Mitte der 1980er-Jahre offenbar meine Staatsangehörigkeit aberkannt hatte. Außerdem war 1989 die Mauer gefallen, sodass im Sommer 1990 die Karten hätten neu gemischt werden können. Aber beim Deutschen Fußball-Bund (DFB) in Frankfurt stand das Thema Nachtweih-Berufung nie auf der Agenda. Ich weiß nicht, ob die Verantwortlichen die Auseinandersetzung vermeiden wollten, die in den 1980er-Jahren zwangsläufig hochgradig politisch geführt worden wäre. Oder ob es andere Gründe gab. Ich weiß es nicht, was vor allem einer Tatsache geschuldet war: Es hat mich persönlich überhaupt nicht interessiert.

In meiner Welt war ich kein Westdeutscher. Ich habe der Mannschaft immer die Daumen gedrückt. Keine Frage. Hätte sie aber wie 1974 bei der WM gegen die DDR-Auswahl gespielt, ich wäre für meine sozialistischen Brüder gewesen. Ohne Quatsch, ich konnte mich zu dieser Zeit nicht mit der westdeutschen Nationalmannschaft identifizieren, auch wenn ich alle Spieler kannte und viele, wie Andreas Brehme oder Klaus Augenthaler oder auch ihren Trainer Franz Beckenbauer sehr, sehr mochte. In meinem Kopf war ich DDR-Nationalspieler. Deshalb habe ich mich nie für eine Berufung vom DFB interessiert. Keine Ahnung, ob etwas in Gang gekommen wäre, wenn ich in Frankfurt Stress gemacht hätte. Die Unterstützung vom Kaiser oder auch von Uli Hoeneß wäre mir sicher gewesen. Aber ich wollte nicht. Ich war zufrieden, so wie es war. Schließlich hatte ich mir meinen Traum bereits erfüllt, ich hatte das größte Abenteuer meines Lebens schon geschafft: Ich war Bundesliga-Profi. Ich durfte da spielen, wo ich unbedingt spielen wollte. Mehr noch: Ich war ein Teil des besten deutschen Teams. Aber als Wessi fühlte ich mich nicht, vielmehr wie ein DDR-Repräsentant im Fußball-Westen. Wie ein sportlicher Botschafter der DDR-Oberliga in der Bundesliga. Ein sportlicher Gruß aus den Talentschmieden des Arbeiter und Bauern Staates. Der lebende Beweis, dass Träume wahr werden können und Politik nur halb so wichtig ist. In die Mannschaft mit dem Bundesadler gehörte ich jedenfalls nicht. Das hätte sich falsch angefühlt. Das Team feuerte ich lieber zu Hause auf der Couch an und habe mich, ohne jede Einschränkung, über all die späteren Erfolge gefreut. Aber ich hatte noch nicht einmal beim späteren WM-Triumph 1990 das Gefühl, etwas zu verpassen.

Verpasst, und das wiegt bis heute viel schwerer, hatte ich als Bayern-Spieler unstrittig den großen Erfolg im Europapokal der Landesmeister im Jahr 1987. Leider war es schwer, noch einmal so weit zu kommen. Denn in den Jahren vor der Einführung der Champions League war es ein Kunststück, diesen Vorgängerwettbewerb zu gewinnen. Das war noch viel schwerer als heutzutage. Denn ab der ersten Runde gab es K.o.-Duelle. Ein Spiel auswärts, ein Spiel zu Hause und Strich drunter. Mit Lospech konnte damals schon in den ersten Runden die Luft dünn werden.

Im ersten Jahr nach unserem Finaltrauma gegen Porto hatten wir anfangs allerdings Losglück: Gegen den bulgarischen Meister CFKA Sredrets machten wir schon mit dem 4:0 im Hinspiel alles klar. Im Achtelfinale gegen Neuchâtel Xamax aus der Schweiz mussten wir die 1:2-Hinspiel-Niederlage im Rückspiel ausbügeln. Aber das haben wir geschafft. Im Viertelfinale bekamen wir Real Madrid zugelost. Damals wie heute: ein echtes Brett. Im Hinspiel in München führten wir schon 3:0. Trotz Scheißwetter sah im Olympiastadion alles ziemlich gut aus. Anfang März fiel noch einmal ein bisschen Schnee und die Madrilenen hatten mit uns ihre Schwierigkeiten. Eigentlich war der Drops gelutscht, bis Auge ein bisschen überambitioniert einen Ball weggrätschte, den ich gut hätte klären können. Emilio Butragueno bedankte sich für die Vorlage und erzielte den Anschlusstreffer. Das war in der 85. Minute. Fünf Minuten später versenkte Hugo Sanchez einen Freistoß. Der Schuss war ein Witz. Ein bisschen mit Effet, aber nicht sonderlich hart hat der Mexikaner den Ball aus spitzem Winkel einfach auf die Kiste geknallt. Eine sichere Beute für Jean-Marie Pfaff. Aber unser Belgier ließ das Ding durchrutschen – 3:2, der komfortable Vorsprung war dahin. Im Rückspiel wurde es dann richtig unangenehm. Es machte die Geschichte die Runde, dass die Spanier am Abend vor dem Spiel im Kino waren. Sie haben wohl „Robocop" geschaut, während wir wegen mehrerer Bombendrohungen unser Mannschaftshotel räumen mussten. Der Film soll brutal sein. Und genau so haben sie gespielt, allen voran Sanchez. Der Mexikaner führte sich nach Spielbeginn gleich mit einem Tritt gegen die Brust von Jean-Marie ein. Er hat gespielt wie ein Mistkäfer. Am Ende haben wir das Rückspiel mit 0:2 verloren und waren damit im Viertelfinale ausgeschieden.

In unserem ersten Jahr unter Jupp Heynckes wurde Werder Bremen Meister. Da wir im Pokal-Viertelfinale beim HSV rausgeflogen waren, blieben wir titellos. Zudem verließen uns im Sommer 1988 Lothar Matthäus, Andreas Brehme, Norbert Eder und Jean-Marie Pfaff. Mit Lothar und Andy, die zu Inter Mailand gingen, gab es aber schon bald ein sportliches Wiedersehen. Sogar doppelt. Im September gab es für unsere beiden Nationalspieler ein Abschiedsspiel, das 2:2 ausging. Im November 1988 waren sie schon wieder im Olympiastadion, diesmal zum Achtelfinale des UEFA-Cups. Sie gewannen das Hinspiel mit 2:0. Eine Zu-null-Heimniederlage mit zwei Gegentreffern konntest du zu dieser Zeit gegen ein italienisches Top-Team eigentlich nicht mehr wettmachen. Zwei Wochen später haben wir aber genau das geschafft, und das bleibt für mich eine der besten Erinnerungen an meine Zeit beim FC Bayern München. Das Rückspiel im San Siro in Mailand war traumhaft. Auf der einen Seite wegen der Schönheit des Stadions, auf der anderen Seite war es ein ereignisreicher Abend. Das ging schon damit los, dass Uli Hoeneß, als er den Innenraum des Stadions betrat, von ein paar Tifosi mit allem Möglichen beworfen wurde. Im Kabinengang ging es dann nach der Partie rund: Ein paar Inter-Spieler hatten Jagd auf Auge gemacht und wollten ihm eine verpassen. Da war was los! Nur gut, dass sich Andy und Lothar rausgehalten haben. Unsere beiden früheren Mitspieler hatten sich in die Kabine verzogen, nachdem wir dort 3:1 gewonnen hatten. Wir waren wegen des einen Auswärtstores mehr eine Runde weiter. Ich erinnere mich aber tatsächlich auch an unser Spiel.

Die blitzsauberen Angriffe. Bis heute kann ich mich an viele Spiele sehr genau erinnern. Ich sehe konkrete Situationen wie in Zeitlupe vor mir, wenn ich mich darauf besinne. Als wären mir die Spiele ins Gedächtnis eingebrannt. An solche Abende wie in Mailand erinnere ich mich gern zurück. Die Videos, die mittlerweile im Internet von manchen Spielen zu finden sind, brauche ich dafür gar nicht.

In der Bundesliga lief es in der Saison 1988/1989 ganz gut. Sogar richtig gut. Als Mannschaft hatten wir die Spielidee von unserem Coach nun verinnerlicht. Heynckes wollte, dass wir die Gegner und das Spiel kontrollieren. Wir sollten uns nicht mehr nur um uns und unsere eigenen Qualitäten kümmern, sondern auch die Schwächen des Gegners ausnutzen. Erst im April verloren wir das erste Spiel, auswärts in Mönchengladbach. Allerdings war das die Begegnung vor dem Hinspiel im UEFA-Cup-Halbfinale gegen die SSC Neapel. Zu dieser Zeit war das nicht irgendein Gegner, sondern es war die Mannschaft des absoluten Weltstars Diego Armando Maradona. Vor fast 80.000 Zuschauern gingen wir in Italien aber leider leer aus. Wir verloren 0:2, obwohl wir eigentlich die bessere Mannschaft waren. Das Rückspiel wurde dann zur großen Maradona-Show. Schon vor dem Anpfiff. Diego machte beim Warmmachen unglaubliche Kunststücke, wie im Zirkus. Mit offenen Schuhen. Er jonglierte den Ball von Schulter zu Schulter, auf dem Oberschenkel, mit der Fußspitze. Das Olympiastadion war verzückt – und ganz ehrlich: ich auch. Was für ein Typ, dieser Maradona!

Im Rückspiel hatte ich es auf dem Fuß, das Duell in unsere Richtung zu drehen. Aber eine unserer größeren Torchancen hatte ich zu Beginn der Partie nicht genutzt. Aber es kam noch schlimmer. Ich hatte einen Maradona-Moment, den ich gern vermieden hätte. Nach einem Kopfball musste ich den Ball nur mit links wegschlagen. Haute aber darüber, wie in der Kreisklasse, sodass Maradona den Ball erlaufen konnte, einfach quer passte – und wir lagen 0:1 hinten. Damit nicht genug. Nach unserem Ausgleich durch Roland Wohlfahrt rannten wir weiter an. Hoch aufgerückt bei einem Angriff misslang mir ein Pass. Aber mal so richtig. Hansi Dorfner hatte mich im Lauf angespielt, ich wollte das Ding in den Sechzehner chippen. Spielte ihn aber einem Italiener in die Füße, der direkt steil auf Maradona passte. Hansi Dorfner versuchte noch, in den Zweikampf zu kommen, hatte aber keine Chance. Der Argentinier spielte den Ball in den Lauf von Careca, der nur noch Raimond Aumann vor sich hatte. Ich nahm die Beine in die Hand, sprintete diagonal über den ganzen Platz, um den Schuss zu verhindern. Aber ich kam zu spät. Aus der besten Zuschauerposition im ganzen Stadion sah ich, wie der Ball an Raimond vorbei im Tor landete. Am Ende stand es 2:2. Wir waren raus. Das war mein letztes Europapokal-Spiel mit den Bayern. Ein Spiel, das ich gern aus meiner Erinnerung tilgen würde.

Natürlich stürzte sich die Presse auf mich. Meine Fehler hätte jeder Schülerzeitungspraktikant erkannt. Also raschelte es mächtig im Blätterwald. Sachliche Kritik konnte ich immer wegstecken. Aber es war nicht alles sachlich. Zudem nervte es mich schon seit Monaten, dass ich von den Journalisten unfair behandelt wurde. An dem Tag, als mich Jupp Heynckes von der Libero-Position zurück auf den Verteidigerposten gestellt hatte, ging das los. Ich konnte auf dem Platz machen, was ich wollte. Es wurde einfach nicht mehr objektiv bewertet. Ablesen konnte ich das regelmäßig an den Schulnoten. Der *Kicker* und die *Bild*-Zeitung verpassten uns nach jeder Partie eine Note. Damals sagten wir Spieler öffentlich, dass uns das nicht interessiere – woran sich bis heute nichts geändert hat. Tatsächlich aber hat jeder darauf geschaut, wie er bewertet wurde – auch daran dürfte sich nichts geändert haben. Und an diesen Zensuren konnte ich ablesen, dass ich fast immer eine Schulnote zu schlecht wegkam. Im Vergleich zu meinen

Mitspielern, aber auch rein objektiv betrachtet. In mir wuchs das Gefühl, dass ich etwas ändern muss. Dass meine Zeit beim FC Bayern endet.

In dieser Phase hörte ich, dass Uli Hoeneß gerade den Wechsel von Johnny Ekström eintütete. Also ging ich zu ihm ins Büro und sagte: „Uli, ich habe keine Lust mehr." Erst kürzlich, beim Dreh für die NDR-Dokumentation, hatten wir darüber gesprochen, wie ungerecht ich mich von den Münchner Medien behandelt fühlte. Er schaute mich mit schnippischer Miene an und meinte: „War das so?" Den Schalk hat Uli immer noch im Nacken. Und dann hat er etwas gesagt, das mich sogar heute noch stolz macht: Er meinte, dass es nicht selbstverständlich gewesen sei, sieben Jahre am Stück beim FC Bayern München zu spielen. Als Stammspieler. Die meisten, die das geschafft haben, kamen aus Bayern und haben quasi ihr ganzes Leben bei den Roten gespielt. Aber für einen von außerhalb, aus Frankfurt oder gar aus dem Osten, sei das schon bemerkenswert.

Ganz ehrlich, ich bin Uli aus tiefstem Herzen dankbar. Denn als ich kam, ging er mit mir ein Risiko ein. Die 1,7 Millionen Mark, die ich damals kostete, waren Geld, das die Bayern eigentlich nicht hatten. Den Ruf, ein reicher Weltverein zu sein, das legendäre Festgeldkonto und die Sonderstellung im deutschen Fußball, all das gab es noch nicht. Das hat Uli erst durch seine Arbeit als Manager geschaffen. Und nicht auszudenken, wenn ich damals als nächster Rekordablösespieler nach Kalle Del'Haye auch nicht eingeschlagen hätte. Das hätte ihm um die Ohren fliegen können. Ich habe immer versucht, ihm dieses Vertrauen mit Leistung zurückzuzahlen. Druck hat er aber nie auf mich ausgeübt, im Gegenteil: Unser Umgang war immer freundschaftlich. Auch wenn er sauer auf mich war, weil ich abends mal unterwegs gewesen bin oder Mist gebaut habe, konnte er das voneinander trennen. Er hat mir immer vertraut. Er wusste, wenn es drauf ankommt, stehe ich auf dem Platz meinen Mann. Selbst mein organisatorisches Talent, was unsere lustigen und manchmal ausufernden Teamabende anging, wusste er zu schätzen. Weil er bis heute wie ein Spieler denkt und vielleicht auch, weil es ihm ganz recht war, dass wir den größeren Mist meist fernab von München angestellt haben. Und nicht zuletzt hat er mich aus der Sackgasse des Bauherrenskandals geholt. Nur mittels seiner Unterstützung bin ich mit einem blauen Auge davongekommen. Der Kerl hat das Herz auf dem rechten Fleck. Und der deutsche Fußball, speziell der FC Bayern München, hat ihm eine Menge zu verdanken.

Im Frühjahr 1989 hat er zu mir gesagt, dass er mich gern noch ein Jahr behalten würde. Aber meinen Wunsch hat er akzeptiert und für mich zum Abschied einen sensationellen Vertrag beim AS Cannes ausgehandelt. Im Paket mit Johnny ging es also nach Südfrankreich. Das nächste Abenteuer. Vorher musste aber noch einmal richtig gefeiert werden.

1989 habe ich zum letzten Mal eine deutsche Meisterschaft gewonnen. Die Entscheidung fiel unter der Woche. An einem Donnerstagabend haben wir beim 1.FC Köln gespielt. Die Tage davor ging es hoch her. Der junge Kölner Trainer Christoph Daum war ordentlich auf Krawall gebürstet und ging mit Uli Hoeneß im *Aktuellen Sportstudio* in den verbalen Infight. Daum hat sich da eine blutige Nase geholt. Hinzu kam, dass Udo Lattek als Sportdirektor der Kölner sicher auch zeigen wollte, dass es besser gewesen wäre, den Vertrag mit ihm zu verlängern. Letztlich haben wir in Köln nach drei Toren von Roland Wohlfarth 3:1 gewonnen. Die beiden entscheidenden Treffer erzielte er in den Schlussminuten. Das war ein Wahnsinnsfinale. Die Schale bekamen wir nach dem 5:0 gegen den VfL Bochum überreicht. Da saß ich schon nur noch auf der Bank, konnte also Körner für meine letzte Meisterfeier sparen. Sieben sensationelle Jahre in München, die mein Leben verändert haben, waren zu Ende. Was aber gut so war. Wobei ich nicht wusste, was mich nun erwartete.

Mauerfall am Mittelmeer

Einen ersten Eindruck von dem, was mich in Südfrankreich erwarten sollte, bekam ich allerdings schon bei der Vertragsunterzeichnung. Zusammen mit Johnny Ekström und einem Präsidiumsmitglied des FC Bayern München sind wir im Frühjahr 1989 nach Nizza geflogen. Mit dem Auto ging es weiter nach Cannes. Zu meiner Überraschung fand dann die Vertragsunterzeichnung nicht in einem miefigen Büro auf dem Vereinsgelände statt, sondern im Rathaus. Ganz großer Bahnhof, mit zahlreichen Fans und unglaublich vielen Journalisten. Dort wurde ich dann gefragt, was ich erwarten würde. So richtig wusste ich darauf keine Antwort zu geben, denn ich hatte mir vor dem Wechsel tatsächlich nicht viele Gedanken gemacht. Ich wusste nur, dass das Team eher im unteren Mittelfeld herumdümpelte. Aber ich kam noch ganz gut aus der Situation heraus, indem ich erwartbare Dinge gesagt habe: von wegen guten Fußball zeigen, erfolgreich oben mitspielen. Standardsprüche. Aber die Leute mochten das.

Als ich im Sommer mit meiner Familie aus Baldham nach Cannes zog, wohnten wir erst einmal in einem Hotel. Patricia, meine Frau, unsere beiden Kinder Dana und Sina sowie unser Schäferhund Kerry von der Weisenau. Kerry hatte ich schon seit meinen Frankfurter Tagen, er gehörte zur Familie. So war klar, dass auch das Hotel ihn akzeptieren musste. Was aber auch kein Problem war. Allein an solchen kleinen Dingen habe ich gemerkt, wie viel entspannter das Leben in Südfrankreich war. Da wir aber nicht ewig im Hotel bleiben wollten, ging es auf Wohnungs- oder Haussuche. Ziemlich spontan haben wir dann bei einer Art Reihenhaus zugegriffen. Es lag nah am Trainingsgelände, hatte einen riesigen Gemeinschaftspool für die Anwohner und war eher etwas Feineres. Aber uns gefiel es dann doch nicht so richtig, was schon mit der Schranke anfing, mit der wir vor der Außenwelt beschützt werden sollten. Wir schauten uns also noch einmal um, wobei uns Monsieur Jacques auf wunderbare Weise half. Er, der Monsieur, hieß gar nicht Jacques. Ich habe ihn die ganze Zeit in Cannes, in der er ein guter Freund wurde, nur so genannt. Jacques war ein deutscher Rentner, Fan des Vereins und sprachlich bewandert, sodass er mir zukünftig bei allen möglichen Angelegenheiten half. Und nett war er auch. Unzählige Male haben wir auf dem Marktplatz in Cannes zu Mittag gegessen. Es gab fantastische Fischplatten und hervorragenden Wein. Und gute Gespräche.

Es dauerte nicht lange, bis wir ein Traumhaus gefunden hatten. Ein alleinstehendes Haus, etwas oberhalb, direkt gegenüber vom Cap d'Antibes. Mit großer Terrasse, eigenem Pool und Blick auf die Bucht, auf dieses unverschämt blaue Wasser. Über die 3000 Mark Miete pro Monat musste ich nicht nachdenken, denn Uli Hoeneß hatte mir zum Abschied einen Vertrag mit Cannes ausgehandelt, der zum Zungeschnalzen war. Weil ich keinen eigenen Berater hatte, hat sich Uli um die Details gekümmert. Unter dem Strich war mein Gehalt siebenstellig. Ich glaube nicht, dass zu diesem Zeitpunkt in Deutschland viele Profis mehr verdient haben. Zumal im Vertrag geregelt war, dass für sämtliche Steuern, die aufgrund der Zahlungen anfielen, der Verein aufkommen sollte. Natürlich habe ich mich über die Summe gewundert. Der Klub hatte offenbar potente Sponsoren. Ich erinnere mich an die große Supermarktkette Leclerc, die bei uns mit drinhing. Dazu kam, dass der wichtigste Mann des Klubs aus Paris kam, wo er seine Geschäfte machte. Aber letztlich war es mir doch egal, woher die Kohle kam! Hauptsache, sie kam. Immer zweimal im Monat, ein Teil von dort, der andere Teil von woanders.

Sportlich war das Beste für mich, dass ich Libero spielen konnte. Das war großartig und hat auch sehr gut funktioniert. Die Truppe, die wir hatten, war zu meiner Überraschung auch ganz ordentlich. Der wichtigste Mann war Bruno Bellone. Er war 1984 mit Frankreich Europameister geworden und hatte im Finale gegen Spanien sogar ein Tor erzielt. Fünf Jahre später vergötterten ihn immer noch alle. Hinzu kam noch Yannick Stopyra, auch einer der 84er Europameister, der während der Saison von Girondins Bordeaux kam.

Insgesamt war die Division 1, wie die erste französische Liga damals hieß, gar nicht so viel schlechter als die Bundesliga. Die Top-Teams hatten ein ähnliches Niveau wie unsere Spitzenklubs. Einzig im Tabellenkeller dünnte es sich dann ein wenig aus. Aber die fußballerische Qualität war in Ordnung, auch wenn das öffentliche Interesse überschaubar war. Meistens hatten wir nur etwa 5000 bis 8000 Zuschauer. Zu absoluten Top-Spielen wie gegen den Erzrivalen Olympique Marseilles waren es 15.000. Viel mehr Plätze gab es in unserem Stadion aber ohnehin nicht. Wieso auch, es gab genügend andere Orte, um in Cannes die Zeit zu verbringen. Am Strand, in der Stadt oder in einem der tollen Restaurants auf der Croisette, dem Boulevard, der sich entlang der Mittelmeerküste erstreckt. Den meisten Leuten dort war Fußball auch herzlich egal. Nie, und damit noch seltener als in Deutschland, wurde ich dort angesprochen. Auch nicht von deutschen Touristen. Nicht im Café, nicht im Restaurant. Irgendwann war ich mir sicher, dass mich einfach niemand kennt. Und das war toll.

Große Touristenaufläufe habe ich aber ohnehin vermieden. Während der Filmfestspiele im Mai war ich kaum in der Stadt unterwegs. Auch am oder besser gesagt im Meer war ich eigentlich nie. Eine einzige Ausnahme habe ich mal für einen Freund aus Frankfurt gemacht: Dimitrios Papatakis. Der gebürtige Grieche hatte in der Schweiz sein Geld gemacht. Ihn kannte ich als Edel-Fan der Eintracht, der zu allen Heimspielen mit seiner Frau und zwei Hunden anreiste. Auch bei allen Europapokal-Auswärtsspielen war er dabei. Wir hatten uns knapp zehn

Jahre zuvor im VIP-Raum in Frankfurt kennengelernt. Als ich nach Cannes wechselte, meldete er sich bei mir und meinte, er würde dort regelmäßig Urlaub machen. Natürlich haben wir uns getroffen und Dimi zuliebe bin ich dann auch mal ins Meer baden gegangen. Er wäre im Leben nicht in irgendeinen Pool gesprungen. Für ihn gab es nur das Meer. Bei mir verhielt es sich genau umgekehrt: Wir hatten unseren eigenen Pool mit Blick auf die Bucht. Was sollte ich da im Meer?

Als Familie hat uns die Zeit auch gutgetan. Die beiden Mädchen haben sich sehr schnell an das neue Leben und die andere Sprache gewöhnt. Sie gingen dort zur Schule und in die Vorschule, sodass es nur ein paar Wochen gedauert hat, bis sie sich auf Französisch gestritten haben. Ich selbst hatte auch ein paar vom Verein organisierte Französisch-Stunden – aber das meiste habe ich im Alltag gelernt. Bei den Gesprächen mit meinen Mitspielern oder an den Nachmittagen mit Monsieur Jacques, bei den Einkaufstouren auf den Wochenmärkten mit Patricia.

Es war alles toll, aber dann gab es Anfang September 1989 plötzlich einen Schreckensmoment. Mir zog ein Schmerz vom Rücken über die Schulter bis hinein in die Brust. Ich dachte, es sei das Herz. Vielleicht eine Herzmuskelentzündung? Jedenfalls war ich überzeugt, dass es etwas Ernstes sei. Also habe ich die Leute im Verein informiert, dass ich sofort nach München zum Bayern-Mannschaftsarzt Hans-Wilhelm Müller-Wohlfahrt fliegen würde. Dort angekommen, hat mich der Mull am Rücken gepackt, einmal eingerenkt und das Thema war in zwei Minuten erledigt. Allerdings wollte Müller-Wohlfahrt meine Blutwerte untersuchen lassen. Er rief mich nach der Auswertung an und meinte: „Norbert, was ist mit dir los? Du bist drei Monate weg und hast unglaubliche Werte. Solche Werte hast du mit Mitte 20 nicht gehabt. Was machst du da unten?“ Keine Frage, das können nur die Sonne, der Fisch, der Wein und die Erholung gewesen sein.

Im Spätsommer 1989 bekam ich eine Nachricht aus Sangerhausen. Meine Schwester Jutta erzählte mir am Telefon, dass ihre Tochter Maja abgehauen sei. Mit ihrem damaligen Freund war sie in die Tschechoslowakei gefahren und hatte sich in die deutsche Botschaft in Prag geflüchtet. Ich sehe Hans-Dietrich Genscher noch auf dem Botschaftsbalkon in Prag, wie seine Ankündigung der Ausreise im Jubel der Massen untergeht. Maja war eine von denen, die im Garten der Botschaft standen und mit einem Sonderzug ausreisen durften. Was war da los?, dachte ich. Aus der Ferne konnte ich kaum glauben, was sich schon in den Wochen zuvor abzeichnete. Von den Demonstrationen, die von Leipzig ausgingen, hatte ich natürlich gehört. Allerdings erfüllte mich das eher mit Sorge. Viel häufiger als üblich saß ich damals vor dem Fernseher, um deutsche Nachrichten zu sehen. Ich fürchtete, dass es irgendwann eskaliert. Dass russische Panzer aufgefahren werden und es Tote gibt. Wenn ich an die Russen dachte, konnte ich mir kaum vorstellen, dass das friedlich bleiben würde.

Am Abend, als die Jungs in Berlin die Grenze aufgemacht haben, konnte ich es nicht glauben. Kurz nachdem Günter Schabowski bei der Pressekonferenz völlig unvorbereitet seinen Text von der sofortigen Reisefreiheit vorlas und die ersten Leute zu den Grenzübergängen gingen, nahm ich den Telefonhörer in die Hand. Ich musste „Torro“ sprechen. Jürgen Pahl, mit dem ich geflüchtet war. Ich hatte seine Frankfurter Nummer, doch seine Freundin oder Frau erklärte mir, dass er in der Türkei lebe. Klar, Jürgen spielte zu dieser Zeit bei Rizespor! Sie gab mir die Nummer seines Hotels, wo ich Jürgen auch erreichte. Er schlief schon und war noch ziemlich schlaftrunken, als ich ihn fragte: „Torro, haste schon gehört?“ – „Was‘n?“ – „Die Mauer ist gefallen.“ – „Häää?“ Wir konnten es beide nicht fassen.

Es war auch nicht zu fassen. Es war unwirklich, im Fernsehen die Menschen in Berlin über die Bornholmer Straße und die Bösebrücke gehen zu sehen. Später tanzten sie auf der Mauer am Brandenburger Tor. Alles ohne Panzer, ohne Tote. Ich saß in Südfrankreich und machte mir eine gute Flasche Rotwein auf.

In den folgenden Wochen ging es hoch her. Wegen des laufenden Spielbetriebs konnte ich nicht weg, aber ich organisierte die ersten Besuche. Als Erstes sind meine Eltern gekommen, kurz vor Weihnachten 1989. Im Haus hatten wir Zimmer vorbereitet und uns dafür entschieden, dass nicht alle auf einmal kommen sollten, sondern nach und nach. Wir hätten zwar genug Platz gehabt, aber so war es für alle besser. Denn gerade für meine Mutter war das Ganze mit einer immensen Aufregung verbunden. Ihre weiteste Reise war bis dahin die Zugfahrt nach Brünn gewesen. Jetzt ging es mit dem Flugzeug nach Nizza, wo ich sie abgeholt habe. Was für ein Kulturschock. Das war eine so dermaßen andere Welt. Während andere Ostdeutsche aus dem Mansfelder Land mit dem Zug oder dem Auto nach Bad Sachsa, Göttingen oder manche sogar nach Berlin gefahren sind, um sich das Begrüßungsgeld abzuholen und sich ein bisschen umzuschauen, landeten meine Eltern an der Mittelmeerküste. Für meine Mutter war das eigentlich zu viel, sie konnte anfangs auch gar nicht viel sagen. Mein Vater stand bei uns auf der Terrasse, vor dem Pool, den Blick aufs Mittelmeer gerichtet und packte alles in zwei Worte im Mansfeldischen Dialekt: „Na scheene!"

Am späten Abend zündete ich auf unserer Terrasse ein Feuerwerk. Ein paar Raketen, ein paar Böller. Meine Nachbarn und ganz Südfrankreich sollten wissen, dass es etwas zu feiern gibt. Das ging in meinem Fall aber etwas nach hinten los. Ein Böller explodierte zwischen meinem Vater und mir, recht nah an meinem Kopf. Das hat mich an diesem Abend mein Trommelfell gekostet. Aber was ist schon ein Trommelfell gegen die Freiheit, zusammen auf das Mittelmeer schauen zu können?

Nach meinen Eltern kamen sie alle. Ich organisierte und bezahlte die Flüge, übernachtet haben meine Geschwister und ihre Familien alle bei uns im Haus: mein Bruder Uwe mit Anita und ihrem Sohn, meine Schwester Jutta mit ihrem Mann, meine Schwester Kathrin mit ihrem Mann, mein Bruder Hein mit Frau. Zuvor hatte ich bereits meine Nichte Maja mit ihrem damaligen Freund zu Besuch. Beide waren vor dem Mauerfall über Prag geflüchtet und landeten über Hof in München. Aber dort kamen sie nicht zurecht. Maja mit ihrem Typen nicht, aber vor allem auch in der anderen Welt. Eine Welt, von der so viele träumten, aber deren Regeln und Gepflogenheiten sie nicht kannten. Am Mittelmeer besprachen wir, wie es weitergehen könnte. Und wie ich helfen könnte. Letztlich entschieden wir, dass ich sie nach Weihnachten in München abhole und sie wieder nach Hause bringe.

In Cannes packte ich nach Weihnachten unser Auto voll. Bis unters Dach. Was neben meiner Frau, den zwei Mädchen und unserem Hund noch an Weinflaschen und anderen Mitbringseln hineinpasste, kam mit. In München hatte ich bei einem alten Freund, der Autos vermietete, den größten Range Rover organisiert, den er hatte. Ein riesiges Schiff. Schließlich mussten auch Maja und ihr Freund noch mit hineinpassen, die nun offiziell ihre Flucht beendeten. In Thüringen fuhren wir über die Grenze. Die Anlagen standen noch alle, und auch die Beamten waren noch da. Wir mussten sogar kurz ranfahren und anhalten. Ich fragte: „Freunde, was wollt ihr noch?" Aber da durften wir schon weiter. Sorgen, dass es Ärger geben könnte, hatte ich nicht. Ein komisches Gefühl im Bauch hatte ich trotzdem dabei, einfach so über die Grenze zu fahren.

In den Tagen war es kalt. Es lag aber nur wenig Schnee, der das Grau in den Städten und Dörfern kaum bedecken konnte. Tatsächlich sind das die konkreten Erinnerungen, die ich noch habe: Wie grau das alles war!

In Sangerhausen brachte ich als Allererstes meiner Schwester Jutta ihre verlorene Tochter zurück. Dort saßen wir und redeten. Viel länger als gedacht. Bestimmt vier, fünf Stunden später als angekündigt, kam ich dann in Polleben an. Dort sahen die Häuser und Gebäude noch so aus wie vor meiner Flucht 1976. Oder besser gesagt: Fast alles sah schlechter aus als damals. Nicht nur der Putz bröckelte. Das Straßenpflaster, so schwere Schlackensteine, die für die Region üblich waren, türmten sich in der Straßenmitte wie zu einem Wall auf. Auf beiden Seiten ging es abwärts bis zum Bordstein, der mir unglaublich hoch erschien. Die Zeit schien hier stehengeblieben zu sein.

In unserer Straße standen sie alle draußen. Sie hatten offenbar schon Ewigkeiten vor dem Haus gewartet, um zu sehen, wann wir kommen. Der Empfang war herzlich, unheimlich herzlich. Auch bei meiner Mutter, die ich erst kurz vorher in Frankreich gesehen hatte, flossen die Tränen. 13 Jahre nach meiner Flucht aus der DDR war ich wieder zu Hause, was sich total unwirklich anfühlte. Natürlich habe ich mich gefreut. Klar, war es toll, genau hier meine Mutter zu umarmen, meine anderen Geschwister und auch alte Freunde und Nachbarn wiederzusehen. Aber irgendwie war ich auch ein wenig abgehärtet. In solchen Situationen kommt vielleicht etwas von meinem Vater in mir durch, der Zeit seines Lebens kaum Gefühle zeigen konnte. Er hat immer alles mit sich ausgemacht.

Als wir ins Haus gingen, gab‘s eine große Überraschung. Meine Mutter hatte offenbar die Telefonnummer von Burkhard Pingel, meinem besten Freund beim Halleschen FC Chemie, ausfindig gemacht und ihm Bescheid gesagt, dass ich komme. Burkhard hätte 1976 mit uns flüchten können, aber er entschied sich auf dem großen Basar in Istanbul dagegen. Nun saß er auf unserer Couch und wartete auf mich, um mich zu begrüßen. Peinlich war, dass ich Burkhard anfangs gar nicht erkannt habe.

Aber nach dem ersten Schreck freute ich mich sehr. Später kam auch „Torro“, der ebenfalls zum ersten Mal über Weihnachten wieder zu Hause war. Mein Mitflüchtling übernachtete sogar bei uns, und zusammen mit Burkhard planten wir einen Besuch in Halle. Wir wollten auch ein paar von unseren anderen Mitspielern wiedersehen.

Ein paar Tage später sind wir ins nur 30 Kilometer entfernte Halle gefahren. Die erste Station war das Casino am oberen Boulevard. Hier war die Vereinsgaststätte, die Verwaltung des Klubs, hier hatten wir bis zur Flucht gewohnt. Die Begrüßung dort war, ich sage mal, unterkühlt. Die Vereinsmitarbeiter waren überfordert. Viele waren auch schon nicht mehr da. Von denen, die geblieben waren, waren wohl die meisten überzeugte Gefolgsleute des DDR-Regimes, um das Mindeste zu sagen. In ihren Augen konnte ich sehen, was wir immer noch für sie waren: Vaterlandsverräter. Republikflüchtlinge, die ihnen nur Ärger gemacht hatten.

Vom Casino ging es den oberen Boulevard hinunter. Vorbei am Roten Ross, dem bekannten Hotel, am Kino entlang, über den Markt und dann links zur Palette runter. Das Einzige, was zu dieser Zeit in Halle farbig war, waren die Straßenbahnen. Der Rest war vollständig in dieses alles überdeckende und umfassende Grau gehüllt. Die Saale, die durch die Stadt fließt, trug eine Schaumkrone.

In der Palette kam unsere alte Truppe zusammen. Also der harte Kern. Die Jungs, mit denen wir früher Spaß hatten. Ich erinnere mich noch an HFC-Legende Wolfgang Schmidt, Dieter Strozniak und Holger Krostitz. Holger hatte nach meiner Flucht meine Position im Sturm eingenommen. Viele andere waren unserer Einladung nicht gefolgt. Aus unterschiedlichen Gründen. Dafür bin ich auch keinem böse gewesen. Zumal es auch in kleinerer Runde ein gelungener Abend war. Wir haben über die alten Zeiten gesprochen, über die Flucht und natürlich über den Fußball im Westen.

Die Jungs erzählten uns aber auch, wie sie die Tage, Wochen und Monate nach der Flucht erlebt hatten. Was sie aushalten mussten, als sich nach unserer Flucht die Parteifunktionäre und Stasi-Leute beim HFC die Klinke in die Hand gaben. Die Jungs erzählten uns auch, wie sie in den Gesprächen reagiert hatten. Dass sie gesagt hatten, dass „Torro" und ich es allein wegen des Lebenswandels nie im Westen schaffen würden. Dass sie selbst ihrem Vaterland nie den Rücken kehren würden. In diesem Zusammenhang kam auch die Geschichte von Bernd Bransch auf den Tisch, der in der Kabine einem Parteifunktionär erwiderte, dass wir keine Verbrecher seien. Jürgen und ich merkten, was die Jungs haben aushalten müssen. Was wir ihnen eingebrockt hatten. Und ich verstand, dass es allein deshalb vollkommen normal war, dass uns nicht jeder aus unserer alten Mannschaft mit offenen Armen empfing. Sicher war auch der ein oder andere neidisch auf die Möglichkeiten, die Jürgen und ich im Westen hatten, auf das, was wir erreicht hatten. Schließlich haben wir beide große Erfolge gefeiert. Nicht zu vergleichen mit dem Weg, den die Jungs in Halle gingen.

Nach der Palette sind wir noch durch die Stadt. Burkhard war noch immer mit seiner Freundin von damals zusammen. Ihre Freundin war einst meine Freundin. Burkhard und ich hießen nicht umsonst „die Zwillinge". Wir haben mehr oder weniger alles geteilt. Meine Ex-Freundin, die ich 1976 sitzen ließ, wohnte nun nur zwei Eingänge von Burkhard entfernt. Sollten wir dort klingeln? Ich entschied mich dagegen. Sie hatte in der Zwischenzeit geheiratet, hatte Kinder. Da wollte ich nicht reinplatzen und für Unruhe sorgen. Auch ihr hatte ich damals mit der Flucht sicher schon genug Ärger bereitet. Denn der Vater meiner damaligen Freundin war ein ziemlich hohes Tier bei der Polizei oder der Partei in Halle, so genau weiß ich das nicht mehr. Meine Flucht war für sie sicher nicht folgenlos geblieben.

Die Zeit mit den anderen und speziell mit Burkhard war schön. Aber es war auch nicht wie früher. Wahrscheinlich wäre das auch zu viel erwartet gewesen. Wir haben einfach vollkommen verschiedene Leben in unterschiedlichen Welten gelebt. Bis heute stehen wir noch lose in Kontakt, aber die enge Freundschaft hat meine Flucht nicht überstanden. Da ist einfach etwas kaputt gegangen.

Zurück in Polleben, Jahreswechsel 1989/1990. Eines Vormittags hatte ich eine dumme, fast folgenschwere Idee: Ich wollte mal zeigen, was der Range Rover so kann. Also fuhren wir in Polleben los in Richtung Hedersleben, in ein noch kleineres Dorf. Ich bog auf einen Acker. Mit im Auto waren mein älterer Bruder Uwe, meine Tochter Sina, meine Nichte Maja und mein Neffe Mario. Mario wollte auch mal fahren, auch wenn er zu diesem Zeitpunkt noch keinen Führerschein hatte. Aber fahren konnte er, wie alle Jungs auf dem Land. Und so fuhr er erst über das Feld, wo ich ihn ein wenig bremsen musste. Auf einem von Kirschbäumen gesäumten Feldweg, an denen wir uns als Kinder gern bedient hatten, fuhr er dann wieder etwas zu schnell – und zwar durch eine Senke. Der Wagen schaukelte sich auf, doch statt zu bremsen, erwischte er in der Senke das Gaspedal. Die Kiste brach aus. Ich hielt mich geistesgegenwärtig am Dach fest, hinten griff Uwe mit seinen starken Armen nach Sina. Wir flogen halb schräg durch die Luft frontal auf einen der Kirschbäume zu. An den Aufprall erinnere ich mich nicht mehr. Ich muss mindestens ein paar Sekunden weg gewesen sein. Und die anderen? Mario war in seinem Sitz zusammengesackt. Hinten war auch alles still. Und dann meldete sich zum Glück einer nach dem anderen. Wir sind ausgestiegen und waren bis auf ein paar Kratzer alle unverletzt. Das Monstrum von einem Auto hatte uns das Leben gerettet: Der Motorraum war komplett zusammengestaucht. Der Range Rover war ein einziger Schrotthaufen, aber wir, wir waren am Leben.

Was wäre das für eine Geschichte gewesen? Beim ersten Heimatbesuch tödlich verunglückt. Samt eigenem Kind und engen Familienangehörigen. Wie viele hätten an die Stasi gedacht? Nicht an meine Dummheit. Was war das für eine unglaublich dämliche Idee von mir! Zum Glück hatten wir an diesem Januartag im Jahr 1990 einen Schutzengel!

Wenig später kam ein Bauer vorbei. Er nahm uns mit, der Schrotthaufen blieb erst einmal an Ort und Stelle liegen. Ich rief dann erstmal meinen Freund in München an und fragte ihn, ob er gut versichert sei. Ich weiß nicht mehr, ob er es war. Sein Auto wollte er jedenfalls nicht zurückhaben, gleichwohl musste der Wagen da weg und am besten so unauffällig wie möglich. Schließlich sollte keiner erfahren, was wirklich passiert war. Was aber mit einem Auto machen, das wie ein Ufo auf den leicht verschneiten Feldern des Mansfelder Landes gelandet ist? In den ersten Nachwendemonaten waren auf den Straßen weiterhin vor allem Trabis und Wartburgs zu sehen, wobei es auch schon erste ausgediente West-Importe gab. Aber überdimensionierte Westkarossen aus dem Luxussegment bekam man hier selten zu Gesicht. Ich rief einen alten Bekannten in Halle an. Er organisierte einen Abschleppwagen und kümmerte sich um den Rest. Das lief alles ganz ohne Polizei. Als wäre nie etwas passiert. Gut, dass wir heute darüber lachen können. Nicht auszudenken, wenn jemandem etwas passiert wäre.

Am Abend war in Polleben Tanz. Da sind wir alle hin und haben unseren Schutzengel gefeiert. Ein paar Tage später wurden Patricia, die Kinder, unser Hund und ich von meinem Schwager aus Frankfurt abgeholt. Unseren Mietwagen gab es nicht mehr und unser eigener Wagen stand in München. Dann rief die Arbeit, und es ging wieder nach Südfrankreich.

Für den AC Cannes lief es ganz ordentlich. Wir gewannen öfter, als wir verloren, wobei wir allerdings am häufigsten unentschieden spielten. Wir waren eine klassische Tabellenmittelfeldmannschaft, weit weg von Gut und Böse. Allerdings waren wir in dieser Saison im Coupe de France gut unterwegs. Wir brauchten zwar auch gegen unterklassige Gegner nicht selten Verlängerungen und Elfmeterschießen, um in die nächste Runde zu kommen, schafften es aber so bis ins Viertelfinale. Dort trafen wir auf unseren Erzrivalen aus Marseille. Wir lieferten unseren 13.000 Zuschauern einen echten Kampf, mussten uns nach der Verlängerung aber mit 0:3 geschlagen geben. Aber halb so wild, schließlich war ich nicht nur zum Fußballspielen in Südfrankreich.

Dank Monsieur Jacques hatte ich auch eine neue Liebe entdeckt: den französischen Rotwein. Mit meinem deutschen Freund fuhr ich zu zahlreichen Weinmessen und Verkostungen. Ich begeisterte mich richtig für das Thema. Und so kaufte ich einige Weinbücher und beschäftigte mich intensiv mit den Sorten, den Reben, der Lagerung und natürlich auch mit dem Genuss. Für den Keller erstand ich drei große Weinschränke, sodass die Flaschen, die ich nach und nach kaufte, immer bei gleichbleibender Temperatur gelagert wurden. Im Nachhinein war das Quatsch, weil in unserem Keller auch so eine konstante Temperatur herrschte. Aber egal. Meine Sammlung wuchs: In der Spitze hatte ich sicher über 800 Flaschen. Darunter auch richtig teure. Eine davon habe ich später mal für 500 Mark an ein Spezialitäten-Restaurant in Frankfurt verkauft. Es ging mir aber nicht darum, richtig Geld damit zu machen. Das war eher so eine Flause. Aber eine schöne, zumal ich es genossen habe, mir zum Mittagessen einen kleinen, aber guten Tropfen zu genehmigen.

In den ersten Monaten nach der Wende meldete sich das DDR-Fernsehen bei mir. Sie wollten mich gern in Frankreich besuchen. Nach kurzer Überlegung habe ich dem zugestimmt – ich hatte nichts mehr zu befürchten. Das Team um Redakteur Wilfried Hark war auch supernett. Allerdings kamen sie an wie Friseure. Sie hatten zwar ihre Kamera dabei und den Kram für den Ton, sich aber sonst um nichts gekümmert. Da ich schon ein wenig in den Bergen wohnte, brauchten sie ein Auto, das ich ihnen dann am Flughafen gemietet habe. Die Kollegen waren ein, zwei Tage da. Wir haben auf der Terrasse gegrillt, das war nett. Kürzlich erst habe ich auf Youtube einen Schnipsel von einem der Interviews von damals gesehen, die wir in einem Restaurant geführt haben. Schon lustig, mich da mit 32 oder 33 Lenzen zu sehen und zu hören. Erzählt habe ich damals das Gleiche wie nach meiner Flucht und wie heute: Von wegen, dass es für meine Flucht keine politischen Gründe gab. Dass es mir in der DDR gut ging, dass ich von der Sportförderung profitiert hatte. Dass ich zeigen wollte, dass auch Spieler aus der DDR-Oberliga gut genug für die Bundesliga waren. Der Beitrag lief in der Sportsendung des früheren DDR-Fernsehens.

Von Journalisten wurde ich zu dieser Zeit häufiger besucht, so auch von Raimund Hinko. Er war der Bayern-Reporter der *Sport Bild* und hatte sicher auch mal Lust auf Südfrankreich. Wir haben unter anderem über das Thema WM-Nominierung gesprochen. Die Sache war damals vom Tisch, aber er bot mir an, mehr aus Flachs, doch bei den Verantwortlichen der DDR-Fußballnationalmannschaft nachzufragen, ob ich für sie nicht auflaufen könne. Die WM-Qualifikation hatte sie verpasst, aber Länderspiele fanden noch bis zum September 1990 statt. Allerdings winkten Nationaltrainer Eduard Geyer und wohl auch Matthias Sammer, wenn ich mich an ein späteres Gespräch mit Hinko richtig erinnere, nur ab: Sie wollten mich nicht mehr dabeihaben.

Für das eine System nicht konform genug, für das andere aber auch unpassend. Ich war also mitten zwischen zwei Welten. Allerdings hatte ich es mir dort gemütlich gemacht.

Mehr oder weniger am Pool verfolgte ich im Sommer 1990 die Fußball-Weltmeisterschaft in Italien. Das Turnier, an dem ich vielleicht hätte teilnehmen können. Dass es nicht so war, störte mich nicht. Aber es gibt Schlimmeres, als in den Halbzeiten der TV-Übertragungen in den heimischen Pool zu springen und dabei auf das Mittelmeer zu blicken. Außerdem freute ich mich sehr über den Erfolg der Mannschaft von Teamchef Franz Beckenbauer. Episch die Bilder, wie er nach der Siegerehrung im Olympiastadion von Rom allein über den Rasen lief.

Ein paar Tage nach dem Finale besuchte mich mein Freund Andreas Brehme. Der Siegtorschütze im Endspiel. Die Hamburger Schnauze, den nichts aus der Ruhe brachte – außer seine aufbrausende spanische Frau Pilar. Mit Andy spielte ich in Cannes bei einem Promi-Tennisturnier mit. Danach stießen wir auf den Weltmeistertitel an und waren dafür in einem der besonderen Schuppen der Stadt. Da war richtig großer Bahnhof. Denn neben dem Weltmeister und mir waren der Schauspieler Jean-Claude van Damme, der sich mit seinen Karate-Tiger-Filmen einen Namen gemacht hatte, und eine der Prinzessinnen von Monaco mit einem Gefolge aus Sicherheitsleuten dort. Inmitten solcher Stars und Sternchen tranken Andy und ich so manches Glas auf den WM-Sieg. Für meinen Freund und auch die anderen Kumpel wie Auge oder eben auch Franz Beckenbauer habe ich mich persönlich wahnsinnig gefreut. Ich hatte nie das Gefühl, dass mir da etwas durch die Lappen gegangen war.

Kaiser Franz habe ich dann ein paar Monate später persönlich getroffen. Er nahm nach dem WM-Triumph ein Angebot von Bernard Tapie an und wurde Trainer von Olympique

Marseille. Im September spielten wir dort. Marseille war schon wieder Tabellenführer, wir, wie üblich, rangierten irgendwo im Mittelfeld. Allerdings gewannen wir in Marseille mit 1:0, was von meiner Mannschaft und den Fans des AC Cannes schwer gefeiert wurde. Anders wird es auch nicht sein, wenn du eine WM gewinnst, dachte ich. Die beiden südfranzösischen Vereine waren furchtbar verfeindet: auf der einen Seite wir, die mit den goldenen Löffeln im Mund geboren worden waren; auf der anderen Seite Marseille, mit Jungs, die in den Slums aufgewachsen sind und in der Gosse kicken gelernt haben. Diese Geschichte liebten jedenfalls die Marseille-Fans, auch wenn in deren Team damals nur noch wenige Hafenarbeiter spielten. Ganz im Gegenteil, die Jungs haben auch alle ganz ordentlich verdient. Ich habe mich sehr gefreut, in den Katakomben Franz zu treffen. Bei der Gelegenheit habe ich ihm persönlich zum WM-Erfolg gratuliert.

Meine zweite Saison in Cannes begann etwas problematisch. Dies lag im Besonderen an einer Personalie: Luis Fernandez. Er war auch so ein französischer Fußball-Nationalheld. Und er war sich dessen sehr bewusst. Offenbar hatte er sich nun in den Kopf gesetzt, Libero zu spielen. Da er einen guten Draht zu unserem Präsidenten hatte, erhielt er aus der Chefetage Unterstützung. Dies führte anfangs dazu, dass ich erst einmal gar nicht mehr eingesetzt wurde. Dann wurde ich zwar wieder aufgestellt, spielte aber nicht mehr als Libero. Dann war ich wieder raus aus der ersten Elf. Ich habe mir aber nichts zu Schulden kommen lassen. Vielmehr habe ich gut trainiert und auch meine entspannte Mittelmeerlaune nicht verloren. Dennoch war klar, dass sie mich loswerden wollten. Eines Tages haben sie mir ein Angebot aus Tel Aviv vorgelegt, das ich mir aber gar nicht anschauen wollte. Meines Wissens flogen da die Bomben. So etwas wollte ich nicht mit dem Leben tauschen, das ich damals in Südfrankreich führte.

Die Lösung war, dass ich ab Dezember für die zweite Mannschaft spielte. Dritte französische Liga. Die Truppe dort war auch ganz in Ordnung, da waren ein paar gute Talente dabei und ich konnte mit meiner Erfahrung vorangehen. Interessanterweise hatte sich an meinen Bezügen nichts geändert. Ich habe also verdient wie ein Top-Star, aber nur noch drittklassig gespielt. Es hätte mich schlimmer treffen können. Oft spielten wir in einem kleinen, irgendwo weiter draußen gelegenen Stadion. Danach sind wir zum Spiel der ersten Mannschaft gefahren und haben uns dort auf die Tribüne gesetzt. Dort kamen dann tatsächlich einige Zuschauer auf mich zu: „Oh Norbeeer, ca va?“ Aber mir ging es gut. Ein Problem hatte ich damals mit der Situation nicht, schließlich wollte der Verein das ja so. C’est la vie!

Sogar das Nationalmannschaftstrikot durfte ich in dieser Zeit einmal tragen. Didier Sixt, der für den VfB Stuttgart gespielt hatte, organisierte zu seinem Abschied so eine Art privates Länderspiel zwischen Frankreich und Deutschland. Eingeladen waren Spieler aus der Bundesliga und Frankreich. Ich sollte für die deutsche Auswahl spielen, die in original Nationalmannschaftstrikots auflief. Also trug ich es doch einmal, das weiße Dress mit dem Bundesadler, ohne dass es mein Leben veränderte.

Eines der Talente in der Zweiten beim AS Cannes war der damals 18-jährige Zinedine Zidane. Er pendelte zwischen den Profis und der zweiten Mannschaft. Obwohl ich gut in beiden Teams integriert war und passabel Französisch sprach, habe ich mich mit ihm, wenn ich mich richtig erinnere, nicht ein einziges Mal ernsthaft unterhalten. Wir haben uns begrüßt und einen schönen Tag gewünscht. Aber mehr tatsächlich auch nicht, was nicht an mir lag. Zidane war damals ein unsicherer, in sich gekehrter, pickeliger Jungspund. Er war ein Einwandererkind, kam aus einem der Außenbezirke von Marseille. Außerhalb des Platzes hatte er aber zu dieser Zeit keinerlei Präsenz, er schien nullkommanull Körperspannung zu haben. Er wirkte immer müde, wie abwesend. Wie im Dämmerschlaf. Auf dem Platz war es ein wenig besser, aber er spielte alles andere als überragend. Zugegeben, er hatte einen feinen Fuß, durfte auch ein paar Standards treten. Aber ihm fehlte es an Tempo und Biss. Dass er einmal eine Weltkarriere machen würde, war damals nicht im Geringsten vorherzusehen. Letztlich ist er mein bestes Beispiel für junge Spieler, die im Nachwuchsfußball aussortiert werden oder sich schwertun, sich im Männerfußball durchzusetzen. Du musst einfach an dir arbeiten. Und du musst dich auch immer wieder durchbeißen. In Situationen durchziehen, in denen du dich kein bisschen wohl fühlst. Wo du am liebsten wegrennen möchtest. 1992 ist Zidane von Cannes zu Girondins de Bordeaux gewechselt und hat zwei Jahre später sein Debüt in der Nationalmannschaft gegeben. Weil er das Kämpfen gelernt hat, was seine technischen Fähigkeiten erst zur Entfaltung hat kommen lassen. Wie gesagt, wir waren nicht befreundet, aber seinen Weg habe ich immer verfolgt.

Im letzten Jahr in Cannes lernten wir auch die Schattenseiten unseres Domizils kennen. Es ist ja klar: Wo viele Reiche sind, sind auch die armen Teufel nicht weit. Von unserem Garten aus hatten wir schon länger beobachtet, wie Jugendliche nach ihren Raubzügen vom Touristenstrand in der Innenstadt zurückkamen und im Schutz des Gestrüpps bei uns am Hang das Diebesgut aufteilten. Machen konnten und wollten wir da nichts. Von Monsieur Jacques hatte ich längst auch den Tipp beherzigt, dass es in Frankreich töricht wäre, ein zu teures Auto zu fahren. Zum einen parken viele ein wie beim Autoscooter, zum anderen darf es für Langfinger nicht zu interessant sein. Also fuhren wir nur einen Suzuki Jeep. Einen unspektakulären Wagen, der für uns aber ausreichte und für Diebe offenbar nicht interessant war. Eines Tages kamen wir aber von einem Ausflug zurück und sahen, wie die Türen und Fenster des Hauses offenstanden und unsere Gardinen im Wind flatterten. Die Einbrecher hatten sich im Haus ordentlich bedient: Bargeld, Schmuck und die Stereo-Anlage. Alles, was annähernd wertvoll aussah und weggetragen werden konnte, war weg. Zwar hat die Versicherung den Schaden anstandslos ersetzt, allerdings fühlten wir uns hier nun nicht mehr sicher. Fortan haben wir es vermieden, zusammen zur gleichen Zeit weg zu sein. Der Einbruch hat etwas mit uns gemacht.

Mein letztes Spiel für den AS Cannes bestritt ich Anfang Dezember 1990. In dieser Saison wurde Marseille unter Franz Beckenbauer Meister und mein Klub qualifizierte sich überraschend als Vierter für den UEFA-Cup. Ein Erfolg, zu dem ich nicht mehr viel beigetragen hatte. Eine echte Zukunftsperspektive gab es für mich auch in der nächsten Saison nicht, sodass ich mich im späten Frühjahr mit den Verantwortlichen auf eine Auflösung des Vertrags einigte. Eine klassische Win-Win-Situation: Ich lag einerseits dem Verein als teurer Spieler nicht mehr auf der Tasche, andererseits war ich als ablösefreier Spieler eine interessante Option auf dem Markt. Und so kam es, dass sich erfreulicherweise ein alter Bekannter am Telefon meldete: Dieter Hoeneß, der damals Manager beim VfB Stuttgart war.

Für uns als Familie hieß es Koffer packen. Au revoir sagen. Es bleibt die Erinnerung an eine tolle Zeit mit meiner Familie. Mit den Kindern. Es war eine Zeit, in der Fußball mal nicht das Allerwichtigste gewesen ist. Eine Zeit, in der wir das Leben gemeinsam genossen haben. Diese zwei Jahre waren auch die entspannteste und schönste Phase in unserer Ehe. Aber nun ging es zurück nach Deutschland und es musste noch einiges geklärt werden. Ich hatte zwar keine Leichen im Keller, aber über 800 Weinflaschen. Der Verkaufswert hat sicher so bei 40.000 oder 50.000 Mark gelegen. Also schon eine Menge. Musste ich dafür Zollgebühren bezahlen? Darum hatte ich mich kein bisschen gekümmert. Nach kurzer Überlegung habe ich den Kollegen vom Umzugsunternehmen gesagt, dass sie die Kisten mit den Weinflaschen in die Mitte der Ladefläche stellen sollen und die Möbel drum herum. Ich hoffte, dass das schon gut gehen würde. Und das ging es dann auch. Wegen etwas ganz anderem bekam ich allerdings Jahre später unerfreuliche Post aus Frankreich. Es ging um die Besteuerung meines Einkommens. Da in meinem Vertrag vereinbart war, dass sich allein der Klub um die anfallenden Steuern kümmert, wähnte ich mich fein raus. Die können mich mal, dachte ich. Sollen sie sich doch die Kohle vom Verein holen, so wie wir es vereinbart hatten! Es folgten ein paar böse Briefe. Das Ende vom Lied ist, dass in Frankreich offenbar ein Haftbefehl gegen mich vorliegt. Schade, aber Urlaub mache ich inzwischen ohnehin viel lieber in Dänemark. Um Frankreich mache ich seither lieber einen großen Bogen.

FEHLERKETTE

Fehlentscheidung

Frankfurt, München, Cannes. Und Stuttgart. Danach sah es im Frühjahr 1991 aus. Eigentlich war nach dem ersten Telefonat mit meinem alten Kumpel Dieter Hoeneß schon alles klar. Der VfB suchte einen neuen Libero. Ich suchte einen neuen Verein und war immer noch topfit, obwohl ich in den zurückliegenden Monaten nur in Cannes zweiter Mannschaft gespielt hatte. Das Angebot aus Stuttgart war reizvoll. Vor allem sportlich, aber finanziell war es auch in Ordnung. Mit Patricia hatte ich schon überlegt, ob wir als Familie nicht zurück nach München gehen, wo es uns in meiner Bayern-Zeit ausgesprochen gut gefallen hatte. In Stuttgart wollte ich dann vielleicht für zwei, drei Nächte pro Woche ins Hotel gehen oder eben die 200 Kilometer pendeln.

Ich flog nach Stuttgart, um mir alles anzuschauen. Dieter Hoeneß erwartete mich. Vor Ort sprach ich mit Trainer Christoph Daum und hörte mir seine Pläne an. Das klang alles gut, vollkommen überzeugend. Daum wollte mich als Libero. Matthias Sammer, den früheren Dresdner, hätte er stattdessen lieber ins Mittelfeld beordert. Eike Immel stand im Tor, Guido Buchwald in der Abwehr. Ludwig Kögl war schon 1990 von Bayern München dorthin gewechselt. Mit Maurizio Gaudino gab es im Team einen kreativen Kopf – und Autonarr. Im Sturm spielte mit Fritz Walter ein verlässlicher Knipser. Alles in allem war das eine richtig gute Mannschaft, die Ende der Saison sogar Deutscher Meister werden sollte.

Wahrscheinlich wäre ich also ein fünftes Mal Meister geworden, wenn nicht wenige Tage nach meinem Abflug aus

Stuttgart abermals mein Telefon geklingelt hätte. Der nächste alte Bekannte war am Telefon: Bernd Hölzenbein. Es hatte sich längst herumgesprochen, dass ich in Cannes zum Saisonende meinen Vertrag aufgelöst hatte und folglich auf dem Markt war. Dass ich in den vergangenen Monaten nur noch unterklassig am Mittelmeerstrand gekickt hatte, spielte keine Rolle. Offenbar wussten alle Beteiligten, wen und was sie wollten. Zumindest ging ich davon aus.

Natürlich hatte ich für Holz ein offenes Ohr. Als ich in Frankfurt spielte, waren wir zeitweise sogar Zimmergenossen. Er fragte mich, ob ich mir vorstellen könnte, der Eintracht zu helfen? Natürlich konnte ich! Meine Frau Patricia kam aus Frankfurt. Wir beide liebten die Stadt – wenn auch auf unterschiedliche Art und Weise. Unsere große Tochter Dana wurde dort geboren. Das Angebot von der Eintracht war auch gut. Und selbstverständlich rostete auch die Liebe zu meinem ersten Bundesligaverein nicht. Obwohl seit der Flucht und dem Einstieg über die Eintracht-Amateure 15 Jahre vergangen waren. Ich sagte zu.

Ein weiteres Argument war Dragoslav Stepanovic. Stepi war im Juni 1976 von Roter Stern Belgrad zur Eintracht gekommen. Also ein paar Monate vor Jürgen Pahl und mir. Er hatte damals auch im Hotel Klein in Enkheim gewohnt und er war ein lustiger Vogel. Immer schon ein bisschen schräg, aber ungemein lustig. Nun war Stepi Trainer. Bernd Hölzenbein hatte ihn aus dem Hut gezaubert. Als Trainer hatte Stepi bis dahin überschaubare Erfolge gesammelt. Zuletzt war er beim Oberligisten Eintracht Trier. Es hieß, Stepi spiele sogar noch ab und an mit. Aber das war mir alles egal, ich war davon überzeugt, dass wir gut klarkommen würden. Dem war allerdings nicht so. Vom ersten Tag an hatte mich Stepanovic auf dem Kieker. Immer wieder musste ich aus unerfindlichen Gründen Extrarunden laufen. Während die anderen Torschüsse und Spielformen trainierten, drehte ich meine Runden. Mehr fiel unserem Coach nicht ein. Angeblich sei ich nicht fit gewesen, was aber Unfug war. Dementsprechend spielte ich anfangs auch nicht, und schon gar nicht als Libero. Auf dieser Position war bei der Eintracht Manfred Binz gesetzt, der das richtig gut machte. Mir schwoll zusehends der Kamm. Ich konnte nicht verstehen, weshalb sie mich nach Frankfurt geholt hatten, wenn doch der Trainer offensichtlich ein Problem mit mir hatte. Dann hätte ich auch nach Stuttgart gehen können, wo mir der rote Teppich ausgelegt worden war.

Ich trainierte aber weiter ernsthaft mit, sodass Stepi nicht an mir vorbeikam und mich schließlich im rechten Mittelfeld einsetzte. Am 8. Spieltag feierte ich mein Bundesliga-Comeback für die Eintracht gegen die Stuttgarter Kickers. 14.000 Zuschauer waren im Waldstadion Zeuge, wie wir die Blauen aus Stuttgart mit 6:1 abfertigten. Beim nächsten Heimspiel gegen den 1. FC Nürnberg war ich wieder von Anfang an dabei und spielte beim 2:2 durch. Nachdem ich auch im UEFA-Cup gegen Spora Luxemburg mit dabei war und dann in der Startaufstellung beim Auswärtsspiel in München stand, dachte ich, ich hätte es geschafft. Zwar nicht als Libero, aber immerhin als Stammspieler.

Unsere Mannschaft war richtig gut. Wir hatten Uli Stein im Tor, in der Abwehr spielten Manni Binz, Uwe Bindewald, im Mittelfeld Uwe Bein, Jay Jay Okocha, vorn Anthony Yeboah, Jörn Andersen, Edgar Schmitt oder Axel Kruse. Da war was drin. Aber mit mir hatte Stepi weiterhin Schwierigkeiten. Im Olympiastadion gegen die Bayern wechselte er mich nach der ersten Halbzeit aus. Ich verstand die Welt nicht mehr.

Nach der Auswechslung in München kam ich noch einmal zu einem Einsatz für die Eintracht: beim UEFA-Cup-Zweitrundenspiel im belgischen Gent. Ein paar Minuten vor Schluss wurde ich für Uwe Bein eingewechselt. Im Nachgang wurden die Spannungen zwischen Stepanovic und mir immer größer, bis mir ein paar Wochen später bei einer Mannschaftsfeier in Wiesbaden der Kragen platzte. Ich konnte mich kaum noch zügeln und habe ihm alles Mögliche an den Kopf geschmissen: „Blender", „Blinder", „Idiot", „Arschloch" und „blöde Sau" waren noch die gängigsten Beleidigungen, die mir einfielen. Mit Schimpfworten habe ich in den paar Minuten der Auseinandersetzung nicht gerade gegeizt. Das waren alles schlimme Worte. Aber es musste raus.

Am nächsten Tag hatte nicht nur die Presse davon Wind bekommen, auch im Klub wusste man Bescheid. Und so wurde ich zum Gespräch mit Vizepräsident Bernd Hölzenbein, der hinter den Kulissen quasi als Manager oder aus heutiger Sicht als Sportdirektor agierte, und unserem offiziellen Manager Klaus Gerster gebeten. Die kannten im Unterschied zu Stepi auch jedes Schimpfwort, das ich benutzt hatte. Klaus Gerster wollte, dass wir meinen Vertrag sofort auflösen. Aber da schaltete sich Holz ein und sagte: „Nein, das machen wir nicht. Den Norbert schmeißen wir hier nicht raus. Er hat genug für den Verein getan."

Holz dachte dabei nicht nur an meine Leistungen während meiner ersten Eintracht-Jahre, sondern auch an die Höhe der Ablöse, die Bayern München für mich gezahlt hatte. Natürlich spielte auch unsere Freundschaft eine Rolle. Klar war aber dennoch, dass es eine Trennung geben musste. Aber eine elegante. Zu der kam es durch eine Anfrage von Waldhof Mannheim, damals Zweitligist in der Südstaffel.

Zwischen Stepi und mir war das Tischtuch zerschnitten. Jahrelang haben wir nicht mehr miteinander gesprochen. Ehrlich gesagt, komme ich heute noch auf Temperatur, wenn ich an diese Zeit zurückdenke. Denn wie mein Abschied von der Eintracht über die Bühne gegangen war, war beschissen. Selbstverständlich waren in erster Linie meine verbalen Entgleisungen daran schuld. Aber eben auch seine dämliche Art, mit mir über

Monate umzugehen. Wenn er damals gesagt hätte, was Sache ist, wäre es nie dazu gekommen. Mir wurde dabei aber auch vor Augen geführt, wie oberflächlich dieser Fußball sein kann. Wie ein, zwei gute Sprüche oder ein gewisses Auftreten in Verbindung mit ein paar Kontakten ausreichen, um in der Fußballwelt Karriere zu machen. Ich will Dragoslav Stepanovic nicht zu nahe treten: Aber als Bundesliga-Trainer war er nicht geeignet. Dafür war er nicht gemacht. Um mal einen Blick hinter die Kulissen zu gestatten, kann ich eine kurze Geschichte erzählen: Stepi zeichnete vor einer Partie eine Aufstellung an die Tafel. Eine Aufstellung, die nicht ganz unproblematisch war. Denn sie bestand aus 13 Spielernamen. Als der Erste sich meldete und anmerkte, dass zwei Spieler zu viel aufgestellt waren, reagierte Stepi sofort: „Gut, dann bleibst du draußen." Wie er den zweiten gestrichen hat, weiß ich nicht mehr. Vermutlich ist das im Gelächter untergegangen. Im Team hatten wir schon überlegt, mal eine solche Mannschaftsbesprechung auf Video aufzuzeichnen, was wir aber nicht gemacht haben. Ganz ehrlich: Es war schwer, mit dem Trainer Stepanovic respektvoll umzugehen. Und damit meine ich ausdrücklich den Trainer, nicht den Menschen Dragoslav Stepanovic. Denn der Mensch war und ist einer, mit dem man gut zurechtkommen kann.

Heute sehen wir uns tatsächlich wieder ab und zu. Zu festlichen Anlässen bei der Eintracht oder zu Spielen der Traditionsmannschaft. Denn dort kicke ich mit seinem Schwiegersohn Slobodan Komljenovic, der für die Eintracht 160 Bundesliga-Spiele gemacht hat. Ich unterhalte mich auch mal smalltalkmäßig mit Stepi. Vor einiger Zeit fing er mal damit an, über unsere Zeit im Hotel Klein zu scherzen. Aber ganz ehrlich, da gehe ich nicht weiter drauf ein. Und sich mit ihm ernsthaft über unsere Schwierigkeiten im Herbst 1991 zu unterhalten, wäre heutzutage, so wie ich ihn erlebe, auch völlig sinnlos. Das Thema ist abgehakt. Oder wie Stepi so schön sagte: „Lebbe geht weiter."

Allerdings, woanders. Am Ende muss ich sagen, dass es allein mein Fehler war, unter den damaligen Umständen zur Eintracht zurückzugehen. Ich hätte zum VfB Stuttgart wechseln sollen. Punkt.

Kaum war ich von dem einen Tisch in der Eintracht-Geschäftsstelle aufgestanden, saß ich im November 1991 an einem anderen. Im Frankfurter Crest-Hotel in Sachsenhausen. Dorthin hatte mich Richard Wirth, der Waldhof-Manager, eingeladen. Richard war ein Manager alter Schule. Ein richtiges Urviech: „Was willst du verdienen?" – „10.000 Netto." – „Alles klar." So ungefähr lief die Vertragsverhandlung. Das gesamte Gespräch im Hotel hat keine halbe Stunde gedauert. In dieser Zeit war alles Wesentliche besprochen. Der Vertrag existierte also erst einmal nur mündlich. Aber für mich war das vollkommen okay. Damit meine ich auch die Gehaltseinbußen. Denn eigentlich hatte ich ein halbes Jahr zuvor noch ein Millionengehalt bekommen. Aber 10.000 Netto fand ich für die Zweite Liga angemessen. Ich wollte auch nicht pokern. Genauso wenig hatte ich Bock, nun irgendwelchen Erstligisten hinterherzurennen. Schließlich war ich schon 33 Jahre alt.

Die zweite Saisonhälfte bei Waldhof lief super. Wir waren oben mit dabei und wären um ein Haar aufgestiegen. Währenddessen schenkte die Eintracht am letzten Spieltag der Saison 1991/1992 beim bereits feststehenden Absteiger Hansa Rostock die Meisterschaft her. Gefeiert haben die Schwaben. Also diejenigen, die mich im vergangenen Sommer unbedingt haben wollten. Eine kuriose Situation: Während über die Eintracht die ganze Bundesliga lachte und der VfB aus Stuttgart die Meisterschaft feierte, saß ich im Mannschaftsbus des SV Waldhof Mannheim. Auf dem Weg zum letzten Zweitliga-Spiel der Saison beim FC Carl Zeiss Jena hörten wir die Bundesliga-Konferenz. Ich vergrub mich in meinem Sitz. Vor dem Fenster flogen die Landschaften nur so vorbei, die Bundeskanzler Helmut Kohl zum Blühen bringen wollte. Ich war hin- und hergerissen: Den Spielern der Eintracht gönnte ich natürlich die Meisterschaft. Von Herzen. Außerdem hatte das Team eine überragende Saison gespielt. Auf der anderen Seite hätte ich es nicht wahrhaben wollen, dass so ein Trainer wie Dragoslav Stepanovic in der Bundesliga tatsächlich Meister wird.

Die Eintracht verlor im Ostseestadion. Stepi sagte seine berühmten Worte über das Leben, das immer weitergeht. Allein das hat ihn unsterblich gemacht. Und wir verloren einen Tag später im Ernst-Abbe-Sportfeld mit 2:3 gegen Jena. Gern wäre ich mit dem SV Waldhof in die Bundesliga zurückgekehrt, aber wir waren zu grün. Einige von uns haben sich vor den entscheidenden Spielen regelrecht in die Hose gemacht. Dabei war die Mannschaft gut. Bei einem Testspiel in der Rückrunde hatten wir sogar gegen den VfB Stuttgart, die mit voller Kapelle spielten, ein 1:1 geholt. Die Schwaben haben nicht schlecht gestaunt. Ich nutzte die Gelegenheit, um mich persönlich bei Dieter Hoeneß für den geplatzten Transfer zu entschuldigen. Dass der Anruf von der Eintracht für mich alles verändert hatte, hat er natürlich verstanden.

Ich hatte damals sogar das Angebot, in die frühere DDR zu gehen. Rot-Weiß Erfurt hätte für Zweitliga-Verhältnisse auch gut gezahlt. Aber darauf hatte ich ehrlich gesagt überhaupt keinen Bock. Ich war sehr gern zu Besuch bei meiner Familie, aber meist auch schnell wieder weg. Scherzhaft haben wir gesagt: So viele Jahre durften wir uns nicht sehen, jetzt kommen wir nicht mehr dazu. Natürlich habe ich nach der Wende meine Familie weiter unterstützt. Bei einem meiner Besuche habe ich mal einen Scheck über 20.000 Mark dagelassen, mit denen meine Eltern das Haus noch einmal grundlegend modernisieren konnten. Das Dach musste damals gemacht werden und auch die Sanitäranlagen waren mit dem Plumpsklo im Hof weder Weltniveau, noch entsprachen sie West-Standard. Finanziell zu helfen, fiel mir leicht. In den beiden Jahren in Frankreich hatte ich unverschämt gut verdient, außerdem war es für mich selbstverständlich, meine Familie auch weiterhin zu unterstützen. Meine Eltern und Geschwister sollten es gut haben.

Zur neuen Saison blieb ich in Mannheim. Inzwischen hatte ich in der Mannschaft und in der Stadt längst Fuß gefasst. Eigentlich wollte ich pendeln, schließlich brauchte ich von unserem neuen Wohnort in Frankfurt-Bruchköbel nur etwa eine Stunde. Aber die tägliche Fahrerei wurde mir schnell lästig. In Mannheim freundete ich mich mit einem Griechen an, der ein Restaurant besaß und ein Hotel führte. Oft bin ich unter der Woche einfach dortgeblieben.

Mannheim selbst ist keine Perle wie Cannes, besitzt aber einen schönen Stadtkern. In den Planken heißt das. Dort gab es ein paar gemütliche Kneipen und auch die Diskos waren ganz ordentlich. Zur regelmäßigen Freizeitgestaltung mit meinen Teamkollegen gehörte nun auch wieder das Billardspielen. In Mannheim gab es mehrere Orte, wo man richtig gut spielen konnte, wo es sehr gute Tische, beste Beleuchtung und kühles Bier gab. Schon 20 Jahre zuvor hatte ich gern Billard gespielt. Damals noch in Halle. Dort hatte ich mir die Grundtechniken angeeignet, die ich nun verfeinern konnte. Mit sechs, sieben Jungs aus meinem Team war ich einigermaßen regelmäßig unterwegs: Billard, Kneipe, Disko. So sahen ein paar Abende unter der Woche aus. Quasi ein Triathlon. Mannheim war keine falsche Entscheidung.

In unserer Mannschaft war ich einer der Leitwölfe. Ich glaube, schon nach dem ersten halben Jahr wurde ich als bester Spieler der Saison ausgezeichnet. Aber es gab noch mehr gute Kicker im Team. Roland Dickgießer war so eine zentrale Säule und natürlich Günter Sebert, der als Spieler für Waldhof knapp 600 Spiele gemacht hat. Es waren also auch noch andere Führungsfiguren da. Mit René Hecker, Tom Stohn, Uwe Weidemann und Jörg Kirsten wurden zur neuen Saison gleich vier weitere Ossis verpflichtet. Später kamen noch Enrico Barth und Mirko Reichel aus Aue sowie Andreas Wagenhaus dazu, der vorher in Halle, Dresden und bei Fenerbahce Istanbul gespielt hatte. Alles, was bei den früheren DDR-Klubs geradeaus laufen konnte, wurde zu dieser Zeit von den Erst- und Zweitligisten in den Westen gelockt.

Anfangs war ich ganz schön frech zu den Jungs, für die ich natürlich eine besondere Figur war. Der frühere Flüchtling, der in der Bundesliga zum Star wurde. Die Geschichte kannten sie alle und hatten zum Teil gehörigen Respekt vor mir. Ich erinnere mich noch, als einer mit zu mir aufs Zimmer sollte. Der klopfte ganz zurückhaltend an und ich machte mir einen Spaß. Ich schaute grimmig und fragte: „Wer bist'n du?" – „Ich bin Tom Stohn. Ich soll hier mit aufs Zimmer." Ich schaute ihn von oben bis unten an und sagte: „Du? Du schläfst hier in der Badewanne!" Daraufhin schnappte er sich ganz eingeschüchtert sein Kopfkissen und die Decke. Aber dann habe ich es natürlich gutsein lassen. Wir kamen prima miteinander zurecht.

In der Saison 1992/1993 verpassten wir als Vierter den Aufstieg wieder knapp. Am Ende hatten wir nur drei Punkte weniger als der Drittplatzierte, der VfB Leipzig. Unser Trainer Klaus Toppmöller, mit dem ich damals für die Eintracht gespielt hatte und der nach der Saison als Coach nach Frankfurt ging, machte einen guten Job. Als Team funktionierten wir gut, bis auf die vollen Hosen vor den entscheidenden Partien. Das kostete uns den Bundesligaaufstieg. So war nun die zweite Liga mein sportliches Terrain, was insofern schön war, als dass ich alle naselang im Osten unterwegs war. Unsere Auswärtsfahrten führten mich nach Leipzig, Jena, Chemnitz oder Rostock. Immer mal wieder war mein Vater dort und hat zugeschaut. Von den Fans im Osten wurde ich immer nett begrüßt. Ich bin da gerne hingefahren. Nicht, um im Mittelpunkt zu stehen, sondern um viele Leute von früher wiederzusehen.

Das war schön. Auch wenn wir mit Waldhof an einer kleinen Ostschwäche litten und sehr verlässlich gegen diese Teams zu Hause wie auswärts verloren.

1994 ging dann in Mannheim eine Ära zu Ende. Nein, noch nicht meine, sondern die des Sepp-Herberger-Stadions. Eine historische Spielstätte. Als moderner Nachfolger wurde das Carl-Benz-Stadion eröffnet. Ein reines Fußballstadion mit vier überdachten Tribünen, das fast etwas von einer englischen Arena hatte. Ich habe anfangs unser altes Stadion ein wenig vermisst, wo die Spieler der Gästeteams aufpassen mussten. Es war nicht unüblich, dass es auf dem Weg aus der Kabine auf den Platz oder zurück Schläge mit dem Schirm gab. In Mannheim herrschten zum Teil raue Sitten. Im Stadionneubau ging es gesitteter zu, zumindest was die körperlichen Attacken der rüstigen Rentner betraf.

Sportlich blieben wir uns treu, was das Verpassen des Aufstiegs anging. Das hat mich zwar gestört, aber auch nicht mehr um den Schlaf gebracht. Schließlich ging ich so langsam auf die 40 zu. Aber da ich keine großen Wehwehchen hatte und immer noch sehr gut mitspielen konnte, blieb ich dabei. Unangenehm wurde es erst in meiner letzten Saison: 1995/1996. In der Hinrunde lief es nicht besonders gut und im Verein kamen sie auf die Idee, Klaus „Schlappi" Schlappner als Trainer für eine zweite Amtszeit zurückzuholen. Seine Antrittsrede vor der Mannschaft muss legendär gewesen sein. Die habe ich leider verpasst, da ich im Januar und Februar in Hennef an der Sportschule als Trainer meine A-Lizenz gemacht habe. Der DFB hatte für verdiente Bundesliga-Spieler ein Kurzprogramm aufgelegt. Von meinen Mitspielern aus Mannheim hörte ich, dass sich Schlappner bei seiner Antrittsrede vor die Mannschaft gestellt und alle komplett rundgemacht hatte. Seine Kernaussage war: „Ich lasse mir doch von euch meinen Verein nicht kaputtmachen." Schlappner hatte Waldhof schon einmal zwischen 1980 und

1987 trainiert und den Klub in die Erste Liga geführt. Er war sich seines Anteils am Erfolg des Vereins offenbar bewusst.

Unter seinem bekannten Schlapphut war aber nicht viel. Wenn, dann vor allem brauner Mist. Schlappner, so habe ich das empfunden, war ein Rassist. Ein ganz, ganz schlimmer. Ich erinnere mich noch an ein Gespräch mit meinem Freund Jonathan Akpoborie. Ich konnte die Angst in seinen Augen sehen, die er vor diesem Typen hatte. Jonny hat Schlappner von seiner öffentlich weniger bekannten Seite beim 1. FC Saarbrücken kennengelernt. Als junger Spieler musste er unter dem Rassisten Schneemänner bauen. Mindestens einmal hat er ihn auch in eine heiße Wanne gesteckt. Als Jonathan hörte, dass Schlappner kommen sollte, wollte er nur noch weg. Er wechselte zum FC Hansa Rostock. Für ihn habe ich mich gefreut, dass er erst in Rostock, dann in Stuttgart und Wolfsburg noch eine ordentliche Bundesligakarriere hinlegte.

Schlappner war später noch Trainer im Iran und arbeitete für das Nationale Olympische Komitee zur Förderung von Sportbeziehungen mit Ländern der Dritten Welt. So steht es in seinem Wikipedia-Artikel. Dort ist auch zu lesen, dass er aus Protest gegen die 68er Bewegung bei der Kommunalwahl 1968 in seinem Heimatort für die NPD angetreten sein soll, aber laut eigener Aussage nie rechtsradikal war. Darüber kann ich nur müde lächeln.

Als ich Ende Januar 1996 nicht mehr zu den Kursen nach Hennef musste, lud mich Schlappner zu einem Vieraugengespräch ein. Er fragte mich, ob ich weitermachen oder aufhören wolle. Spontan habe ich mich in dieser Sekunde fürs Aufhören entschieden. Und damit war in diesem Moment meine Karriere beendet. 325 Bundesliga-Spiele, 52-mal DFB-Pokal, 63-mal Europapokal, dazu etwa 50 Partien für die AS Cannes, die elf Junioren-Länderspiele sowie die acht DDR-Oberliga-Einsätze und noch einmal deutlich über 100 Zweitliga-Spiele. Alles passé. Mein letztes Spiel war am 19. November 1995 gegen den 1. FC Nürnberg. Wir haben 1:4 verloren. Von einer Sekunde auf die andere war es vorbei. Aber das war so in Ordnung. Ich war froh, dass ich nach meinem Wechsel aus Cannes noch so lange professionell spielen konnte. Jetzt war es Zeit für neue Pläne.

Schlecht beraten

Einige meiner früheren Mitspieler und viele alte Freunde hatten ihre Fußballschuhe längst an den Nagel gehängt. Viele versuchten sich nun als Trainer. Charly Körbel saß inzwischen als Cheftrainer bei der Eintracht in der Bundesliga auf der Bank, Werner Lorant war bei 1860 München erfolgreich und auch Bernd Hölzenbein hatte sich zwei Jahre als Co-Trainer in Aschaffenburg versucht. Ronny Borchers, ein anderer aus der Frankfurter UEFA-Cup-Sieger-Mannschaft, fing in der hessischen Provinz an. Dort weckte Ronny, der frühere Kneipenbesitzer und ein guter Freund von mir, ziemlich schnell Begehrlichkeiten an der Seitenlinie. Mit dem SV Bernbach stieg er in die Oberliga Hessen, damals die vierthöchste Spielklasse in Deutschland, auf und war mit seinem Team gleich wieder oben mit dabei. In der Winterpause bekam er ein Angebot von Kickers Offenbach. Die spielten zwar auch nur in der Oberliga Hessen, als Traditionsverein war das aber noch mal eine andere Hausnummer. Als Ronny in Bernbach aufhörte, machte die Runde, dass ich gerade meine A-Lizenz in der Tasche und bei Waldhof Mannheim als Spieler aufgehört hatte. Und da klingelte auch schon das Telefon – und ich war Oberliga-Trainer beim SV Bernbach.

Ronny Borchers hatte mir eine gute Mannschaft hinterlassen. Wir kamen als Vierter ins Ziel, einen Platz hinter Offenbach, was für einen Aufsteiger natürlich mehr als zufriedenstellend war. Aber so richtig hat es nicht funktioniert. Im Sommer, also nach einem halben Jahr, kam es zum Streit mit den Vereinsfunktionären. Wir waren grundlegend anderer Auffassung und ich hatte mich klar auf die Seite meiner Spieler gestellt. Rückblickend war das mein größter Fehler: Ich war noch viel zu sehr Spieler. Hatte zu wenig Distanz zu den Jungs. Wann immer irgendwelche Diskussionen in der Mannschaft aufkamen, die im Kreis der Spieler hätten geklärt werden müssen, war ich mittendrin. Es war am Ende völlig klar, dass das zum Scheitern verurteilt war.

Den großen Trainer Norbert Nachtweih hätte es wahrscheinlich nur dann geben können, wenn ich bei einer Profimannschaft als Co-Trainer hätte beginnen können. Vom ersten Tag an komplett in der Verantwortung zu stehen, war noch nichts für mich. Es wäre besser gewesen, wenn ich aus der zweiten Reihe meine Erfahrung und mein Wissen hätte einbringen können. Wenn ich in die neue Rolle hätte reinwachsen können. Es war aber auch nicht so, dass ich es darauf angelegt hätte. Und es gab auch keinerlei Angebote. Das war auch noch eine andere Zeit. Damals bestanden Trainerstäbe im Profi-Fußball meist aus einem Chef-, einem Assistenz- und vielleicht noch einem Torwarttrainer. Wenn ich heute bei der Eintracht ein Training sehe, dann sehe ich manchmal mehr Trainer, Analysten und Betreuer als Spieler.

Beim Trainerkurs des DFB konnte ich auch keine wichtigen Kontakte knüpfen. Noch nicht einmal das theoretische Wissen hat mir ernsthaft geholfen. Denn wir bekamen lediglich eine Grundausbildung. Die fünf Wochen, in denen wir für den Profi-Fußball fit gemacht werden sollten, waren so gesehen ein Witz. Spaß gemacht hat wiederum das Miteinander unter den Ex-Profis. In der unteren Etage der Sportschule gab es eine kleine Disko und eine Bar. Dort saßen wir gern zusammen. In meinem Kurs war unter anderem Uli Borowka, der beinharte Verteidiger von Borussia Mönchengladbach und Werder Bremen. Nach seiner Karriere wurden allerdings seine Probleme mit dem Alkohol offensichtlich. Dass das nicht harmlos war, haben wir damals schon mitbekommen.

Gesitteter ging es auf meiner Bude zu. Mein Zimmernachbar Ralf Falkenmayer war nie bei unserer Bierchenrunde dabei. Der Falke lernte stattdessen lieber. Er war aufgeregt, hatte echte Sorgen, die Prüfungen nicht zu schaffen. Allerdings war der Kurs so angelegt, dass keiner auf der Strecke bleiben musste. Aber das konnten wir zu diesem Zeitpunkt höchstens erahnen.

In den Wochen von Hennef habe ich für den größten Lacher in der schriftlichen Prüfung gesorgt. Es wurde abgefragt, wie es weitergeht, wenn der Ball gegen die zu dieser Zeit noch übliche Fahne an der Mittellinie prallt und wieder aufs Feld rollt. Für mich war klar: Der Ball ist aus. Denn ich dachte, die Fahnen an der Mittellinie, die es heute höchstens noch auf irgendwelchen Amateurplätzen gibt, stünden einen Meter hinter der Linie. Also im Aus. Über den kleinen Fauxpas haben wir uns in der Gruppe köstlich amüsiert. Ich konnte auch darüber lachen. Am Ende habe ich mich über eine gute Zwei als Abschlussnote gefreut. Ich war dankbar für die vom DFB uns Bundesliga-Spielern eingeräumte Möglichkeit, den Ausbildungsweg abzukürzen. Aber viel mitnehmen konnte ich nicht.

Was mir wiederum Spaß machte, waren Fußballcamps. Dieter Burdenski, der frühere Torwart von Werder Bremen, hatte angefangen, Fußball-Ferienschulen zu veranstalten. Das Konzept war einfach: Fußball-Promis trainierten junge Kicker in deren Ferienwochen. Da sich um die pädagogische Betreuung Fachpersonal kümmerte, waren wir Ex-Profis meist fein raus. Wir standen den ganzen Tag auf dem Platz und konnten unser Wissen an ziemlich interessierte Kinder weitergeben. Die Kids haben es geliebt. Und mit den anderen früheren Bundesliga-Spielern war es einfach ein großer Spaß, abends zusammenzusitzen und über die alten Zeiten zu sprechen. Diese Idee schien zu funktionieren: Dieter Burdenski machte es vor. Aber es hat auch andere inspiriert. Rudi Völler hatte mit Neckermann-Reisen, damals einer der großen deutschen Reiseveranstalter, ein ähnliches Angebot für Mallorca auf die Beine gestellt. Hier bestand der Unterschied darin, dass die Kids morgens gebracht und abends abgeholt wurden, sodass die Eltern tagsüber in Ruhe am Pool oder am Meer liegen konnten. Als Ex-Profis hatten wir jede Menge Spaß dabei. Wobei es manchmal auch grenzwertig war: Ich erinnere mich an Eike Immel, dessen Alkoholprobleme heute kein Geheimnis mehr sind. Er war eines frühen Abends so gut gelaunt, dass er der halben Welt einen ausgab, als er einen der Clubs am Ballermann besuchte. Bierchen, Cocktails, Sangria – alles auf Kosten der Fußballschule, so versprach er. Das konnte für Eike Immel leider nicht lange gut gehen. Für die anderen von uns war es traumhaft: Wir waren gefragt, mal von dem einen Anbieter, mal von einem anderen. Mal eine Woche Auerbach im Vogtland, mal eine Woche Malle. Aber immer Fußball.

Insgesamt stand für mich aber die Frage im Raum: Was stelle ich mit meiner Zeit eigentlich an, wenn einfach nur Alltag ist? Seitdem ich den Trainerjob beim SV Bernbach nicht mehr hatte, brauchte ich andere Aufgaben. Diese ergaben sich fast automatisch. Oder soll ich sagen ferngesteuert? Ganz ehrlich: Es gab in den ersten Monaten und Jahren nach meinem Karriereende leider Leute in meinem beruflichen und auch privaten Umfeld, die mir den ein oder anderen Floh ins Ohr setzen konnten. Es ging um Geschäftsideen, die sich super anhörten. Bei jeder Idee lief es aber darauf hinaus, dass die Wege zum Ziel immer über meine Kontakte führten. Ich war dämlich genug, das nicht zu verstehen oder nicht verstehen zu wollen.

Eine der besseren Ideen führte zur Gründung der ersten Frankfurter Fußballschule. Das muss 1997 oder Anfang 1998 gewesen sein. Ich kannte einen ehemaligen Sportjournalisten, der inzwischen für das städtische Sportamt arbeitete und in der

Funktion auch für die Verwaltung des Geländes um das Stadion herum zuständig war. Im Schatten der Arena, wo die Eintracht mittlerweile ihr neues Verwaltungsgebäude hatte bauen lassen, befanden sich damals eine Tennisanlage und sehr gute Fußballplätze. Die Plätze bekamen wir und durften gleich noch Büros nutzen. Kurze Wege in alle Richtungen. Es brummte vom ersten Tag an, unsere Idee funktionierte: Wir starteten mit einer großen Pressekonferenz und fanden sofort Sponsoren für Getränke, Essen und Kleidung. Alle rannten uns die Bude ein. Die Anmeldezahlen waren super. Kurzum: Das Angebot, die Kinder in den Ferien in unsere Fußballschule zu schicken, kam sehr, sehr gut an. Wahrscheinlich hätte es gereicht, wenn ich mich nur darauf konzentriert hätte. Zweifellos wäre das sogar besser gewesen. Aber für nur eine Idee war ich damals viel zu rastlos.

Denn gleichzeitig bekam ich den heißen Tipp, auf einen ganz neuen Trend zu setzen: Buffalo-Schuhe. Mehr oder weniger schöne Treter mit einer teils unglaublichen Plateausohle. Orthopäden haben sich in dieser Phase eine goldene Nase verdient, da junge Mädchen plötzlich haufenweise Bänderrisse hatten. Der Traum, zehn Zentimeter größer durch die Welt zu stolzieren, hatte seinen Preis. Dennoch waren die Dinger in den 1990er-Jahren der letzte Schrei. Ich schaute mir, vermittelt von einem meiner Ideengeber, einen Laden im Main Center in Frankfurt an. Das war mir aber zu unsicher, da die Miete hoch war. Gleichzeitig garantierte das Franchise-Unternehmen, das dahintersteckte, seinen Händlern Gebietsschutz. Aus dem Grund war es in und um Frankfurt herum sowieso schwierig. Allerdings erhielt ich dann die Info, dass in Kaiserslautern ein Laden frei sei.

So wurde ich Besitzer eines Ladens im Schatten des Betzenbergs. Ein tolles Geschäft, direkt am Marktplatz. Super gelegen. Das Beste: In der Pfalz war der Hype um die Buffalo-Schuhe noch lange nicht durch. Hier war ich also richtig. Wie ich aber von meinen Beratern hörte, lohnte es sich in einer solchen Lage nicht, zu kleckern. Es musste bitteschön geklotzt werden. Also steckte ich ungefähr 50.000 Mark in die Inneneinrichtung des Ladens. Das Beste vom Besten war gerade gut genug.

Anfangs lief es auch gut für mich und den Laden. Die Verkäufe waren sehr zufriedenstellend und mir machte es Spaß, im Lager Kisten auszuräumen, neue Ware zu bestellen und natürlich Schuhe zu verkaufen. Ich fuchste mich auch mit echter Leidenschaft in das Kassensystem hinein. In dieser Zeit war der Laden mein Ding. Immer wieder hatte ich dort auch netten Besuch: Andy Brehme war zu dieser Zeit gerade Trainer beim FCK. Wenn er mit der Familie durch die Stadt schlenderte, kam er vorbei. Oft, wenn er mit seiner Frau Pilar allein eine Runde drehen wollte, blieben ihre Kinder bei mir und meinem Hund im Geschäft. Das machte richtig Spaß. Längst hatte ich mir schon eine kleine Wohnung in Kaiserslautern gemietet, sodass ich zwar einen kurzen Weg zum Laden hatte, aber einen umso weiteren nach Hause. Zusehends wurde meine Lage komplizierter. Denn ich war nur noch auf Achse. Zu den Geschäftszeiten stand ich in Kaiserslautern im Laden, und ab und zu musste ich auch noch zur Fußballschule.

Obendrein nahm ich zu dieser Zeit noch einen Trainerjob beim VfB Unterliederbach an. Zu dieser Zeit spielte der Verein auch in der Oberliga Hessen. Da ich immer noch fit war, lief ich zeitweise sogar als Spielertrainer auf. Aber es führte alles zu nichts, auch in Unterliederbach war nach einem halben Jahr Schluss. Als Nächstes fragte mich einer meiner Bekannten, ob ich nicht in Schwalbach aushelfen könnte. Als Spieler. Da mir ein Nein nur schwer über die Lippen kommt, spielte ich nun auch noch für die Sportfreunde Schwalbach. Aus der Rettung des Vereins wurde ein Aufstieg, was mir viel Spaß machte, aber auch das letzte bisschen Freizeit kostete. Später half ich noch beim FK Pirmasens in Rheinland-Pfalz aus. Wieder tat ich einem alten Freund einen Gefallen. Diesmal sollte ich aber nicht spielen, sondern nur das Training leiten. Eigentlich auch nur die A-Jugend, was mir großen Spaß machte. Dann wurde allerdings der Trainer der Männermannschaft rausgeworfen. Und wer wurde wohl gefragt? Genau. Selbstverständlich habe ich zugesagt. Trainer der ersten Mannschaft des Traditionsvereins blieb ich allerdings auch nur etwa ein halbes Jahr lang.

Schleichend gingen nach einer gewissen Zeit die Verkäufe im Schuhladen zurück, was auch mit einer großen Baustelle am Markt in Kaiserslautern zu tun gehabt haben mochte. Vielleicht hatte die Pfälzer Jugend die Buffalo-Schuhe mittlerweile aber auch einfach satt. Vielleicht war ich auch kein guter Geschäftsmann. Ein guter Ehemann war ich ganz sicher nicht. Ich war kaum zu Hause. Als Trainer im Männerbereich galt ich nun auch als gescheitert.

Überdies gab es schlimme Nachrichten aus Polleben. Bei meinem Vater wurde 2005 Krebs diagnostiziert. Darmkrebs im Endstadium. Er war nie freiwillig beim Arzt, hat sich nie untersuchen lassen, wenn er nicht musste. Entsprechend konnte ihm auch niemand mehr helfen. Ich erinnere mich noch, wie er sich bei meinem letzten Besuch entkräftet durch das Wohnzimmer geschleppt hat. Er legte seine Hand auf meine Schulter, um sich abzustützen. Sein Tod war für ihn eine Erlösung. Und auch für meine kleine Schwester Kathrin, die vollkommen selbstlos meinen Vater und meine Mutter über Jahre hinweg zu Hause gepflegt hat. Für mich, der ich allein wegen der Entfernung solche Pflichten gar nicht wahrnehmen konnte, war es ein Wahnsinn, das zu sehen. Was Kathrin neben ihrem eigenen Job und ihrer Familie geleistet hat, war unglaublich.

Bei meiner Mutter zog sich das Sterben länger hin. Sie litt stark an Zucker und war in ihren letzten Jahren mehr oder weniger bettlägerig. Auf ihren Wunsch und wegen der Treppen im Haus in Polleben schlief sie lange in einem Pflegebett im Wohnzimmer. Da wo ich nach dem Fall der Mauer in großer

Runde empfangen wurde, da, wo wir in meiner Kindheit viele besondere Stunden als Familie zusammen verbracht hatten. Da lag sie nun. Am Abend vor ihrem Tod rief sie mich an und verabschiedete sich von mir. Bis heute denke ich immer wieder an das letzte Gespräch zurück. Mit welcher Klarheit sie mit mir gesprochen hat. Kein Groll, kein Missmut, pure Herzlichkeit. So war sie und so behalte ich sie in meinem Herzen.

Heute fällt es mir schwer, mich an diese Zeit im Detail zu erinnern. Insbesondere an die Phase mit meinen unternehmerischen Fehlentscheidungen, den aufkommenden finanziellen Engpässe und den Gesprächen mit meinen schlechten Beratern. Es kommt mir vor wie ein einziges dunkles Kapitel. Ein Klumpen aus Erinnerungen, die ich gedanklich nicht mehr anrühren würde, wenn ich nicht müsste. Richtig bewusst ist mir das in Berlin geworden. Vor wenigen Jahren drehten wir für meine NDR-Doku in der Hauptstadt. Mit dem Kamerateam war ich schon ein paar Tage unterwegs. Auf den vielen Autofahrten zwischen München, Frankfurt und Polleben sowie auf unserer Reise nach Istanbul kam ich nicht darum herum, auch für mich schwierige Fragen zu beantworten. So saß ich im Prenzlauer Berg vor einer Kamera, und da rutschte mir der Satz heraus, dass ich überrascht sei, dass ich heute wieder vollkommen glücklich und zufrieden sein könne. In meiner dunklen Phase hatte ich nicht mehr daran geglaubt, noch einmal ein unbeschwertes Leben zu führen. Das schien ein für allemal vorbei. Über den Gedanken war ich selbst überrascht. Aber es stimmte, auf den Punkt. Denn in den Jahren nach meinem Karriereende war ich nicht glücklich, nicht ansatzweise. Nach meinem letzten Zweitligaspiel führte das eine zum nächsten und nichts wurde besser. Das Ende meiner ersten Trainerstation führte dazu, dass ich andere Sachen tun musste. Deshalb wurde ich Mitgründer einer Fußballschule, um die ich mich aber nicht richtig kümmern konnte, weil ich parallel noch zum Schuhverkäufer geworden war. Da ich immer zusagte, wenn man mich irgendwo als Trainer oder Spieler haben wollte, blieb keine Freizeit mehr. Weil ich aber den Laden hatte, musste ich noch mehr Dinge hintanstellen.

Mein dunkles Kapitel erreichte am 40. Geburtstag meiner Frau Patricia seinen Höhepunkt. In ruhigen Worten sagte sie mir, dass sie sich trennen wolle: „Wir werden das jetzt beenden.“ Sehr klar, sehr aufgeräumt erklärte sie mir, dass ich mich nicht mehr ändern würde. Ich sei schon immer so gewesen und würde mich nicht mehr bessern. Das saß. Ich fühlte mich vor den Kopf gestoßen. Aber was sollte ich sagen? Sie hatte vollkommen recht. Zu hundert Prozent. Sie meinte nicht nur die Fremdgeherei, sondern auch die Tatsache, dass ich überall und nirgends war. Dass ich am Familienleben kaum noch teilnahm. Von einem echten Miteinander in unserer Beziehung ganz zu schweigen. Über die Jahre hatte ich mehrfach Gelbe Karten von ihr bekommen. Geändert habe ich an meinem Verhalten nichts. Allerhöchstens kurzfristig. Mein Freiheitsdrang war immer stärker. Sie wusste von meinen außerehelichen Abenteuern, aber sie hat es ertragen. Ihr Leid hat sie nicht mir geklagt. Oder ich habe es nicht wahrgenommen. An diesem Punkt war aber Schluss. Unwiderruflich Schluss. Und das hat sich beschissen angefühlt. Von einer Sekunde auf die andere habe ich meine Basis verloren. Den Ort, wohin ich immer zurückkehren konnte, gab es plötzlich nicht mehr. Und es würde ihn so nie wieder geben, soviel war mir klar.

Wir verkauften das Haus, auf dem noch eine Hypothek lastete. Ich bezahlte Patricia aus, der schließlich die Hälfte gehörte. Ich besorgte mir eine Wohnung in Kronberg bei Frankfurt, in die meine Tochter mit einzog. Dana wollte gern bei mir bleiben. Da es zwischen Patricia und mir kein böses Blut gab, haben wir das ganz ordentlich geregelt bekommen. Von vielen meiner früheren Mitspieler, die ihre erste Scheidung schon hinter sich hatten, kannte ich das anders. Also war ich jetzt alleinerziehender Vater. Zumindest etwas entfernt Ähnliches. Denn wegen des Geschäfts in Kaiserslautern war ich kaum da. Aber Dana kam klar, wir bekamen es ganz gut geregelt. Ablenkung fand ich wie gehabt im Nachtleben. Der Kater lässt das Mausen nicht – oder wie das Sprichwort lautet.

Kurzum: Ich bin mit Volldampf in die Falle hineingestolpert, in der viele Fußball-Profis nach ihrer Karriere landen. Aber es hätte noch schlimmer kommen können. Immerhin bin ich in dieser Phase nicht dem Alkohol zum Opfer gefallen. Da kenne ich einige traurige Beispiele. Obwohl ich immer gerne ein paar Bierchen oder Schnäpschen getrunken habe. Ich habe aber nie vollends die Kontrolle verloren.

Dennoch war ich in einer Sackgasse gelandet. Weil ich mit vielem einfach so weitergemacht habe wie vorher. Ich habe weiterhin gelebt wie ein Fußball-Profi. Allem voran, was das Geldausgeben anging: Bei meinen Vereinen habe ich immer gut verdient. Mal sogar sehr gut wie bei Bayern München oder sogar noch viel besser bei der AS Cannes. Aber ich habe nie mit dem Geld gehaushaltet. Ich habe mir nie etwas zurückgelegt. Selbst in den Zeiten, in denen ich regelmäßige hohe Einzahlungen auf ein Sparkonto gar nicht bemerkt hätte, habe ich nicht gespart. Ich habe immer nur im Moment gelebt. Wegen der Scheidung, der Hypothek, dem schon länger nicht mehr so gut laufenden Laden und dem fehlenden Einkommen als Trainer sah ich mich nun auf einmal finanziellen Engpässen gegenüber. Mir ging es zwar nie schlecht, selbst in dieser Phase nicht. Aber das Geld, das eigentlich allein durch die beiden Jahre in Cannes hätte da sein müssen, war weg. Weil ich eben, wenn ich gut verdient habe, nie an morgen, geschweige denn an übermorgen gedacht habe. Weil ich gelebt habe. Weil die Scheidung einiges kostete. Und weil viele Entscheidungen, die am Ende nicht meine Berater, sondern ich selbst getroffen habe, falsch waren. Den Wendehammer in meiner Einbahnstraße konnte ich noch nicht erkennen. Ich fuhr einfach weiter drauflos.

Ich kann mich nicht daran erinnern, dass ich jemals Existenzsorgen gehabt hätte. Ich war auch damals stets der Überzeugung, dass alles gut werden würde. Dass sich das Blatt wieder zum Besseren wendet. Ich dachte, dass es weiter so läuft wie in meiner Profikarriere. Da ist mir fast alles gelungen. Und fast alles ergab sich wie von selbst.

Nun lag ich aber nicht nur mit meinen geschäftlichen Entscheidungen daneben, sondern auch mit dem, was ich sonst so anstellte. Und das summierte sich. Meine Weinsammlung, die mehrere 10.000 Mark wert war, habe ich nach und nach aufgelöst. Ich verschenkte die Flaschen, ohne über ihren Wert nachzudenken. Ich besaß einige Exemplare, die für vierstellige Preise gehandelt wurden. Solche Schätze benutzte ich als Mitbringsel. Viel schlimmer noch waren die Runden mit meinen Biertrinker-Freunden, die irgendwann am Abend keine Lust mehr auf Pils oder Helles hatten und stattdessen zum Vino griffen. Wir tranken dann Wein wie Bier, wodurch sich meine Vorräte auch allmählich auflösten. Wie der Bestand an Weinflaschen reduzierten sich auch die Summen auf meinen Konten. Nicht auf einmal, aber nach und nach wurde alles übersichtlicher.

Man muss es so sagen: Ich war einfach nicht clever. Ich lebte ohne jeden Weitblick. Wenn ich heute darüber spreche, bekomme ich oft zu hören, dass ich mich wie ein dummer Ossi verhalten hätte. Aber das lasse ich nicht gelten! Ich konnte nur nicht mit Geld umgehen. In der Mangelwirtschaft der DDR, die ich seit 1976 nur noch vom Hörensagen kannte, hätte ich das vielleicht sogar gelernt. Stattdessen ging es mir zumindest in meiner Karriere so, dass immer wieder frisches Geld reinkam, bevor das andere aufgebraucht war. Das hat lange funktioniert, bis nach meiner Profikarriere die regelmäßigen höheren

Einkünfte ausblieben. Zeitweise musste ich mir dann sogar Geld von anderen Leuten leihen. Zum Teil von Leuten, die mich zuvor über Jahre schlecht beraten hatten. Den Schwarzen Peter will ich aber gar nicht irgendjemand anderem zuschieben: Für meine Fehler war nur ich verantwortlich. Kein anderer. Ich hätte nur manchmal ein ehrlicheres Umfeld gebrauchen können. Ich war zu gutgläubig. Ich habe den Menschen, auch außerhalb meiner Familie, gerne vertraut und vieles nicht hinterfragt. Das ist kein Ossi-Wessi-Thema. Vielleicht eher eine Fußball-Profi-Falle, in die auch heute noch manche tappen.

In einer dunklen Stunde traf ich in Frankfurt durch Zufall Peter Fischer, den späteren Präsidenten der Eintracht. Ich kannte ihn gut, vom Riederwald und nicht zuletzt aus der BB-Bar. Ich habe ihm gesagt: „Peter, wenn du mal was hörst, oder in einer der Jugendmannschaften mal jemand als Trainer gebraucht wird, sag Bescheid. Ich habe alle Scheine gemacht und wäre bereit." Könnte eine Rückkehr zur Eintracht die Lösung meiner Probleme sein?

Rückkehr zur Eintracht

Der Scheidungsprozess lief und war nicht mehr aufzuhalten. Genauso wenig, wie auch ich nicht zu halten war, nicht als Schuhverkäufer in Kaiserslautern, nicht als Libero in Schwalbach und schon gar nicht in der dritten Halbzeit. Jedesmal, wenn ich mit den Jungs unterwegs war, kehrten wir irgendwo ein. So auch nach einem Heimspiel an einem Sonntag, als wir mit meiner Mannschaft in unserer Stammkneipe im Zentrum von Schwalbach einliefen. Dort fiel mir an diesem Abend eine hübsche blonde Frau ins Auge. Ilka. Wir kamen ins Gespräch, verstanden uns auf Anhieb und sind seit diesem Abend ein Paar. Sie ist das Beste, was mir passieren konnte. Sie stand schon damals mit beiden Beinen im Leben, ist nicht auf den Mund gefallen und weiß, was sie will. Durch ihren Vater weiß sie auch eine Menge vom Fußball. Er betrieb eine Wirtschaft und war Trainer in Kelkheim, ist aber leider viel zu früh gestorben. Beruflich kommt Ilka aus dem Einzelhandel und schüttelte über mich als Möchtegern-Schuhhändler den Kopf. Sie betreut seit Jahren verschiedene Schuhhändler-Filialen im gesamten Rhein-Main-Gebiet.

Etwas Besseres konnte mir nicht passieren, zumal Ilka nach unserem Kennenlernen mein Problem schnell erkannte und an den richtigen Strippen zog. Hinter meinem Rücken sprach sie nach ein paar Monaten mit meinem Freund Ronny Borchers. Es ging um die Fußballschule, die Charly Körbel in der Zwischenzeit aufgebaut hatte. Sie fragte Ronny, ob er nicht mal mit unserem früheren Mitspieler sprechen könne. Denn ihrer Meinung nach gehörte ich nicht in einen Schuhladen, sondern auf den Trainingsplatz. Dann ging alles ganz schnell. Ronny sprach mit Charly, und ich hatte, ohne selbst danach gefragt zu haben, einen Job in der Fußballschule von Eintracht Frankfurt. Über Nacht war mein Problem gelöst.

Ich war nie jemand, der sich darauf ausgeruht hat, Ex-Profi zu sein. Der mit dem UEFA-Cup-Sieg oder den ganzen Deutschen Meisterschaften geprahlt hätte, um Kapital daraus zu schlagen. Das lag mir fern. Ich war auch zu stolz, um zu Charly zu gehen und ihn zu fragen, ob ich bei ihm mitmachen könnte. Dabei hatte ich natürlich mitbekommen, was er in der Zwischenzeit dort aufgebaut hatte. Die Grundidee war durchaus mit der ersten Frankfurter Fußballschule vergleichbar, die ich ein paar Jahre zuvor mit ins Leben gerufen hatte. Nur ging Charly das Ganze viel konsequenter an. Im ersten Schritt stellte er ein Trainingsangebot für Frankfurter Jungen und Mädchen in den hessischen Schulferien auf die Beine. Als Trainer setzte er dabei vor allem auf frühere Eintracht-Spieler. Die wussten, was sie taten, und konnten den Kindern etwas vermitteln. Zum Teil brauchten sie auch, wie ich in dieser Phase, einfach eine vernünftige Aufgabe. Im zweiten Schritt hat er sich gezielt um die Talentförderung gekümmert. Und dann hat er als drittes Standbein noch die Vermarktung der Traditionsmannschaft integriert. In den zurückliegenden Jahren hat sich aus der ziemlich simplen Idee ein stabiles mittelständisches Unternehmen entwickelt, das Ex-Profis, jungen Trainern und Trainerinnen sowie einigen Verwaltungsmitarbeitern einen guten Job mit einem soliden Einkommen bietet. Mir hat dieser Job in einer schwierigen Zeit den Arsch gerettet. Das ist etwas, wofür ich Charly und nicht zuletzt Ilka immer dankbar sein werde.

Für mich war die Fußballschule die Chance, mir ein richtiges Leben nach der Profikarriere aufzubauen. Am Rande von Frankfurt hat meine Flucht damit ein Ende gefunden. Den Laden in Kaiserslautern habe ich nach ein paar Monaten gemeinsam mit Ilka abgestoßen. Meine Trainerkarriere habe ich aufgegeben. Es war ohnehin nie mein richtig großer Traum, mal in der Bundesliga an der Seitenlinie zu stehen. Ich wollte nur davon leben. Stattdessen habe ich eingesehen, dass ich für den Nachwuchsfußball gemacht bin. Ich liebe es bis heute, die Begeisterung in den Augen der Kinder zu sehen. Diese Liebe zum Spiel, bei der es um nichts anderes geht als ums Kicken.

Die meisten Jobs und Nebentätigkeiten, die meinen Kahn fast zum Kentern gebracht hatten, warf ich also über Bord. Bis auf einen: Ich war weiter für Rudi Völlers Fußballschule auf Mallorca im Einsatz. Wir Trainer bekamen für den Job auf der Insel zwar kein Honorar, genossen aber alle möglichen Annehmlichkeiten. Wir zahlten weder etwas für die Flüge noch für Unterkunft und Verpflegung, die nichts zu wünschen übrig ließ. Es war Urlaub for free. Eine Zeitlang, bis die wirtschaftliche Lage für den Reiseveranstalter schwieriger wurde, durfte ich sogar Familienmitglieder und Freunde mitnehmen. Das war großartig, da ich so immer wieder meine Töchter einladen konnte und wir gemeinsam einige Wochen auf Mallorca verbrachten.

Rudi selbst war selten da. Er hatte als Bundestrainer und mit seinen Aufgaben bei Bayer Leverkusen genug andere Sorgen. Daher leitete Michael Kutzop die Geschäfte auf der Insel. Er nahm mich mal zur Seite und meinte: „Norbert, es ist sensationell, wie du das mit den Kindern machst." Das Lob hat mich sehr gefreut und mich bestätigt. Der Weg als Nachwuchstrainer schien der richtige zu sein.

Bei einem dieser Mallorca-Trips traf ich Mitte der 2000er-Jahre auch Jörger Berger mit seiner damaligen Frau. Beim Abendessen schüttelte er mir die Hand und nannte mich „Trainerkollege". Trainerkollege! Mir bedeutete das viel. Jörg hatte nach den Startschwierigkeiten nach seiner Flucht aufgrund der nachzuholenden Trainerlizenzen seinen Weg in der Bundesliga gemacht. An einem Abend auf Mallorca kamen wir noch einmal richtig ins Quatschen. Es ging um die alten Zeiten. Ich erinnerte mich an unsere Tage beim Halleschen FC, wo er Trainer der zweiten Mannschaft gewesen war. Wir lachten besonders über eine Geschichte: Die kleine unbekannte Jeans-Hosen-Affäre von Halle-Neustadt. Was war passiert? Einmal ließ Berger vor einem Auswärtsspiel unseren Mitspieler Waldemar Köppe an der Haltestelle stehen. Damals fuhren wir mit dem Mannschaftsbus drei, vier Stationen in der Stadt ab, wo Spieler einsteigen konnten. Waldi, unser Medizinstudent, wartete in Halle-Neustadt. Er war ein guter Spieler, der später auch seinen Weg machte, aber er galt als eigenbrötlerisch. Waldi war immer mit seinen Gedanken woanders, in seiner eigenen Welt. Einmal ließ er sich sogar den linken Fuß behandeln, obwohl der rechte verletzt war. Das als angehender Mediziner! Er war also ein komischer Vogel. Dass Berger den

Bus aber nicht an der Haltestelle hat anhalten lassen, lag daran, dass Köppe an dem Tag eine Jeans trug. So etwas wollte Berger nicht durchgehen lassen. Der Kleidungsstil war ihm zu westlich. Also sagte er zum Busfahrer. „Weiterfahren, den nehmen wir so nicht mit. Weiter, weiter!“ 25 Jahre später konnten wir darüber herzlich lachen. Es war eines der letzten Male, dass ich Jörg gesehen habe. An diesem Abend erzählte er mir schon von seiner Erkrankung.

In Frankfurt wuchs die Fußballschule unter der Leitung von Charly Körbel immer weiter. Die Kinder rannten uns die Bude ein. Mehrfach kamen Eltern auf uns zu, die uns fragten, warum wir denn nicht einen eigenen Verein gründen würden? Bei der Eintracht selbst war das Interesse überschaubar. Den Verantwortlichen war damals egal, was wir mit den Freizeitsport-Kids trieben. Selbst wenn Charly ihnen den Tipp gab, dass wir gerade ein besonderes Talent hier hatten, wollten sie das Kind gar nicht sehen. „Wir haben unser eigenes Scouting“, hieß es dann, was eine ziemlich bescheuerte Antwort war. Schließlich liefen bei uns Jahr für Jahr Tausende Jungen und Mädchen über den Platz. Die meisten kamen direkt aus Frankfurt, von irgendwelchen kleinen Vereinen. Einige hätten sicher das Zeug für die Eintracht gehabt. Also haben wir 2007 einen eigenen Verein gegründet, den JFC Frankfurt. Ich fing als Trainer in der D-Jugend an. Meine Jungs schossen von Beginn an alles kurz und klein. Meist haben wir auch gegen die großen Klubs gewonnen, also gegen die Eintracht, Kickers Offenbach oder Darmstadt 98. Selbst bei nationalen und internationalen Turnieren war ich mit meiner Mannschaft eigentlich immer vorne mit dabei. Egal ob in Holland, in der Schweiz oder in Österreich. Im Ausland haben sie uns dann gefragt, zu welchem Profi-Klub der JFC denn gehört? Die Antwort hat die meisten überrascht. Das war eine echt geile Zeit.

Später fusionierte der JFC mit dem regionalen Verein Hessen Dreieich, bis es nach ein paar Jahren Streit gab. Charly und wir anderen konzentrierten uns dann wieder ausschließlich auf die Fußballschule. Seither organisieren wir neben den Ferienmaßnahmen für jedermann das Sondertraining. Dort trainieren die talentierten Spieler aus unserem Einzugsgebiet, die uns während der Ferienwochen auffallen. Allerdings kommen sie nur zu einem Training pro Woche, spielen und trainieren stattdessen weiterhin regulär in ihrem Heimatverein. Von diesem Modell bin ich überzeugt. Ich empfehle es eigentlich auch allen Eltern, die uns fragen, was für ihren Nachwuchs am besten sei. Für mich sind das gewohnte Umfeld, echte Freundschaften und gutes Training viel wichtiger als ein NLZ-Stempel. Der Rest ergibt sich von allein. Denn gesehen werden die Kinder heute ohnehin. Das Talentscouting hat mittlerweile Ausmaße angenommen, dass mir schlecht wird. Im Jugendfußball siehst du bei x-beliebigen Nachwuchsspielen oft gleich mehrere Scouts und Berater, die äußerlich alle gleich aussehen und immer die tollsten Dinge versprechen. Das sind moderne Menschenhändler. Mich nervt und stört diese Entwicklung, die wir natürlich auch an der Fußballschule mitbekommen. Inzwischen haben wir entschieden, dass weder Besucher noch Eltern bei unseren Trainings zuschauen dürfen. Die Scouts sind meist nur zu Spielen da, aber zu oft ist es vorgekommen, dass Väter heiß gelaufen sind. Die standen dann teils sogar auf dem Platz und haben ihren Kindern irgendwelche Anweisungen gegeben. Und das war auch noch meist völliger Quatsch. Stattdessen wollen wir einen Raum schaffen, in dem sich die Kinder ausprobieren, eigene Entscheidungen treffen und sich entwickeln können. Die Jungen und Mädchen sollen Freiräume erleben. Das kommt, wenn ich auch mal kritisch auf das Nachwuchsleistungszentrum der Eintracht schaue, viel zu kurz. Da stehen manchmal mehr Trainer und Betreuer auf dem Platz als Spieler.

Insgesamt ist unser Draht zur Eintracht aber besser geworden. Viel besser. Die Fußballschule wird nun nicht mehr als bloße Arbeitsbeschaffungsmaßnahme für Ex-Profis gesehen, sondern als Aushängeschild. Wir bieten Eintracht zum Anfassen. Im wahrsten Sinne des Wortes. Zwischen April und Oktober sind wir knapp zwanzigmal mit unserer Traditionsmannschaft unterwegs. Das hat immer etwas von einem Volksfest, wenn wir irgendwo unter der Woche oder an Wochenenden auflaufen. Die Klubs müssen sich dafür bewerben und machen mit Unterstützung von Radiosendern und anderen Sponsoren echte Sausen daraus. Für uns Spieler ist es eine Ehre und zudem noch Ansporn, fit zu bleiben. Noch machen das bei Charly und mir und einigen anderen alten Säcken aus der 1980er UEFA-Cup-Sieger-Mannschaft die Knochen mit, wobei wir beim Aufwärmen schon mal genauer hinschauen, wer für die andere Seite aufläuft. Wenn da zu viele Jungspunde, also Kerle um die 40 dabei sind, dann reicht auch mal ein Kurzeinsatz. Grundsätzlich müssen unsere jungen Wilden wie Patrick Ochs, Matthias Hagner, Uwe Bein, Ervin Skela, Thomas Sobotzik oder Alex Meier die Laufarbeit machen. Dieses ungeschriebene Gesetz gilt aber sicher auch in jeder Alt-Herren-Truppe.

Ich selbst fahre nur wegen des Kuchens mit, sage ich inzwischen. Denn im Forderungskatalog, dem die Ausrichter vorher alle zugestimmt haben, steht, dass wir vor der Partie an einer Kaffeetafel sitzen müssen und am Abend dann bekocht werden. Dieses Beisammensein macht es besonders. Dazu gibt es eine kleine Antrittsgage für die Tradi-Spiele, was für jeden Einzelnen eine nette Nebeneinnahme ist. Gleichzeitig sind die Spiele für die Profi-Abteilung eine hoch effektive Werbemaßnahme. Wir repräsentieren und leben den Klub in der Stadt und im Umland, was sich von den meisten Spielern, die heutzutage im Profi-Fußball unterwegs sind, nicht sagen lässt. Es gibt Ausnahmen, aber da sind mir viel zu viele Wappenküsser unterwegs, die beim nächsten Angebot doch wieder den nächsten ach so wichtigen Karriereschritt machen wollen. Die wenigsten beschäftigen sich ernsthaft mit der Stadt, dem Klub und den Menschen. Das ist etwas, was mich am modernen Fußball stört.

Mittlerweile gehe ich selbst auch kaum noch ins Waldstadion. Nur, wenn ich gezwungen werde. Daher ist mein letztes großes Fußballerlebnis schon eine Weile her: Das war das Pokalfinale 2018 zwischen Eintracht Frankfurt und Bayern München im Berliner Olympiastadion. Ich war von der ARD als Gast im *Sportschau Club* eingeladen. Die Kollegen haben mir sogar einen Sitzplatz auf der Haupttribüne organisiert. Aber diese Karte habe ich Ilka gegeben. Ich bin stattdessen in die Frankfurter Kurve gegangen, für die meine Frau eine Karte hatte. Die Stimmung dort, wo die vielen, vielen Leute stehen, die die Eintracht im Herzen tragen, war bombastisch. Allerdings hat es im Block keine fünf Minuten gedauert, bis ich die erste Ladung Bier von weiter oben abbekommen habe. Dann die nächste Bierdusche. Und noch eine. Am Ende der ersten Halbzeit war mein weißes Hemd klatschnass. Schöne Scheiße, dachte ich mir, weil ich nichts zum Wechseln dabeihatte. Nach dem Spiel musste ich zu Alex Bommes ins Studio. Ich habe gestunken wie ein Brauerei-Lehrling. Aber offenbar störte das nicht, da sich Bommes ewig mit mir unterhalten hat. Andy Möller, der auch dort eingeladen war, und die Jungs aus der Pokalsieger-Mannschaft der Eintracht, die im Laufe der Sendung eintrudelten, sind kaum zu Wort gekommen. Möller erzählte, dass er bei meinen Spielen manchmal Balljunge hinter dem Tor war. Aber ganz ehrlich: Solche Auftritte brauche ich nicht mehr. Auch den Spaß in der Kurve überlasse ich gern den jüngeren Leuten. Vor allem, weil man dort die Hälfte verpasst, wenn es selbst im Spiel darum geht, irgendwelche farbigen Pappen hochzuhalten. Solche Spiele und die aus der Ferne schönen Choreografien schaue ich mir lieber auf der Couch an. Manchmal im Fernsehen, manchmal nur am Tablet. Denn die Zugänge zu den einzelnen Bezahlsendern bekomme ich über Freunde oder die Familie. Geld ausgeben will ich dafür nicht. Immer öfter erwische ich mich sogar dabei, dass ich zwischendrin mal kurz umschalte. Dann gucke ich lieber den Rosenheim Cops beim Ermitteln zu. Oder ich nicke ein. Ab und zu freue ich mich aber auch über Spiele, wenn mit Einsatz, Eifer und Galligkeit gespielt wird. Wenn sie richtig kämpfen, auch mal aus 30 Metern aufs Tor schießen oder sich einfach mal was trauen. Viel zu häufig wird mir aber nach einstudiertem Schema gespielt. Immer auf Sicherheit. Immer noch mal zum Torhüter. So wie es der Trainer wünscht, aber nicht, wie es der Spieler fühlt. Das nervt mich. Meine Leidenschaft für den Profifußball ist merklich weniger geworden.

Echte Fußballleidenschaft spüre ich an anderer Stelle. Seit dem Ende der Coronapandemie bin ich Co-Trainer des Eintracht Frankfurt Walking Football Teams. Dahinter steckt ein Trend aus England. Es geht darum, ältere Fußballer oder Fans bis ins höhere Alter an den Sport und den Verein zu binden, was hervorragend funktioniert. Ab und zu spiele ich dort auch mit und ziehe, wenn ich gebraucht werde, bei Turnieren nochmal das Trikot an. Vergangenes Jahr habe ich bei einem Cup in Almelo in den Niederlanden mitgemacht, weil wir am Finaltag ein paar Verletzte hatten. Es macht echt Spaß.

Anfangs war ich skeptisch, aber ab einem gewissen Alter ist das super. Körperkontakt und Laufbewegungen sind zwar verboten, dennoch geht es auf dem Feld zur Sache. Gespielt wird flach, höchstens bis Kniehöhe, und bei uns gilt die Regel, dass niemand den Torraum betreten darf. Es kommt also auf genaues Passspiel, gute Positionierung und gezielte Abschlüsse an.

Am Ende genau das, was mich schon als Spieler ausgemacht hat.

Die meisten unserer Frankfurter Spieler haben mich, da sie alle 55 und älter sind, sogar noch bei den Europapokalspielen für die Eintracht auf dem Rasen gesehen. Die schönen, alten Geschichten kommen also immer mal wieder aufs Tapet. Ich weiß zu schätzen, dass ich immer noch gebraucht werde. Ich liebe es, zweimal pro Woche in meine Eintracht Trainingsklamotten zu steigen, meine Tasche zu nehmen und mit der S-Bahn in die Stadt zu fahren. Seit einer halben Ewigkeit bin ich Bahnfahrer.

In meinen wilden Jahren hatte ich den Führerschein verloren. Bis heute habe ich ihn nicht zurück, obwohl ich beste Ergebnisse beim Idiotentest hatte. Alle Werte waren top, die Fragen hatte ich alle richtig beantwortet. Allerdings bin ich über das abschließende Gespräch mit dem Psychologen gestolpert: Der Bursche sei sich nicht sicher gewesen. Seinen Vorschlag, dass ich nach einer gewissen Frist den Führerschein noch einmal mache und dann den Idiotentest nochmal wiederhole, konnte er sich in die Haare schmieren. Das war mir zu bunt. Also bin ich Bahnfahrer oder lasse mich chauffieren.

Das Autofahren vermisse ich tatsächlich kein bisschen. Früher hatte ich schon meinen Spaß an PS-starken schicken Autos. Nach der Flucht leistete ich mir vom ersten Geld einen Ford Capri, später einen Porsche 911 oder mal einen Mercedes. Aber das brauche ich nicht mehr, mir reicht der rund um Frankfurt gut ausgebaute Nahverkehr. Ich bin echt gemütlich geworden. Mein Leben hat mittlerweile eine andere Schlagzahl. Viel langsamer, viel entspannter. Auf dem Weg zum Training sitze ich da und beobachte die Leute. In diesen Momenten freue ich mich über die Lebendigkeit der Stadt, die ich an meinen beiden Arbeitstagen allein schon durch die Fahrten erlebe. Das macht Spaß und hält die Birne frisch. Genauso wie der Umgang mit meinen jungen Talenten und die Bewegung mit der Walking-Football-Truppe. Ich genieße es, bei Wind und Wetter auf dem Fußballplatz zu stehen. Davon habe ich immer geträumt, und am Ende habe ich bis auf die Episode mit dem Schuhgeschäft in Kaiserslautern nie etwas anderes gemacht.

Meine Frau Ilka lacht über meinen Knochenjob. Sie ist ausgewiesener Workaholic. Morgens verlässt sie in aller Herrgottsfrühe unsere Wohnung, ist dann von einer Filiale zur nächsten unterwegs und kommt meistens erst nach Ladenschluss zurück. Zwischendurch telefonieren wir einmal, dann geht es meistens um unser Kind. Rudi heißt er und ist ein Dackel. In unserem Wohnort sind Rudi und ich tatsächlich kleine Stars. Wenn ich mehrfach täglich meine Runde mit ihm drehe, kommt es nicht selten vor, dass wir beide den Unterricht an der Grundschule im Ort stören. „Rudi", „Norbi", brüllen die Kinder und stehen am Fenster. Da ich jeden Tag sicher zwei, drei Stunden mit meinem Hund an der frischen Luft bin, kenne ich alle Kinder aus unserem Ort. Einige von ihnen sind natürlich auch Stammgäste beim Ferientraining.

In Liederbach, 20 Kilometer von der Innenstadt entfernt, habe ich inzwischen eine zweite Heimat gefunden. Trotz meiner Herkunft, den Jahren in München, in Cannes, Mannheim und Kaiserslautern, ist Frankfurt dieser Ort geworden. Mehr als die Hälfte meines Lebens habe ich inzwischen in dieser Gegend verbracht. Mich zieht auch nichts woanders hin, zumal meine Frau hier auch verwurzelt ist. Ilka würde mir schön den Marsch blasen, wenn ich ihr vorschlagen würde, uns in Polleben ein kleines Häuschen zu nehmen. Stattdessen haben wir eine nicht allzu große, aber für uns beide vollkommen ausreichende Mietwohnung mit Balkon. Kein Luxus, nichts Pompöses, aber gemütlich. Wir haben viele Freunde in nächster Nähe, und wenn ich einen Schritt aus der Tür mache, bin ich mit Rudi im Grünen.

Rudi steht übrigens nicht für Rudi Völler. Dies werde ich regelmäßig zwischen Spiel-, Sport- und Dorfplatz gefragt. Den Namen hat Ilka ausgesucht. Und wenn sie sich mal etwas in den Kopf gesetzt hat, dann wird das auch so gemacht. Die Namensgebung sorgte aber mal bei einem Tradi-Spiel der Eintracht für große Verwirrung bei meinem Mitspieler Rudi Bommer. Der wunderte sich, warum er den ganzen Abend aus irgendwelchen Ecken gerufen wurde. Das war ich. Allerdings wollte ich meinem Vierbeiner zwischendurch ein wenig Aufmerksamkeit schenken und nicht Rudi Bommer aus seinen Gesprächen reißen.

Dass ich mittlerweile einen Dackel an meiner Seite habe, spricht Bände. Das könnte auch eine Boulevard-Schlagzeile sein: „Der zahme Nachtweih. Vom Rottweiler zum Schoßhündchen." Tatsächlich sind meine Hunde immer kleiner geworden. Schon in der DDR war es mein Traum, dass wir uns für den Pollebener Hof einen Schäferhund zulegen. Aber das ging nicht, stattdessen hatten meine Großeltern einen Jagdhundmischling. Ein widerstandsfähiger Kerl, der nur bei den tiefsten Minustemperaturen mit ins Haus durfte. Den Rest des Jahres hat er draußen verbracht.

Als ich in Frankfurt mit Patricia zusammengezogen war, habe ich mir meinen Traum vom eigenen Schäferhund erfüllt. Über Kontakte bekamen wir Kerry von der Weisenau, ein tolles Zuchttier, der uns viele Jahre begleitet hat. Von Frankfurt zog er mit nach München. Er war die Ruhe auf vier Pfoten. Er hatte noch nicht einmal Probleme damit, dass wir ihm irgendwann auch eine Perserkatze an die Seite gestellt haben. Ganz im Gegenteil: Nicht selten schlief Shirin in Kerrys Armen, also quasi umarmt von seinen Vorderläufen. Er machte sich auch nichts draus, dass Shirin besser hörte. Wenn ich abends pfiff, um die beiden ins Haus zu holen, kam die Katze immer als Erste. Eigentlich sind Perserkatzen klassische Stubenhocker, was unsere aber nicht war. Shirin war wild, den ganzen Tag unterwegs und hatte einen starken Freund an ihrer Seite.

Kerry ist mit zwölf Jahren in Cannes gestorben und wir haben uns einen Rottweiler zugelegt. In einem französischen Fischerdorf waren wir als Familie mit Monsieur Jacques unterwegs. Ich habe den Anfängerfehler gemacht und mir gleich einen Welpen in den Arm legen lassen. Da war es um mich geschehen. Wobei mir ganz anders wurde, als ich seine Eltern sah. Unglaublich große und wuchtige Tiere, mit riesigen blutunterlaufenen Augen. Aber egal, die Entscheidung war gefallen. Mit ihm hatten wir gleich zu Anfang eine Menge Probleme. Es wurde ein ernstes Hüftleiden diagnostiziert, sodass uns noch in Frankreich geraten wurde, ihn besser einschläfern zu lassen. Stattdessen haben wir den Burschen gut gepflegt, jedoch immer darauf geachtet, dass er nicht zu schwer wird. Am Ende ist er zwölf Jahre alt geworden und war in Kaiserslautern die Attraktion meines Schuhladens. Vor Rudi gab es noch Othello, ein Labrador-Mischling, der viele Jahre bei der Fußballschule Kiebitz war. Bei fast jedem Training war er mit dabei und schaute zu. Nun habe ich Rudi an meiner Seite, der pflegeleicht ist, selbst wenn er manchmal laut wird, sobald ihm etwas gegen den Strich geht.

Mein Alltag besteht also aus zwei Trainingstagen und unzähligen Hunderunden. Und das macht mich glücklich. Inzwischen bin ich so weit, dass ich mich wegducke, wenn es mit meiner Walking-Football-Mannschaft um die Teilnahme an großen Turnieren geht. 2023 haben wir die Hessen-Meisterschaft gewonnen und wollen bei den deutschen Meisterschaften auflaufen. Dazu bekommen wir als Walking Football Team von Eintracht Frankfurt alle naselang Einladungen zu Turnieren in die Niederlande, nach Schweden oder nach England. Die Fahrten sind zwar immer toll, aber so richtig scharf darauf bin ich nicht mehr.

Ich habe nicht mehr das Gefühl, etwas zu verpassen. In den ersten sechs Jahrzehnten meines Lebens hat mich diese Angst wohl immer angetrieben. So erkläre ich mir heute meinen Hang, keinen Ausbruch aus dem Alltag auszulassen. Während der Doku-Dreharbeiten hat Uli Hoeneß den Satz über mich gesagt, dass es eine Schmach für mich gewesen wäre, wäre ich nicht dabei gewesen, wenn irgendwo Mist gebaut wurde. Recht hat er. Und ja, ich war tatsächlich immer mit dabei.

Heute muss ich schon zum Jagen getragen werden, wie zum großen Vereinsjubiläum meines Heimatvereins in Polleben. 2023 ist der „Traktor", wie der Klub früher hieß, einhundert Jahre alt geworden. Die Verantwortlichen fragten mich, ob ich ein paar frühere Bundesliga-Spieler zusammentrommeln könne, die dann gegen die Männermannschaft spielen. Natürlich konnte ich und habe eine gute Mannschaft aus früheren Profis zusammengestellt. Der Tag in meiner alten Heimat war speziell. Angereist bin ich mit Thomas Zampach. Wir haben etwas oberhalb des Sportplatzes geparkt und sind runtergelaufen. Polleben liegt in einem Tal, ringsherum ein paar sanft ansteigende Hügel, wie sie für das Harzvorland typisch sind. Rundherum gibt es Felder, auf denen inzwischen Windräder stehen. Am Sportplatz habe ich sofort die ersten Leute wiedergesehen, zum Teil das erste Mal seit fast 50 Jahren. Einige habe ich auf Anhieb wiedererkannt. Mitschülerinnen aus meiner Schulklasse. Oh Gott, war da was los. Auf dem Gelände müssen um die 1000 Leute gewesen sein. Es gab ein großes Festzelt, davor drehte sich ein Ochse am Spieß. Mehrere Bierstände. Um den ganzen Fußballplatz standen Menschen, ich habe immer wieder Hände geschüttelt. Als Moderator war der frühere Bundesliga-Spieler Guido Schäfer da, der inzwischen für die *Leipziger Volkszeitung* schreibt und manchmal in der Fußball-Sendung *Doppelpass* schlüpfrige Witze macht. Der hat mir auf seine lustige Art Löcher in den Bauch gefragt. Zum Spielen bin ich kaum gekommen, vielleicht insgesamt zehn Minuten. Aber selbst die wenigen Momente haben mir etwas bedeutet.

Noch einmal da aufzulaufen, wo alles begann, war etwas sehr Besonderes. Keine fünf Minuten zu Fuß von dort entfernt, war ich aufgewachsen. Auf diesem Rasen habe ich unendlich viele Stunden gekickt, gespielt, rumgehangen. Von dort aus bin ich losgezogen, um mit Freunden Unfug zu machen. All diese Erinnerungen kamen an diesem Nachmittag wieder hoch.

Während ich die Fragen des Moderators beantwortete oder mich eigentlich warm machen wollte, wurden mir am Spielfeldrand unzählige Bierchen gereicht. Meist verbunden mit der Frage: „Na, du kennst mich wohl nicht mehr?" Ganz ehrlich: Viele habe ich erkannt, aber bei weitem nicht alle. Da ich niemandem auf den Schlips treten wollte, habe ich aber bei allen immer so getan, als ob. Bei vielen Gleichaltrigen, vor allem bei den Frauen, war ich aber schockiert: Sie sahen aus, als wären sie dreimal so alt wie ich. Auch über so etwas habe ich mir Gedanken gemacht.

Offenbar altert man in meiner ostdeutschen Provinzheimat viel schneller als ich am Rande von Frankfurt. Als würde die Eintönigkeit, die Langeweile und die Tristesse zusätzlich Kraft kosten. Krass. Später am Abend ist mir im Festzelt bewusst geworden, wie anders mein Leben verlaufen ist. Was ich für ein verdammtes Glück hatte, die Welt kennenzulernen. Und dann dachte ich: Wie viele von ihnen hier haben vor 50 Jahren wohl davon geträumt, meine Chance zu bekommen? Die Chance zu flüchten, um die Welt zu sehen? War es nicht insgeheim der Traum von so vielen DDR-Bürgern, den ich seit meiner Entscheidung zur Flucht in Istanbul gelebt habe?

In diesem Moment sprach mich jemand an, den ich erkannte. Jemand aus meinem Heimatort, von dem ich immer ahnte, dass er nach 1976 für die Staatssicherheit meine Familie ausgespäht hatte. Er meinte, dass er sich mit mir gern mal in Ruhe unterhalten möchte. Dass er mir was erklären müsse. Dass es da noch etwas zu sagen gäbe. Aber wollte ich das hören? Eigentlich nicht. Seit dem Fall der Mauer habe ich es vermieden, genau zurückzuschauen oder in Erfahrung bringen zu wollen, was alles passiert war, ohne dass ich davon eine Ahnung hatte. Ich wollte keine schlafenden Hunde wecken. Mit dieser Strategie bin ich bislang gut gefahren. Während meiner ganzen Karriere habe ich mir nie Gedanken darüber gemacht, was alles hätte sein können. Ich hatte keine Angst und hatte mir auch keine machen lassen. Ich fürchtete mich nicht im Wald vor den Bäumen, so wie es Jörg Berger seit seiner Flucht bis tief hinein in die 1990er-Jahre erging. Ich wollte doch nicht anfangen, schlecht zu schlafen. Ich wollte auch keinen Hass und keinen Groll auf Menschen haben müssen, wie auf den, der mich da im Festzelt ansprach. Deshalb wollte ich nie in meine Stasi-Akten schauen. Allerdings sollte ich drei Wochen später ein großes Paket nach Hause geschickt bekommen. Ein Paket von der Stasi-Unterlagenbehörde aus Berlin. Anderthalb Jahre nach dem Antrag, den ich wegen der Fernseh-Doku über mein Leben dann doch eingereicht hatte, wurde mir meine Akte zugestellt. Dokumente im Umfang von zwei bis drei großen Aktenordnern. Ob ich diese Einsichtnahme bereuen werde?

DAS GROSSE GLÜCK UND BITTERE ERKENNTNISSE

Ich liebe mein Leben. Ich habe es immer geliebt. Von Kindheit an. Dieses Gefühl von Geborgenheit und Freiheit. Seit ich denken kann, haben mir meine Mutter und selbst mein Vater auf seine knochige Art eine Herzenswärme mitgegeben. Sie haben ein Umfeld geschaffen, in dem wir uns alle wohlfühlen konnten und füreinander da waren. Selbst wenn meine Brüder, Schwestern und ich den größten Mist gebaut haben, wussten wir, dass unsere Eltern hinter uns stehen. Absolut. Bedingungslos. Wenn ich zurückdenke, war da so ein Gefühl von unendlicher Freiheit. Wenn wir nach dem Fußballspielen in Polleben auf dem Rasen gelegen und in den Himmel geschaut haben. Einfach Freiheit. Oder wie wir uns fast in den Schlüpfer gepinkelt haben, wenn wir auf den Plantagen am Rande des Dorfes Äpfel, Kirschen oder Erdbeeren geklaut haben und der Aufseher kam. Wenn der arme alte Mann aus der Ferne drohend mit irgendetwas wedelte und manchmal sogar angerannt kam. Wie unsere Aufregung zunahm, die Herzen schneller schlugen, wir wegrannten und natürlich viel schneller waren, und wie wir dann wieder loslachten. Das war Freiheit.

Später an der Sportschule habe ich mein Leben auch genossen. Ich wusste ja, wie privilegiert ich war. Ich war der einzige Junge aus der Gegend, der beim Halleschen FC Chemie spielte und unter der Woche wegen seines Sports nicht da war. Mir war klar, wie leicht mir mein Fußballtalent Türen öffnete. Ich spürte, dass ich das Zeug für die DDR-Oberliga, die Bundesliga der DDR, hatte. Dass ich mich durchsetzen würde. Dass mein Leben der Fußball wird. Mehr wollte ich nicht, mehr hat mich eigentlich auch nicht interessiert. Eigentlich.

Erst als ich älter wurde, mit 16, 17, 18 Jahren, stellte ich fest, dass sich etwas änderte. Dass ich genauer hinsah, wenn irgendwo Westfernsehen lief. Ich beobachtete, dass das, was ich von drüben wahrnahm, anders wirkte. Dass der Fußball anders und irgendwie besser, schneller und attraktiver aussah. Die Stadien waren viel moderner. Kein Vergleich zu den Stadien, die ich in meinen ersten Spielen in der DDR-Oberliga für den Halleschen FC Chemie kennengelernt hatte. Diese Gedanken waren irgendwann da. Und sie nahmen noch mehr Raum ein, als ich mit der DDR-Juniorenauswahl 1975 in der Schweiz war. Als ich mir dort zwei Schallplatten gekauft habe, an die ich in meinem Land höchstens mit guten Beziehungen hätte herankommen können. Oder eben gar nicht. Aber da war noch mehr. In der Schweiz und insbesondere in Zürich sah es einfach anders aus, als ich es kannte. Natürlich ganz anders als in Polleben, aber auch anders als in Halle oder Leipzig. Und wenn es schon allein in der Schweiz so viel anders aussah, wie war es dann wohl erst in Frankreich oder Spanien? Oder woanders in der Welt?

Nachdem ich zum Turnier in der Schweiz war, wurde ich erstmal nicht wieder für eine Auslandsreise nominiert. Nicht aus sportlichen Gründen, aber so genau habe ich das damals nicht erfahren. Sicher auch nicht wegen meiner staunenden Blicke, die sicher keiner mitbekommen hatte. Aber vielleicht war es wegen der Schallplatten. Wer weiß? Jedenfalls spürte ich sehr deutlich, dass es mit den Freiheiten, die wir als DDR-Sportler allein in Bezug auf das Reisen hatten, sehr schnell vorbei sein konnte. Dass nur jemand in Halle oder Berlin den Daumen senken musste, sodass einiges nicht mehr möglich war. Ich bin als Jugendlicher nach und nach an so manche Grenzen gestoßen. Ich spürte sehr genau, dass meine Freiheit nicht so unendlich war, wie ich es als Kind empfunden hatte.

Aber, und das muss ich ganz deutlich sagen: Es ging mir gut. Es ging mir immer gut in meinem DDR-Leben. Da war zwar etwas, was mich störte. Aber ich fühlte mich nicht getrieben, irgendetwas zu verändern. Nicht in meiner Berufsschule, nicht in meinem Verein, nicht in den Nationalmannschaften. Das war nicht mein Ding. Dafür war ich viel zu bequem und vielleicht auch zu unkritisch. Ich fing vielleicht an, einige Dinge zu hinterfragen, aber ohne Konsequenzen daraus zu ziehen.

In dieser Zeit muss es angefangen haben, dass Jürgen Pahl, Burkhard Pingel und ich uns über die Bundesliga Gedanken gemacht haben. Unsere Phantastereien über eine Karriere im Westen waren aber kein bisschen konkret. Das hatte keine politische Dimension. Bei mir jedenfalls nicht. Uns ging es um den Wettbewerb, um die größtmögliche sportliche Herausforderung, die ganz offensichtlich nicht darin bestehen konnte, in Karl-Marx-Stadt gegen Lokomotive Leipzig oder gegen Chemie Böhlen zu spielen, sondern die auf der anderen Seite der Mauer zu finden war.

Von diesem Bundesliga-Traum abgesehen war ich aber ein ganz normaler DDR-Bürger. Einer, der auf die Sportler seines Landes stolz war, der im Fußball etwas erreichen und für sich und seine Familie ein gutes Leben haben wollte. Einer, den das große Ganze nicht interessierte. Der sich über inszenierte Parteitage, die politischen Paraden in Berlin mit Panzern, Nelken und winkenden Politikern mindestens hinter vorgehaltener Hand lustig machte. Aber ich war auch einer, der sich freute, als mit Hans-Joachim Hartnick 1976 mal wieder ein DDR-Sportler die Friedensfahrt gewann oder die DDR mit der Sowjetunion gemeinsam an der ersten Weltraummission arbeitete. Politischer als das musste es nicht werden. Der ganze Überbau spielte für mich in der DDR nie eine Rolle. Das nahm ich nicht ernst, wie so viele DDR-Bürger die politische Klasse nicht ernst nahmen. Viel lieber habe ich mich um meine eigenen Dinge gekümmert: um meine Fußballerlaufbahn, meine Freizeit, meine Familie.

Dass mein Leben politisch werden würde, daran habe ich im Mannschaftsbus auf der Fahrt von Bursa am 16. November 1976 nach Istanbul am wenigsten gedacht. Ich habe an meine Familie gedacht. An meine Eltern und meine Geschwister. Ich habe mich gefragt, ob ich den Mut habe, sie alle hinter mir zu lassen. Ich habe an die andere Welt gedacht, die direkt an meine grenzte, die viel größer zu sein schien und jetzt auf einmal erreichbar war. Vor allem aber habe ich an die Bundesliga gedacht.

Anfang Juli 2023, also 45 Jahre nach der Busfahrt von Bursa nach Istanbul, hatte ich nun einen Pappkarton in der Hand. Absender ist die Stasi-Unterlagenbehörde in Berlin. Mein Postbote hat gerade geklingelt. Rudi war außer sich, wie er es immer ist, wenn es an der Tür klingelt. Den Karton mit den Akten stelle ich im Wohnzimmer neben unseren Tisch. Ich überlege, ob ich ihn gleich jetzt öffne oder ihn erst einmal dort stehen lasse. Aber das habe ich viel zu lange getan. Im Prinzip habe ich mir mein ganzes Leben lang keine Gedanken über mein Leben gemacht. Den Blick zurück habe ich immer vermieden. Jetzt liegt ein wichtiger Teil meines Lebens auf dem Boden meines Wohnzimmers. Ich muss nur zugreifen. Also hole ich ein Messer und schneide das Paketband langsam und behutsam auf. Unter einer Lage Verpackungsmaterial findet sich ein Stapel Papiere. Obendrauf liegt ein Schreiben. In dem steht, dass es 875 Seiten sind. 875 Seiten kopierte Akten. Manche sollen gut erhalten sein, manche waren schon im Original von schlechter Qualität. In dem Begleitschreiben sind für das bessere Verständnis auch Abkürzungen wie VVS für Vertrauliche Verschlusssache, ZOS für Zentraler Operativstab oder UGÜ für Ungesetzlicher Grenzübertritt erklärt. Zudem wird darauf hingewiesen, dass in den Dokumenten in der Regel nur die Decknamen der hauptamtlichen und inoffiziellen Mitarbeiter der Staatssicherheit zu finden sind. Dass ich, wenn ich die richtigen

Namen erfahren möchte, lediglich einen Antrag stellen muss. Alles ganz einfach. Aber eigentlich wollte ich so etwas nie erfahren. Nun ist es zu spät.

Ich nehme den ersten großen Stapel, der aus sicher 60 bis 70 Blatt Papier besteht, und fange an, ein wenig zu blättern. Ich sehe Kopien von Fotos. Fotos von meinem Haus in Frankfurt. In Maintal. Mit einem schwarzen Pfeil ist die Abfahrt von der Bischofsheimer Straße auf den Luisantring gekennzeichnet. Darunter ist ein Foto von Parkmöglichkeiten in nächster Nähe zu unserem Hauseingang. Auf den nächsten Seiten gibt es dann Fotos von unserer Haustür, von den Nachbarhäusern. Auf einem Foto der Rückansicht des Hauses ist zu sehen, wie eine Bettdecke über dem Geländer des Balkons hängt. Das Schreiben vom 12. März 1981 ging persönlich an den Leiter der Hauptabteilung XX, Genosse Generalmajor Paul Kienberg. Die Hauptabteilung XX war seit 1964 für die Sicherung und Kontrolle von Staatsapparat, Leistungssport, Kirchen, Kultur und Opposition zuständig, lese ich nach. Das Schreiben solle zur Vorbereitung von Absprachen dienen, heißt es in den Akten. Was für Absprachen?, frage ich mich.

So weit war das alles noch erträglich. Aber dann tauchen weitere Bilder auf. Aufgenommen an einem anderen Tag, offenbar im Sommer. Diesmal war der umtriebige „Fotograf" nicht nur im Umfeld meines Hauses unterwegs. Sondern er war sehr nah an uns dran. Auf einem Bild sehe ich meinen Schäferhund Kerry, der es sich auf einem unserer Sonnenstühle auf der Terrasse gemütlich gemacht hat. Die Ohren sind leicht aufgestellt. Und er blickt in Richtung des Fotografen. Kerry hat ihn also entdeckt. Auf den Rückseiten aller Bilder finden sich handschriftliche Erläuterungen. Da steht so etwas wie: „Vom Garten aus. Wohnzimmerfenster, oben ist das Schlafzimmer." Entwickelt wurden die Bilder bei Kaufhof, jeweils mittig ist ein Aufkleber, der das verrät. Dann wird mir doch anders. Kerry ist jetzt auf einem Foto im Haus zu sehen. Die Ohren weiter aufgestellt, den Blick zur Seite gerichtet. Sitzend.

Wahnsinn, die waren in meinem Haus! Die waren bei uns drin! Als mein Hund da war. Ein Schäferhund! Kerry war zwar nie aggressiv, aber für gewöhnlich hat er auf andere Menschen Eindruck gemacht. Allein wegen seiner kräftigen Statur. Wie kann es sein, dass er in dem Moment ein Schoßhündchen ist? Ich überlege. Offenkundig muss die Foto-Aktion geplant gewesen sein. Also entweder wurde sie von einem Hundeliebhaber durchgeführt oder die haben zu Kerry Vertrauen aufgebaut und ihm irgendein Mittel verabreicht. Zu guter Letzt kommen noch Fotos aus der ersten Etage. Die Tür zum Schlafzimmer ist zu sehen.

Als ich mir das ansehe, kommt das nächste komische Gefühl hoch. Nicht, dass ich jetzt nachträglich Angst bekomme. Aber es fühlt sich doch ziemlich unbehaglich an. Zu wissen, dass die Staatssicherheitsleute oder irgendwelche Mitarbeiter von denen in der Lage waren, unbemerkt in mein Haus einzusteigen, während mein Schäferhund auf dem Teppich liegt. Dass sie den Weg zu meinem Bett dokumentierten. Wozu brauchten sie das? Sicher nicht, um mir zum Einschlafen ein Märchen vorzulesen oder mich morgens pünktlich zu wecken, damit ich nicht zu spät zum Training komme. Das war doch Wahnsinn.

Aus den Akten geht nicht hervor, wer der Fotograf war. Aber, ganz ehrlich, das interessiert mich auch weiterhin nicht. Ich sehe das so, dass diejenigen, die für den Apparat gearbeitet haben, irgendwie Überzeugungstäter waren. Ich merke, wie ich die faktischen Beweise gleich wieder von meiner Geschichte trenne. Nicht falsch verstehen, ich will deren Verhalten damit nicht entschuldigen oder relativieren. Aber die müssen irgendwas Größeres im Sinn gehabt haben, müssen an irgendetwas geglaubt haben. Sonst machst du das doch nicht! Zum Teil wurden sie vielleicht auch gezwungen. Ich glaube aber nicht, dass sich alle kleinen und mittleren Stasi-Handlanger der Tragweite ihrer Handlungen bewusst waren. Es ging ihnen nicht um mich persönlich. Davon bin ich überzeugt.

Jetzt kommen, wie ich so in Liederbach an meinem Esstisch sitze, Erinnerungen hoch. Als ich zu Uli Hoeneß ins Büro geholt wurde, wo ein BND-Mitarbeiter bei ihm war und ich erfuhr, dass ein Stasi-Spitzel aufgeflogen war. Der Mann war Westdeutscher, lebte in Frankfurt und arbeitete bei Opel. Bei ihm wurden meine Adresse und die Kennzeichen unserer Autos gefunden. Der Spitzel hatte auch die Zeiten notiert, wann ich vom Training heimkomme und wann ich morgens losfahre. Aufgeflogen ist der Kerl, der ein glühender Kommunist gewesen sein soll, weil ihn sein eigener Sohn angezeigt hatte, wenn ich mich richtig an das Gespräch mit dem BND-Mann erinnere.

Mir hat das damals keine größeren Sorgen bereitet. Ich fühlte mich im Westen sicher. Ich erinnere mich noch, dass ich aus dem Gespräch raus bin und dachte: „Unglaublich." Aber damit war es dann auch gut. Ich habe das abgehakt und mich dann nicht mehr damit beschäftigt. Schließlich war der Opelaner aus Frankfurt gefasst worden und saß hinter Schloss und Riegel. Keine Gefahr mehr. Dass ein komplettes System dahintersteckte, so weit habe ich nicht gedacht. Aber vielleicht wollte ich das auch gar nicht wahrhaben.

Der Sporthistoriker Dr. René Wiese bestätigt immer wieder, dass sich Westdeutsche – wie beispielsweise auch Uli Hoeneß – nicht vorstellen konnten, wie weit der lange Arm der Stasi im Westen reichte. In meinem Fall sogar bis zur Schlafzimmertür.

Jetzt weiß ich also, dass die Staatssicherheit tatsächlich jemanden beauftragen konnte, in mein Privatleben einzudringen. Um Fotos vom Esstisch und zum Eingang zu meiner Liebeshöhle zu machen. Sogar während Kerry zu Hause war. Mein Schäferhund, vor dem sich selbst geübte Einbrecher hätten in die Hose scheißen müssen.

Ich bin etwas aufgewühlt. Nun frage ich mich doch, ob mich die Bilder damals mehr beunruhigt hätten als die reine Information, dass da jemand meine Kennzeichen, Adressen und Fahrtwege studiert hat? Wahrscheinlich nicht, wahrscheinlich hätte ich das genauso abgehakt. Wahrscheinlich war das mein Schutzanzug, den ich mir unbewusst zurechtgelegt hatte. Der mir half, alles, was mir hätte Angst machen können, von mir fernzuhalten.

Meine Leselust war nun geweckt. Wie damals in meiner Bayern-Zeit im Doppelzimmer mit Klaus Augenthaler. Nur dass ich diesmal keine Spionageromane las, sondern Tatsachenberichte über mein Leben. Ich erinnerte mich an den Vermerk, der mir schon bei einer ersten Einsichtnahme in die Unterlagen in Berlin aufgefallen war. In einem dieser ellenlangen Schreiben, die in den Unterlagen zu finden sind, steht etwas von „Rückführung".

Als Nächstes fand ich so etwas wie einen Masterplan. Erstellt am 25. März 1980 in Halle von Generalmajor Schmidt, dem Leiter der Bezirksverwaltung. Überschrieben mit „Operativplan zur zielgerichteten Weiterbearbeitung der OV ‚Sportverräter' Teilvorgang 38". Einleitend steht da, welche Ziele die Sportsfreunde dreieinhalb Jahre nach der Flucht von Jürgen Pahl und mir verfolgten: Demnach soll es zu dem Zeitpunkt darum gegangen sein, geeignete Personen zu suchen und zu finden, die uns im Operationsgebiet bearbeiten konnten. Bearbeiten? Genauer definiert wird das nicht. Eindeutiger sind schon die anderen beiden Punkte. Aus denen geht klar hervor, dass die Staatssicherheit Angst hatte, dass wir andere DDR-Sportler zur Republikflucht anstiften könnten. Dies sollte „vorbeugend verhindert" werden. Zudem sollten Beweise für eine eventuelle Beteiligung an der Abwerbung von Lutz Eigendorf dokumentiert werden.

Lutz Eigendorf, wie bereits zuvor schon gesagt mein Teamkollege in der DDR-Juniorenauswahl und Zimmerkamerad in Bursa, war im März 1979 geflüchtet. Als Spieler des BFC Dynamo Berlin, des Stasi-Klubs, war er seinerzeit ein größerer Fisch als Jürgen und ich, denn er war ein etablierter Oberliga-Spieler und auch schon sechsmal für die DDR-Nationalmannschaft aufgelaufen. Vor allem aber kritisierte Lutz in der West-Presse die DDR ziemlich unverblümt. Das war etwas, was wir immer vermieden hatten.

Schlucken musste ich unter römisch eins, Punkt zwei: Da steht wortwörtlich: „Einleitung einer Festnahmefahndung gegen die Personen Pahl und Nachtweih durch die Abteilung IX der BV Halle. Termin der Einleitung: 26. März 1980, also einen Tag nach dem Verfassen des Schreibens. Die Abteilung IX war laut des beiliegenden Infoschreibens seit 1950 zuständig für Bearbeitung von Untersuchungs- und Ermittlungsverfahren zu politischen Straftaten, Schwerkriminalität, Wirtschaftsvergehen, Nazi- und Kriegsverbrechen, Militärstraftaten sowie Straftaten von Mitarbeitern des Ministeriums für Staatssicherheit.

Ich bin kein Historiker und werde auch keiner mehr, aber mir ist klar, dass unser Fall nicht in Vergessenheit geraten war. Im Gegenteil: Wir waren von Interesse für die wichtigen Leute im Apparat. Unschlüssig bin ich mir aber bezüglich des Begriffs Festnahmefahndung. Zumal diese erst im März 1980 eingeleitet worden ist. Was hatte sich damals verändert? Ad hoc finde ich darauf erst einmal keine Antwort, aber es reicht der Rest des Operativplans, um zu verstehen, dass die schon mit Kanonen auf uns Spatzen schießen wollten. Neben den Bezirksverwaltungen Halle und Gera waren die Kreisdienststellen Gera, Hettstedt, Eisleben, Hohenmölsen, Sangerhausen und Aschersleben in die Arbeiten eingebunden. Bei Letzteren ging es offenbar um die Kontrolle unserer Kontakte zu unseren Familienmitgliedern in der alten Heimat. Weiter hinten steht zudem, dass geprüft werden soll, ob sich in unserem Verwandtschaftsumfeld Personen befinden, die als inoffizielle Mitarbeiter angeworben werden können.

Und dann wird es für mich richtig spannend: Mein Schwager, der Mann meiner Schwester Jutta, wird explizit genannt.

Er und noch zwei weitere Bekannte aus dem Mansfelder Land wurden diesbezüglich aufgeführt.

In der Bezirksdirektion Halle wurde wiederum geprüft, welche inoffiziellen Mitarbeiter im Raum Frankfurt/Main zur Verfügung stehen und zur Informationsgewinnung genutzt werden können. Mehr noch: Im Plan ist festgehalten, dass der Aus- und Einreiseverkehr von und nach Frankfurt geprüft werden sollte. Ziel war es, Personen aufzuspüren, die sich zur Informationsgewinnung mit einiger Wahrscheinlichkeit eignen konnten.

Aber es geht noch weiter: Auf Basis eines Informationsbedarfsplans sollte eine Liste aller verfügbaren inoffiziellen Mitarbeiter aus den Kreisdienststellen Gera, Weißenfels, Hohenmölsen, Sangerhausen, Hettstedt und Eisleben erstellt werden.

Dazu gibt es noch weitere Punkte. So sollen insbesondere bei „festgelegten Fußballvergleiche[n] zwischen Mannschaften der BRD und der DDR in der BRD" überprüft werden, ob Jürgen Pahl und ich versuchen, Kontakt zu DDR-Spielern herzustellen. Festgehalten wurde auch, dass Einreisen verhindert werden sollten, die in Verbindung zu uns standen. Also beispielsweise Besuche von Patricia in Polleben, die bis dahin zweimal genehmigt worden waren. Und, auch da wird es spannend, Treffen von uns mit unseren Familienmitgliedern im sozialistischen Ausland sollten zukünftig verhindert werden. Mein Familientreffen in Brünn war ihnen offenbar ein Dorn im Auge.

Grinsen muss ich, wenn ich an dieser Stelle weiterlese. Denn natürlich bezogen sich die Sportsfreunde auf das Treffen in Brünn. Zusätzlich sollte nun auch geprüft werden, wer von meinen Verwandten verbotenerweise über BRD-Währung verfügt. Dabei hatte ich das Geld, das ich zum UEFA-Cup-Auswärtsspiel dabeihatte, extra in Ostmark umtauschen lassen. So ganz genau wussten sie also nicht Bescheid.

In dem insgesamt zehnseitigen Dokument geht es immer so weiter. Sauber strukturiert sind die getroffenen Maßnahmen aufgelistet, mit klaren Anweisungen, immer mit Verantwortlichkeiten und zum Teil mit Fristen. Zwischendurch denke ich, dass ich tatsächlich einen Spionageroman lese. Aber nein, das war echt. Und noch zwei weitere Punkte will ich nicht unerwähnt lassen. Weil sie zeigen, wie sich die Staatssicherheit in das normale Leben der Menschen eingemischt hat. Zum einen wurde veranlasst, dass die Konsumgaststätte Glück auf, wo meine Mutter manchmal arbeitete und mein Vater gern einkehrte, zum Operationsgebiet wurde. Die Stasi wusste, dass meine Eltern auch über die dortige Telefonleitung mit mir sprachen. Zum anderen gab es einen Punkt, der mich aufhorchen ließ: Es sollte geprüft werden, inwieweit im Wohn- und Freizeitbereich meiner Angehörigen Aufklärung betrieben werden kann.

Ich weiß, wo das hingeführt hat. Aber so etwas in diesem Beamtendeutsch zu lesen, ist auch Jahrzehnte später einfach krass. Denn es ging dabei um das Verwanzen der Wohnung von meiner Schwester Jutta in Sangerhausen. Dann fällt mir ein Brief von ihrem Mann Dieter in die Hand. Vom 17. April 1980. Gesendet an Patricia und mich. Es geht um die abgelehnte Einreise von Patricia und die erneute Vorladung meiner Eltern durch die Staatssicherheit. Dieter, den die Stasi, wie es im Operativplan steht, zum inoffiziellen Mitarbeiter machen wollte, ist auf 180. Ich zitiere:

„So ist nun unsere sozialistische Freiheit. Eltern, die ihren Sohn wiedersehen wollen, werden solchen Repressalien ausgesetzt. Ich weiß nicht, ob die Mutter Euch das schreibt. Ich bin der Meinung, Ihr solltet es wissen, was bei uns los ist. Meinetwegen sollen sie den Brief beschlagnahmen und lesen. Die ganze Welt sollte wissen, was hier los ist. Dafür gehe ich gerne in den Knast. Das Leben hier ist nach außen hin nur Schau. Wir haben nur die große Fresse und es steckt nichts dahinter. Schade, Patricia, daß nun alles vorbei ist. Wer weiß, ob wir Euch jemals wiedersehen. Eines verspreche ich Euch aber! Ich weiß nicht, wie die Eltern darüber denken, auf jeden Fall werde ich Euch alles schreiben, was sie mit den Eltern machen. Unser Staat muss ein jämmerlich schlechtes Gewissen haben. Am Freitag wissen wir dann mehr. Ich werde euch dann alles berichten, was los war. Jutta ist nämlich auch fix und fertig. Sie wäre gar nicht in der Lage jetzt zu schreiben ..."

Als Stasi-IM, so viel steht fest, hat sich Dieter damit nicht empfohlen. Interessant ist, dass ich erst einmal keinen weiteren Brief von ihm finde. Allerdings die Protokolle der Vernehmung meiner Eltern. Also lese ich da weiter.

Am 18. April 1980 fand um 10.30 Uhr die Vernehmung in Halle statt. Meine Mutter war nervös. Dies sagt sie auch so, gibt sie offen zu Protokoll. Sie sagt auch, dass sie meine Flucht weiterhin aufrege. Seitdem waren mittlerweile dreieinhalb Jahre vergangen. Sie erzählt auch von unserem Treffen in Brünn. Und erwähnt ein Detail. Demnach sei ich vor meiner Flucht sauer gewesen, dass mein Trainer mir die Spielprämie kürzen wollte. Aber so genau könne sie das nicht sagen, da sie in Brünn so aufgeregt war, als sie mich wiedersah, sodass sie die Gespräche gar nicht komplett mitbekam. Sie erwähnt noch, dass sie viel geweint hätte und mit den Nerven fertig war. Das kann ich alles so bestätigen.

Bis 13 Uhr soll meine Mutter in dieser Vernehmung gesessen haben. Ich sehe sie vor mir, wie sie gelitten hat. Denn mit dem Staat wollte sie nie Ärger haben, wie die meisten DDR-Bürger, die ich kannte. Ich habe sie noch erlebt, wie sie rund um den Knastaufenthalt meines Bruders Uwe gelitten hat. Und nun saß sie in der von der Außenwelt abgeriegelten Stasi-Zentrale in Halle-Neustadt. Aus meinen Spionageromanen weiß ich, wie solche Verhöre über die Bühne gingen. Wie sie in die Länge gezogen wurden, wie die Leute schikaniert worden sind. Davon steht hier nichts, die Stasi-Typen wähnten sich bestimmt im

Recht. Aber ich weiß, wie sehr meine Mutter in solchen Situationen litt.

Parallel dazu ging es bei meinem Vater los. Am gleichen Tag startete sein Verhör. Allerdings um 9 Uhr. Und laut Protokoll war es schon eineinhalb Stunden später wieder vorbei. Die Vernehmung war also erheblich kürzer als die meiner Mutter, was mich vermuten lässt, dass es ihr ungemein schwerfiel, die Fragen zu beantworten. Vielleicht wurde sie auch drangsaliert. Aber darüber haben mir beide nach der Wende nie etwas erzählt.

Auch mein Vater antwortete den Typen offen. Sprach von Patricias Besuchen und unserem Wiedersehen in Brünn. Aber das war ja auch richtig so, schließlich wussten die sowieso fast alles. Lustig finde ich bei meinem Vater, dass er Dinge sagte, die die Stasi hören wollte. Er hat das geschickt einfließen lassen. Dass ich mich wohl vom Westen und den Verdienstmöglichkeiten habe blenden lassen. Dass ich sicher auf der Straße landen würde, wenn meine sportlichen Leistungen nicht mehr stimmten. Auch er sprach davon, dass ich über den Junioren-Nationaltrainer Werner Basel verärgert war, dass ich nur die halbe Prämie bekommen sollte, weil ich zwei Torchancen ausließ. Ganz ehrlich, dieses Detail hatte ich völlig vergessen. An das Spiel in Bursa, mein letztes für die DDR, habe ich keine Erinnerung mehr. Die Bilder sind wie ausgelöscht. Selbst als ich vor wenigen Monaten in Bursa war, kamen nur die Erinnerungen an das Hotel und das Gespräch mit dem Amerikaner wieder hoch. Aber nichts zum Spiel.

Großartig finde ich, dass mein Vater nicht versuchte, meinem Mitflüchtling Jürgen Pahl die Schuld in die Schuhe zu schieben. Er merkt zwar an, dass ich kein Englisch konnte, aber das haben die Sportsfreunde auch so gewusst. Allein die Fehlstunden in Englisch dürften eine klare Sprache gesprochen haben.

Von unserem Treffen in Brünn berichtet er detailliert. Sie sind am 18. März 1980 abends mit dem Bus nach Leipzig gefahren. Von dort aus mit der Bahn über Bad Schandau über die Grenze in die CSSR. In Brünn sind sie am nächsten Mittag eingetroffen. Eine Stunde vor meiner Ankunft mit der Mannschaft. Er berichtet von den Gesprächen, die wir geführt hatten. Dass er wissen wollte, weshalb ich sie damals verlassen habe. Er erzählt, dass meine Mutter fast die ganze Zeit nur geweint habe. Und er gibt zu Protokoll, dass sie sich sehr gefreut hätten, mich wiederzusehen

Eines wird mir durch die Vernehmungen klar. Unser Treffen in Brünn hat für eine Verschärfung der Maßnahmen gesorgt. Bislang habe ich nur Akten aus dem Jahr 1980 in der Hand gehabt. Offensichtlich haben wir einen Nerv getroffen mit unserer Wiedersehensfeier im Hotel National, der begleitenden Berichterstattung der *Bild*-Zeitung und den von mir mitgebrachten 10.000 Ostmark.

Gelitten haben unter den neuen und härteren Maßnahmen des Operativplans nicht nur meine Eltern. Sondern alle Menschen in Polleben. In einem Aktenvermerk vom 14. April 1980 steht, dass Generalmajor Herfurth und Major Fleischer beschlossen hatten, dass rückwirkend zum 8. April 1980 der Ort Polleben in Postzustellung gestellt wurde. Soll heißen: Ab dem Zeitpunkt, vermutlich sogar bis zur Wende, wurde der gesamte Brief- und Paketverkehr aus meinem Heimatort in den Westen oder in die DDR und umgekehrt kontrolliert. Und zwar von einem Hauptmann, dessen Namen ich an dieser Stelle nicht nenne. Schließlich hatte der mit Postkarten von der Ostsee und sonstigem Briefverkehr genug zu tun gehabt. Um genau zu sein, an Wochentagen zwischen 15.30 Uhr und 16 Uhr sowie um 22 und 23 Uhr. Sowie an Sonnabenden zwischen 16 und 17.30 Uhr. Also, ich hoffe sehr, dass der fleißige Hauptmann seinen Job geliebt hat. Zumal er neben dem Lesen von Urlaubspostkarten noch einen weiteren, deutlich komplexeren Auftrag bekam: Er sollte die Handschrift von meiner damaligen Freundin

Patricia, ihrer Mutter und mir mit den Schreiben abgleichen, um eventuelle Deckadressen ausfindig zu machen. Was für ein Wahnsinn!

Ich bin immer noch im Jahr 1980. Während der Auftrag zur Postweiterleitung relativ amüsant war, ist das, was ich jetzt lese, nicht mehr so lustig. Nun geht es um die Spitzeltätigkeit einer sogenannten Freundin meiner Schwester Jutta. Die wohnte bei ihr in Sangerhausen im gleichen Eingang. Ich meine sogar, direkt gegenüber. Dass sie eine der Verdeckten war, hatten wir in der Familie nach der Wende irgendwann vermutet. Aber das kennt jeder Ostdeutsche. Nach dem Ende der DDR hat sich jeder gefragt, wer denn jetzt eigentlich alles für die sogenannte Firma im Einsatz war. Bis 1989 sollen allein 189.000 inoffizielle Mitarbeiter gelistet gewesen sein. Es jetzt aber schwarz auf weiß zu lesen, wie engmaschig das war, ist heftig.

Am 6. Juni 1980 wurde eine sogenannte Maßnahme „B“ in der Wohnung der Familie Lücke beschlossen. Hinter diesem Kürzel verbirgt sich die Abhörung der Raumgespräche, wie ich nachlese. In Klartext: Die Wohnung meiner Schwester in Sangerhausen wurde verwanzt.

Im Schreiben ist festgelegt, wann und wie der Einbau der Wanzen erfolgen sollte. Drei bis vier Stunden Zeit seien dafür eingeplant gewesen. In dieser Zeitspanne musste sichergestellt sein, dass sowohl meine Schwester als auch ihr Mann und die Kinder nicht zu Hause waren und dass auch die Nachbarn in der Mietwohnung oben drüber nichts mitbekamen. Die angrenzende Wohnung der inoffiziellen Mitarbeiterin, der sogenannten Freundin meiner Schwester, durfte ausdrücklich genutzt werden.

Die Erkenntnisse aus der Maßnahme „B“ hielten sich offenbar in argen Grenzen, sodass die Technik nach acht Monaten wieder abgebaut wurde. Vermutlich hatten sie nach Dieters emotionalen Zeilen an Patricia und mich erheblich mehr erwartet. Aber soweit ich weiß, wollten meine Verwandten nicht flüchten. Sie hätten mich gerne viel häufiger gehört und vor allem gesehen. In erster Linie wollten sie aber in Ruhe ihr Leben weiterführen. Aber das haben diese Drecksäcke nicht verstanden. Ich erkenne deutlich, dass die Stasi in jeder noch so privaten Äußerung eine Gefahr gewittert hat. Der Feind war für sie überall.

Praktisch war die Maßnahme „B“ für meine Eltern. Denn die Stasi-Typen hörten brühwarm, dass die Personalausweise von meiner Mutter und meinem Vater eingezogen wurden. Am 23. Juni 1980 gab es einen Aktenvermerk dazu. Demnach habe das Volkspolizeikreisamt vom Ministerium des Inneren einen solchen Auftrag erhalten. Der Oberstleutnant Reinicke, der diesen Vermerk bearbeitete, versuchte in seiner Firmenzentrale in Berlin herauszubekommen, welche Person das veranlasst hatte. Aber an die Information kam er nicht heran. Immerhin hatten meine Eltern ihre Personalausweise am 24. Juni wieder zurück. Also schon am nächsten Werktag. Wie schnell manche Dinge gehen konnten, beeindruckend.

Jetzt brauche ich Frischluft und Rudi seine Hunderunde. Also gehen wir raus. Mir raucht der Schädel. Im Laufe des Vormittags habe ich nur einen Bruchteil der Akten gelesen. Bislang alles aus dem Jahr 1980. Das Jahr, in dem ich in Brünn meine Eltern, Uwe und Jutta traf. Offenbar hat die Stasi die kurze Familienzusammenführung sehr verärgert. Schlauer bin ich aber noch nicht, was es mit der Rückführung auf sich hatte, von der ich in Berlin in der Stasi-Unterlagenbehörde gelesen hatte. Außerdem ist mir bis heute ein Rätsel, warum Jürgen Pahl und ich in Istanbul, also in den Tagen nach unserer Flucht, so unbehelligt unterwegs sein konnten.

Meistens bin ich mit Rudi zwei Stunden am Stück unterwegs. Gemeinsam kennen wir jeden Weg. Egal ob im Winter oder bei brütender Hitze wie heute. Jedenfalls gibt es jetzt nur eine kleine Runde. Mich zieht es zurück an den Tisch in meinem Wohnzimmer. Als Erstes will ich für mich das Thema Rückführung klären.

Ich finde wieder ein Schreiben aus dem Mai 1980. Es stammt von der Zentralen Auswertungs- und Informationsgruppe. Diese Truppe fertigte wohl Berichte und Lageeinschätzungen für die Partei- und Staatsführung an. Die berichteten also für die oberste Etage im Arbeiter-und-Bauern-Staat. Und ich sage mal so: Besonders zufrieden waren die nicht. Es wird unverhohlen die schlechte Zusammenarbeit der Stasi-Bezirksverwaltungen Halle und Gera kritisiert. Insbesondere die Tatsache, dass die Kollegen bei unserem Familientreffen, von dem sie wussten, nicht vor Ort waren. Das Schreiben hat aber noch eine andere und neue Qualität. Gleich auf der ersten Seite wird ein neues Ziel formuliert: die Prüfung der Rückführung in die DDR.

Rückführung also. Was damit gemeint ist, steht in einem weiteren Schreiben aus dem Mai 1980. Dieses stammt von der Abteilung XX/5, die für politische Untergrundtätigkeit im Osten und Westen zuständig war. Gekümmert haben sich diese Herrschaften um ehemalige DDR-Bürger im Westen. Über ihre Leute in einer anderen Abteilung konnten sie Reisekader in den grenzüberschreitenden Verkehr einschleusen. Konkret: Es konnten spezielle inoffizielle Mitarbeiter für Fahrten eingesetzt werden, die von westdeutschen Firmen durchgeführt wurden. Genannt werden im Dokument die Firmen Deutrans und Kühne und Nagel. In dem Schreiben heißt es, dass die Fahrten dieser Unternehmen wegen Rückladungen aufgesucht werden können. Aber im ersten Schritt nur, um vorerst eine Objektaufklärung vorzunehmen. Benannt werden die Bundesstraße und meine Adresse. Und dann steht dort die Notiz, dass eine Erweiterung der Aufträge geprüft werden kann. Angehängt ist ein Arbeitsauftrag für die Reisekader, die einige banale Informationen zu meinem Reihenhaus sammeln sollten, etwa die

Möglichkeiten, vorzufahren. Aber eben auch, ob es polizeiliche Sicherungsmaßnahmen gäbe oder ob in der Nähe Polizeidienststellen seien.

Rudi ist mittlerweile eingeschlafen. Mir läuft es eiskalt den Rücken runter. Über all die Jahre habe ich mich im Westen unantastbar und sicher gefühlt. Ich war überzeugt, dass mir nichts passieren kann. Von einer konkreten Gefährdung bin ich nicht ausgegangen. Höchstens bei unseren Auslandsreisen in den Osten, aber die waren durch die Offiziellen der Vereine abgesichert. Auch auf West-Berlin hatte ich nie so richtig Bock. Ich habe immer gesagt, dass ich aufpassen muss, dass mir niemand eine Pille ins Glas wirft und ich dann am Alexanderplatz wieder aufwache. Aber bei mir zu Hause? Das habe ich mir beim besten Willen nicht vorstellen können. Ich wäre nie auf den Gedanken gekommen, dass die Stasi darüber nachdenken könnte, mich per Spedition als Paket zurück in die DDR zu holen. Zurückzuführen.

Was bin ich froh, dass die nächsten Seiten eher leichtere Kost bieten, ja sogar so etwas wie leichte Unterhaltung. Ich lese den mündlichen Bericht von IM „Klaus Müller“ aus dem November 1981. Der Klaus kannte mich offenbar gut: Denn er schreibt, dass ich einem sehr unsoliden Lebenswandel gefrönt habe. Dass ich nächtelang nicht zu Hause geschlafen habe, dass ich fremdgegangen sei, regelmäßigen Kontakt zu undurchsichtigen Personen pflege und viel trinke. Außerdem sei ich in Sachen Geldausgeben leichtfertig gewesen. Da frage ich mich, weshalb Klaus nicht mal was gesagt hat? Einen solchen Freund hätte ich gebraucht. Stattdessen hat der feine Herr das alles der Staatssicherheit in Halle in mein Mutti-Heft diktiert.

Vielleicht träumte der IM aber auch von einer Karriere als Sportreporter oder Spielerberater. Aber Letzteres war damals noch gar kein Beruf. In jedem Fall orakelt er, dass ich bei meinem unmoralischen Lebenswandel bei der Eintracht in Frankfurt bald auf das Abstellgleis geschoben werde.

Laut loslachen muss ich, als sich IM „Klaus Müller“ wundert, dass ich aus für ihn „unerklärlichen Gründen“ keinen ausbaufähigen Kontakt suchte. Jetzt bin ich fast ein wenig stolz, dass ich dieser Spürnase nicht weiter auf den Leim gegangen bin.

Dann stoße ich auf seitenlange Abschriften von Telefonaten zwischen mir und meiner Familie. Damals war uns schon klar, dass diese ganz sicher mitgehört werden. Zumindest die meisten. Aber das war kaum von Bedeutung, denn letztlich redeten wir nur über belangloses Privates. Mit meinem Vater sprach ich fast die gesamte Zeit über Fußball. Er war super informiert, was die Ergebnisse und Spielverläufe anging. Wann immer er konnte, schaute er sich meine Spiele im Fernsehen an. Oder er hörte die Radio-Übertragungen. Manches Mal beschwerte er sich aber darüber, dass er den ganzen Abend vor dem Radio gesessen habe, ohne dass das Frankfurter Ergebnis vermeldet worden sei. Als hätte ich etwas dafürgekonnt, bekam ich seinen Unmut zu spüren.

Auch meine Mutter hat mir die Leviten gelesen. Sie beschwerte sich immer wieder, dass ich und Patricia zu selten schreiben würden. Oft ging sie der Postbotin schon entgegen, aber meist hatte sie nichts für sie. Ich lese aus den Mitschriften noch einmal heraus, wie schwer es ihr fiel, das Getrenntsein zu akzeptieren. Wie schwer es zu ertragen war, dass sie nach der Geburt ihrer ersten West-Enkelin nicht bei uns sein konnte. Dass sie nicht bei unserer Hochzeit dabei sein konnte. Da wurde meine Mutter schnell emotional. Einmal ließ sie sich sogar dazu hinreißen zu sagen, dass sie sich nie von mir lossagen werde. Dass könne niemand von ihr verlangen. Und wenn doch, dann würde sie eher einen Ausreiseantrag stellen. Aber ganz ehrlich: Das wäre das Letzte gewesen, was meine Mutter hätte machen wollen. Ihr Leben spielte sich in Polleben ab, nicht in Frankfurt, München oder sonst wo. Sie wollte nicht weg. Sie wäre nie in den Westen gegangen, höchstens wenn alle anderen ihrer Kinder mitgegangen wären. Aber das wollte niemand in meiner Familie – und konnte es auch nicht.

Privat haben wir offen gesprochen. Einmal ging es um einen Winterurlaub, den Patricia mit der Frau meines Freundes und Eintracht-Kameraden Wolfgang Trapp plante. Meine Mutter sagte ihr, dass sie keinen Mist bauen solle. Daraufhin meldete sich aber mein Vater aus dem Hintergrund, dass sie sehr wohl mal Mist bauen solle. Schließlich hätte ich das auch schon getan. Mist bauen ist hier ein anderes Wort für Fremdgehen.

Ab und zu fanden die Telefonate auch bei großen Familienfeierlichkeiten statt. Einmal anlässlich des Polterabends meines Bruders Hein, bei dem rund 100 Personen dabei waren. In einem Bericht der inoffiziellen Mitarbeiterin „Heike Müller" ist zu lesen, dass ein Telefonat mit mir etwa eineinhalb Stunden gedauert und sich eine regelrechte Schlange vor dem Apparat gebildet habe. Alles Familienmitglieder oder Leute aus Polleben, die mit mir sprechen wollten. Im Bericht heißt es, dass „ein großer Teil der Dorfbewohner regen Anteil an der Entwicklung des Norbert nimmt und alle genau Bescheid wussten über die Spiele der Bundesliga und insbesondere des Nachtweih." Komisch, war das in der DDR nicht verboten? Was da wohl los war, in der Provinz des Arbeiter-und-Bauern-Staates!

Interessant ist, dass ich mit der IM und ihrem Mann an diesem Abend auch noch im Rahmen des Gruppentelefonats gesprochen haben muss. Sie erwähnt in ihrem Bericht, dass ihr Mann mir die Frage stellte, ob ich denn den Staat, wo ich herkomme, schon vergessen habe. Meine Antwort gibt sie so wieder: „Da war der Norbert erst etwas verlegen, brachte aber dann zum Ausdruck, dass er öfter an seine Heimat, besonders an seine Freunde denkt." Ich finde, das hat der verlegene Norbert schön gesagt.

Oft ging es in den Telefonaten auch um die Westpakete, die ich geschickt hatte. Wir sorgten uns, dass alles ankommt. Obwohl ich damals auch Packzettel beilegte. Aber Packzettel, das verstand ich jetzt, schrieb die Stasi selbst. Da stand dann so etwas wie: „4 Packungen/36er Packungen Faserstifte, 4 Stück Tintenlöscher, 1 Packung Smacks, 1 Dose Nesquik, 500 Gramm Jacobs Kaffee, 2 Büchsen klare Fleischsuppe, 3 Paar getragene Halbschuhe, getragene Bekleidungsstücke." Laut Aktenlage wurde ich aber schlauer und habe später die Pakete mit überdurchschnittlich viel Klebeband versehen. Dies führte wiederholt dazu, dass die Pakete zur Wahrung der Konspiration, wie es so schön hieß, nicht geöffnet wurden. Sie wurden dann geröntgt. Manchmal wurden sie danach aber trotzdem geöffnet. Und mit einem handschriftlichen Aktenvermerk wie diesem versehen: „Inhalt: Genußmittel, 1 Skatspiel. Nachrichtendienstliche Mittel werden nicht festgestellt. Die Sendung wurde fotodokumentiert und im Originalklebeband an den Empfänger weitergeleitet."

Die Packzettel hätte ich mir also sparen können. Insgeheim hatte ich aber gehofft, in den Akten auch noch etwas zu meinen Schallplatten zu erfahren. Denn als ich nach der Wende das erste Mal zu Hause war, kurz nach Weihnachten 1989, waren sie nicht mehr zu finden. Die Alben von Mott the Hoople und Sweet haben wohl irgendwann neue Besitzer gefunden. Ich glaube, nicht innerhalb der Familie, sondern eher in meinem Freundeskreis. Aber auch das will ich nachträglich niemandem vorwerfen. Schließlich hatte ich mich ja aus dem Staub gemacht.

In den Akten stoße ich auch auf das UEFA-Cup-Spiel des FC Carl Zeiss Jena beim MSV Duisburg am 1. November 1978 im Wedau-Stadion. Den Bericht verfasste der IMV „Peter Gabriel". Das V im IM-Kürzel steht für eine Person, die in einem vorherigen Vorgang erfasst wurde und für die inoffizielle Mitarbeit gewonnen werden sollte. Festgehalten ist, dass das Gespräch mit dem Jenaer Spieler Gerd Brauer fünf Minuten dauerte. Wie gesagt, damals fuhren wir nach dem Spiel noch zum Mannschaftshotel, wo das kurze und furchtbar unspektakuläre Gespräch stattfand. Es ist sogar notiert worden, dass Jürgen und ich die Unterredung beendeten, da wir am nächsten Tag zum Vormittagstraining mussten.

Allerdings sind in den Akten auch einige komische andere Versionen enthalten. Darin heißt es immer wieder, dass wir zwei Stunden mit Gerd Brauer in unserem Auto gesessen hätten, um ihn zur Republikflucht zu überreden. Aber das hatten wir nicht ansatzweise vor. Offenbar ist das Schreiben der Stasi-Kreisdienststelle in Jena in Vergessenheit geraten, in dem das Treffen korrekt wiedergegeben ist. Vielleicht war die andere Version für die Beamten des Überwachungsstaates einfach spannender?

Klar ist, dass man sich sorgte, dass wir für andere Sportler aus der DDR zu Fluchthelfern werden könnten. Das zumindest ist für mich nachvollziehbar, denn zum einen haben Jürgen Pahl ich immer wieder den Kontakt zu den DDR-Teams gesucht. Zum anderen wollte es der Zufall, dass im Jahr 1979 mit Jörg Berger und Lutz Eigendorf gleich zwei gute alte Bekannte von uns in den Westen flüchteten. Jörg Berger war der Trainer der zweiten Mannschaft des Halleschen FC, wo Jürgen und ich zeitweise spielten. Lutz Eigendorf war wie gesagt unser Teamkamerad in der DDR-Juniorenauswahl und im Hotel in Bursa mein Zimmergenosse. Nur logisch, dass wir ins Visier geraten sind.

Inzwischen ist es später Nachmittag. Meine Frau Ilka ist nach Hause gekommen und hat nur mit dem Kopf geschüttelt, als sie den Aktenberg auf unserem Tisch gesehen hat. „Jetzt liest du es also", hat sie gesagt. Gar nicht vorwurfsvoll, eher bestätigend. Denn sie hatte mir seit Jahren geraten, Einsicht in die

Akten zu nehmen. Ich wollte nicht, habe mich immer wieder dagegen gesträubt. Sie meinte, dass ich es mir zu einfach mache. Dass ich Angst hätte, Dinge von Verwandten zu erfahren, die ich nicht wissen wollte. So viel konnte ich aber schon jetzt, nach einem Tag Recherche in zwei Dritteln des Aktenbergs sagen: Ich hatte recht. Aus meiner Familie ist keiner weich geworden. Die Nachtweih-Sippe hat zusammengehalten. So wie es uns zu Hause vorgelebt wurde. Trotz der Daumenschrauben, die insbesondere meine Eltern angelegt bekamen. Trotz der ganzen Abhörmaßnahmen, von denen am Ende jeder betroffen war, der mit mir zu tun hatte.

Aus der Sicht einer Westdeutschen ist das aber schwer zu verstehen. Während ich mich nur an die schönen Dinge meines Lebens in der DDR erinnere, sieht sie die ganze dunkle Seite: den Überwachungsstaat, die Misswirtschaft und die geschlossenen Grenzen. Falsch liegt sie damit nicht. Keine Frage, Meinungs- und Pressefreiheit gab es in der DDR nicht. Aber damit haben sich die Leute, wie ich es erlebt habe, arrangiert. Die meisten, die ich kannte, haben sich politisch einfach herausgehalten. Am 1. Mai wurde die rote Fahne aufgehängt und gut. Was viele ernsthaft gestört hat, war die fehlende Reisefreiheit. Im Urlaub immer an die Ostsee, ins Erzgebirge oder in den Thüringer Wald zu fahren, ist eben langweilig. Den Balaton oder andere internationale Ziele im sozialistischen Ausland konnte und wollte sich nicht jeder leisten. Ansonsten hat sich jeder in seiner kleinen Welt eingerichtet. Jeder hat versucht, Ärger zu vermeiden. Nochmal: Von der Staatssicherheit hatte ich bis zu meiner Flucht keinen Schimmer. Ich wusste zwar, dass es sie gibt und dass sie auch Ärger machen kann. Aber was die genau machen, wusste ich nicht. Uns wurde immer erzählt, dass sie die Existenz der Deutschen Demokratischen Republik vor dem imperialistischen Westen schützen. Die Herrschaften, die ich beim Halleschen FC Chemie vor den Auslandsreisen kennenlernte, kamen vordergründig nicht von der Staatssicherheit, sondern von der Partei. Aber so genau hat das eben auch keinen interessiert.

Allerdings muss ich dazu sagen, dass ich zum einen noch jung war, als ich geflüchtet bin. Und dass es mir aufgrund meiner sportlichen Erfolge, meines Einkommens und meiner Privilegien ausgesprochen gut ging. Wäre ich beispielsweise Künstler gewesen, hätte ich das Leben in der DDR sicher anders wahrgenommen. Hinzu kommt, dass die ostdeutsche Provinz damals mehr als abgehängt war. Noch heute frage ich scherzhaft, wenn ich zu Besuch bin, ob die Leute denn mitbekommen haben, dass die Mauer gefallen ist. In vielerlei Hinsicht haben die Menschen auf dem Land nach der Wende so weitergemacht wie zuvor. Vielleicht mit dem Unterschied, dass aus dem Desinteresse an der Politik aus den DDR-Zeiten eine weit verbreitete Unzufriedenheit geworden ist. Die meisten sind mittlerweile im Urlaub auf Mallorca, in Österreich oder in Italien gewesen. Aber viele haben nach der Wende auch schwere Zeiten durchgemacht. Viele wurden arbeitslos. Nicht wenige von denen, die in meinem Alter sind, erlebe ich bei meinen Besuchen verbittert und irgendwie gelangweilt. Ohne Antrieb, ohne Feuer. Dass sich viele von ihnen die DDR zurückwünschen, kann meine Frau Ilka aus ihrer Perspektive nicht verstehen. Ich kann es nachvollziehen, auch wenn ich es anders sehe. Aber ich habe eben auch die Welt gesehen.

Am Abend habe ich nicht weitergelesen. Dafür geht es anderntags weiter. Zum Training muss ich heute erst am Nachmittag, den Rest sollte ich bis dahin also schaffen. Stehen geblieben war ich bei Jörg Berger und Lutz Eigendorf. Beide sind tot. Beide, auch wenn ich das mit einem gewissen Vorbehalt sage, hat die Staatssicherheit auf dem Gewissen. Ob ich dafür Belege finde? Sicher nicht, vollkommen doof waren die Stasileute nicht.

Allerdings erweisen sich manche Akten als stümperhaft. Eine mit brisantem Inhalt fällt mir allein deshalb auf, weil dort konsequent auf Großschreibung verzichtet wird. Aber egal, vielleicht musste es schnell gehen. In dem Dokument ist festgehalten, dass Jürgen Pahl und ich das Freundschaftsspiel zwischen dem 1. FC Kaiserslautern und dem BFC Dynamo Berlin besucht haben. Dort sollen wir vergeblich versucht haben, zu den BFC-Spielern Kontakt aufzunehmen. Diese Information hat ein inoffizieller Mitarbeiter einem Gespräch mit meinem Vater entnommen. Soweit stimmt das auch. Ich weiß noch, dass wir aus Kaiserslautern zurückgefahren sind und dann überrascht waren, dass gerade Lutz abgehauen sein soll. Die Geschichte von seiner Taxifahrt von Gießen zurück nach Kaiserslautern machte die Runde. Wir sind gleich darauf noch einmal nach Kaiserslautern gefahren, um Lutz unsere Hilfe anzubieten. In der Stasiakte steht, dass der Eigendorf diese abgelehnt habe. Tatsächlich hat Lutz damals sein eigenes Ding gemacht, aber er wusste, dass er sich immer an Jürgen und mich wenden konnte. Bis zu seinem Tod haben wir uns ab und an mal getroffen, aber er wollte keine Ratschläge annehmen. Allen voran, was seine politischen Äußerungen betraf. Ich bin davon überzeugt, dass sein „Unfall" die Quittung für seine Auftritte in den West-Medien war. Die Stasi wollte es sich nicht gefallen lassen, dass über die DDR so im Westen berichtet wird. Zumal diese Äußerungen im Arbeiter-und-Bauern-Staat noch ganz anders wahrgenommen wurden als in der BRD. Die haben dort eine wesentliche größere Wirkung entfaltet.

Jürgen Pahl und ich hatten uns nach unserer Flucht auf zwei Dinge verständigt: Wir wollten die ersten Jahre zusammen bei einem Verein bleiben und uns gegenüber den Medien zu keiner Aussage hinreißen lassen, die als Kritik an der DDR verstanden werden konnte. An dieser Devise habe ich immer festgehalten. Heute lese ich, dass das auch so registriert wurde. Schon in einem „Abschlussbericht zum operativen Material Nachtweih, Norbert" steht, dass keine Hinweise bezüglich politischer Hetze in den BRD-Massenmedien zu finden seien. Meine Motivation zur Republikflucht sei materiell motiviert gewesen. Zitat: „Es ging Nachtweih dabei vor allem um das Streben nach übermäßigem finanziellen Reichtum."

In den Akten aus dem Jahr 1979 finde ich auch die Einschätzung, dass Jürgen und ich nicht aktiv an der Abwerbung von Eigendorf und Berger beteiligt waren. Zitat aus einem Telegramm der Stasi-Bezirksverwaltung Halle an das Ministerium für Staatssicherheit in Berlin: „Es konnte lediglich nachgewiesen werden, daß alle Personen untereinander Kontakte unterhalten bzw. unterhalten haben."

Allerdings finde ich als Nächstes wieder ein Schreiben, in dem im Januar 1980 erwogen wurde, einen geeigneten IM an Patricia „anzuschleusen". Mit dem Ziel, herauszubekommen, ob noch weitere Fußballer angeworben werden sollen. Denn laut diesem Schreiben gibt es einen Bericht, in dem stehen soll, dass Jürgen und ich Lutz Eigendorf doch abgeworben hätten. Na, was denn jetzt? Ich habe das Gefühl, dass all die verschiedenen Stasi-Dienststellen in Berlin, Halle, Gera und in der Provinz manchmal selbst nicht wussten, was sie glauben sollten und wollten. In jedem Fall ist mir nicht bekannt, dass Patricia in dieser Phase von einem neuen netten Bekannten erzählt hat. Die Maßnahme hat es also wahrscheinlich nicht gegeben.

In meinen Akten taucht herzlich wenig zu Jörg Berger auf. Dabei wohnte er nach seiner Flucht im März 1979 über Wochen bei Patricia und mir. Er machte uns mit seiner nervösen Art wahnsinnig. Lustig ist, dass in den Dokumenten von Streitigkeiten zwischen Patricia und ihm die Rede ist. Ich kann mich daran nicht erinnern. Aber wer weiß, vielleicht wusste die Stasi mehr. Jörg Berger kann ich nicht mehr fragen. Im Juni 2010 erlag er seinem Krebsleiden. Er hat nie einen Hehl daraus gemacht, dass er glaubte, von der Stasi mit Blei vergiftet worden zu sein. Ich finde in meinen Akten keinerlei Hinweise darauf. Aber es sind schließlich meine Akten. Das heißt, die Informationen darin beziehen sich auf mich, nicht auf Dritte. Vieles, was andere Menschen betrifft und was inhaltlich nicht direkt mit mir in Verbindung steht, bekomme ich gar nicht zu lesen.

Eine weitere Überraschung erlebe ich, als ich eine sogenannte Berichtigungsmitteilung vom 6. Juli 1982 finde. Darin steht schwarz auf weiß, dass mir rückwirkend zum 1. Juli meine Staatsbürgerschaft aberkannt wurde. Davon hatte ich noch nie etwas gehört, zumal dies eigentlich weitreichende Folgen gehabt hätte. Nicht nur bei den vielen Auslandsreisen mit Bayern München, bei denen mein – dann wohl auch ungültiger – DDR-Personalausweis beim Ein- und Auschecken nichts mehr wert gewesen sein dürfte, was ja wenigstens in den sozialistischen Bruderstaaten hätte auffallen müssen. Und ich will das Thema gar nicht wieder aufkochen, weil ich selbst gar nicht so richtig wollte: Aber hätte ich als dann Staatenloser eigentlich für die Nationalmannschaft der BRD spielen können? Ich habe keine Ahnung.

Beruhigend ist in diesem Zusammenhang, dass die Staatssicherheit auch nicht alles wusste. Bei weitem nicht. Insbesondere mit meinem Wechsel zum FC Bayern München wird der Aktenbestand auffällig dünn. Nichts taucht zum Beispiel zu meinem Kontakt mit dem Buchhändler und Republikflüchtling

Paul Puppe auf. Er hatte für mich viel Bargeld zu meiner Familie nach Polleben transportiert. Davon hatten sie offenbar keinen Schimmer. Keine Ahnung hatten sie auch von dem Besuch meiner Geschwister Katrin und Hein in Bratislava. Dabei hätte ich die beiden mit dem Bayern-Mannschaftsbus fast mit über die Grenze nach Österreich genommen.

Eine gewisse Aufregung gab es allerdings 1986, als die drei Handballnationalspieler in Klaus Augenthalers Partykeller auftauchten. In den Akten steht dazu: "Nachmalig trat Nachtweih negativ in Erscheinung bei den Rückführungsmaßnahmen zu den drei Rostocker Handballspielern im November 1986 in München-Schwabingen. Durch seine Aktivitäten verhinderte er die mögliche Rückführung einer dieser Handballspieler."

Folgen hatte dies für mich nur indirekt. Aber dennoch waren sie schmerzvoll. Trotz des Einreiseverbots für Patricia, das 1980 verhängt worden war, und den stetigen Ablehnungen der Gesuche meiner Eltern um einen Kurzbesuch versuchten jene es immer wieder. Ich habe sie dabei nach Kräften unterstützt. Weil ich wusste, wie wichtig es für meine Mutter war, dass wir uns noch einmal sehen. Am Telefon wurde sie teils sehr emotional. So sehr, dass sich in den Abhörprotokollen sogar das Wort Suizidabsicht findet. Jedenfalls hatte meine Mutter irgendwann in den 80ern die Hoffnung auf ein Wiedersehen verloren. Auch deshalb nutzte ich den guten Draht des FC Bayern München zu Edmund Stoiber, den damaligen Leiter der Bayerischen Staatskanzlei. Der ließ 1988 über Bundeswirtschaftsminister Martin Bangemann ein Gesuch übergeben, in dem von hoher Stelle darum gebeten wurde, die Genehmigung für eine Besuchsreise meiner Eltern zu erteilen. Intern wurde eifrig diskutiert, wie aus den Schreiben in meiner Akte hervorgeht. Unter anderem hat die Stasi-Bezirksbehörde in Halle dafür gestimmt, allerdings verweigerte Erich Mielke, der Minister für Staatssicherheit, am 7. Juli 1989 dem

Antrag persönlich seine Zustimmung. Dass meine Eltern ein paar Monate später gemeinsam mit mir in Cannes auf das Mittelmeer schauen würden, konnte sich damals niemand vorstellen.

Nun ist es Mittag. Rudi muss raus und ich auch. Aber ich freue mich auf das große Finale meiner eineinhalbtägigen Reise in meine eigene Geschichte. Denn ganz bewusst hatte ich alle Unterlagen zur Flucht in Istanbul auf einen extra Stapel gelegt, ohne sie mir näher anzuschauen. Denn wenn mich eine Frage beschäftigt hat, in den all den Jahren, dann die, weshalb in der Türkei kein Zugriff auf uns erfolgte. Ich erzählte ja bereits, wie naiv und leichtsinnig wir nach der Taxi-Fahrt zum Hotel des Amerikaners, nach den Besuchen im amerikanischen Konsulat, beim türkischen Geheimdienst und letztlich im Konsulat der Bundesrepublik in der Metropole am Bosporus unterwegs waren. Wie wir nach ein paar Tagen am Taksim-Platz einen kleinen Menschenauflauf vor einem Schaufenster sahen. Als wir uns näherten, stellten wir fest, dass die Leute vorm Aushang einer Zeitung standen, in der wir groß als Flüchtlinge abgebildet waren. Erst danach wurden wir zu einem Pfarrer in die Außenbezirke verlegt und damit aus der direkten Schusslinie gebracht. Für mich ist es die Frage meines Lebens: Warum gab es dort keinen Zugriff? Sie hätten unsere Flucht doch so einfach beenden können.

Eines vorweg: Ich hatte Glück. Glück, dass mir am 3. November 1976 um 15.10 Uhr in der Bezirksverwaltung der Staatssicherheit in Halle eine Bewährung gewährt wurde. Sonst hätte ich an der Reise am 14. November 1976 von Ost-Berlin zum Junioren-Länderspiel im türkischen Bursa nicht teilnehmen können. In Halle wurde meiner Ausreise zugestimmt, weil sie offensichtlich noch ein wenig an mich geglaubt hatten. In erster Linie an meine fußballerischen Fähigkeiten. Allerdings haben sie mir nicht ganz über den Weg getraut. Deshalb wurde das Ministerium für Staatssicherheit in Berlin gebeten, eine inoffizielle Einschätzung über meine Verhaltensweisen während dieser Auslandsreise zu liefern. Wie gesagt, ich war auf Bewährung.

Was war passiert? Nicht viel. Zu diesem Schluss komme ich, wenn ich mir den Auskunftsbericht der Hauptabteilung XX vom 18. November 1976, also zwei Tage nach meiner Flucht, anschaue. Darin heißt es, inklusive aller Rechtschreibfehler: „In sportlicher Hinsicht gehörte Nachtweih in den Jahren 1974/75 der DDR UEFA-Auswahl bzw. danach der Nachwuchsauswahl unter 21 Jahre an. Er wahr mehrfach im NSA (damit ist das nichtsozialistische Ausland, also der Westen gemeint) eingesetzt. Hinweise über negative Verhaltensweisen des Nachtweih im NSA wurden bisher nicht festgestellt."

Allerdings wird mir angekreidet, dass ich, wenn man von der positiven fußballerischen Entwicklung absieht, in gesellschaftspolitischer Hinsicht ein mangelhaftes Interesse an aktuellen politischen Problemen zeige. Zudem seien erhebliche Mängel und Schwächen in moralischer Hinsicht vorhanden, was sich vor allem an reichlichem Alkoholgenuss und mehrmals wechselnden Frauenbekanntschaften zeige.

Das eigentliche Problem hatte aber nur indirekt mit mir zu tun. Zwischen Mai und Juli 1975 war ich nach Aktenlage an mehreren Schlägereien beteiligt. Eine dieser Auseinandersetzungen habe im Juli 1975 wegen vorsätzlicher Körperverletzung zu Strafanzeigen gegen meinen Bruder Uwe und mich geführt. Eingehende Überprüfungsmaßnahmen hätten ergeben, dass diese negativen Verhaltensweisen auf den negativen Einfluss meines Bruders zurückzuführen seien. Außerdem hatte man notiert, dass es einen familiären Kontakt zu einer Person im Westen gab, den ich aber auf Hinweis der Behörde beendete. Das hat mir Pluspunkte eingebracht, genauso wie die positive politische Einstellung meiner Eltern zur DDR.

Mein lasterhaftes Verhalten und die Beteiligung an den Schlägereien führten dazu, dass ich 1975 nicht als Sportreisekader eingestuft wurde. Da ich mir aber in der Zwischenzeit offiziell nichts hatte zuschulden kommen lassen, wurde ich, wie ich es heute nenne, begnadigt. Wie knapp das war und wie lückenlos ich beobachtet wurde, wusste ich zu dieser Zeit allerdings nicht. Schon gar nicht, als wir in der Türkei waren.

Auch ohne die Flucht hätte dies meine letzte Reise für die DDR ins nichtsozialistische Ausland sein können, weil ich in Bursa mal wieder gegen Regeln verstoßen hatte. Nicht bezüglich Alkohol oder Frauenbekanntschaften, sondern wegen eines Gesprächs mit einem Amerikaner und der unerlaubten Verlängerung des abendlichen Ausgangs. Unser Delegationsleiter hatte uns im Hotel zusammengestaucht, als er uns nach 22 Uhr noch in der Bar antraf. Es fiel der Satz: „Das hat Konsequenzen."

Um es zusammenzufassen: Ich hatte großes Glück, in Bursa überhaupt dabei gewesen zu sein. Glück, dass sie mir die Reisegenehmigung nicht einfach verweigert haben. Aber das beantwortet immer noch nicht die Frage, die ich mir seit Jahren stelle. Also wühle ich mich weiter durch die letzten Akten, die noch auf dem Wohnzimmertisch liegen. Der Stapel ist knapp fünf Zentimeter hoch.

Ich lese Protokolle, die in mir ein schlechtes Gewissen aufkommen lassen. Denn ich weiß heute, was ich eigentlich auch damals wusste, dass meine Entscheidung zu fliehen für andere Menschen ernste Konsequenzen hatte. Aus einer Stellungnahme unseres Delegationsleiters Müller klingt pure Verzweiflung. Verzweiflung, dass er aus der Sache nicht mehr rauskommt.

Es geht konkret um die für Jürgen Pahl, Burkhard Pingel und mich entscheidenden Minuten unseres Lebens. Mit dem Mannschaftsbus sind wir gerade beim großen Basar in Istanbul angekommen, wo wir zwei Stunden Zeit haben, um für unser Taschengeld ein paar Mitbringsel zu kaufen. Jürgen und ich setzen uns aber mit Burkhard ein wenig von der Gruppe ab, um ihm von unserer Chance zu berichten, mit Hilfe des Amerikaners zu flüchten. Wir wollen unser Taschengeld für ein Taxi ausgeben, um damit zum Hotel des Amerikaners zu fahren. Der hatte versprochen, dann für den Rest zu sorgen.

In der Stellungnahme von Delegationsleiter Müller heißt es: „Pahl und Nachtweih verließen trotz gegebener Hinweise disziplinlos die Gruppe ihres Kollektivs um auf eigene Faust ‚etwas zu erleben': sie könnten dabei wegen fehlender Möglichkeit sich auszuweisen (Reisepässe befinden sich beim Delegationsleiter) irgendwo festgehalten sind, oder sie verrieten das Kollektiv und verließen es vorbereitet um anderweitig sportlich tätig zu werden." Diese ungelenken Worte zeugen für mich davon, wie aufgeregt unser Delegationsleiter war. Offenbar hat er versucht, deutlich zu machen, dass er sich nichts hat zuschulden kommen lassen. Das heute zu lesen, fühlt sich beschissen an.

In einem Schreiben vom Leiter der Bezirksverwaltung, einem Oberst Schmidt, steht, dass Jürgen, Burkhard und ich nach dem Absetzen von der Gruppe ein Lederwarengeschäft aufgesucht hätten. Als Begründung dafür gibt Burkhard zu Protokoll, dass Jürgen und ich keine Lust auf den Basar gehabt hätten. Wir hätten Tee angeboten bekommen. Jürgen und ich hätten uns dann bei dem Ladenbesitzer, der etwas Deutsch gesprochen habe, nach dem Preis für eine Stadtrundfahrt mit einem Taxi erkundigt. Burkhard sagt, dass er kein Interesse an so einer Stadtrundfahrt gehabt habe. Jürgen und ich seien deshalb allein gefahren. Seitdem habe er keinen Kontakt mehr zu uns gehabt.

Dies war also Burkhards offizielle Version, die er am 18. November, also zwei Tage nach unserer Flucht, im Rahmen einer Befragung in Halle zu Protokoll gegeben hatte. Auf Nachfrage hat er beteuert, von unserem ungesetzlichen Fernbleiben und möglichen Motiven keine Kenntnisse gehabt zu haben. Ich weiß von ihm, dass er Wochen, Monate und sogar Jahre später immer wieder befragt wurde. Und ich weiß, dass die Stasi an ihm ein Exempel statuiert hat.

Laut der Stellungnahme von Delegationsleiter Müller hat er die Handelsvertretung der DDR in Istanbul informiert. Ein Handelsattaché nahm am Flughafen die Reisepässe und Flugtickets von Jürgen und mir entgegen. Er sicherte zu, die Botschaft und die türkischen Polizeibehörden zu informieren und „alles zu tun, um nach dem eventuellen Verbleib der beiden DDR-Spieler zu forschen".

In Halle haben nach der Rückkehr der Mannschaft gleich mehrere Personen ihre Posten verloren. Der Vereinsvorsitzende und Günter Hoffmann, der Trainer der ersten Mannschaft. Sicher auch der Delegationsleiter Müller. Da mussten einfach Köpfe rollen. Anders funktionierte das System nicht. Mein früherer Trainer Günter Hoffmann, der sogenannte „Hopser", hat mich Jahre später mal besucht. Ohne Groll. Wir haben uns gut unterhalten, was mich sehr gefreut hat. Das war nicht selbstverständlich, zumal auch die anderen mitbekommen haben, was sie mit Burkhard gemacht haben.

In Istanbul gab es dann laut Aktenlage noch einen kleinen Kampf der Systeme, von dem ich bis heute nur ahnte, dass es ihn gegeben haben könnte. Jürgen und ich hatten zumindest das Gefühl, dass wir in dem NATO-Mitgliedstaat Türkei nicht davon ausgehen mussten, an die DDR oder sogar die Sowjetunion ausgeliefert zu werden. Die entscheidenden Gespräche wurden offensichtlich in Ankara geführt, wo die Diplomaten der BRD und der USA befürchteten, dass die türkischen Behörden unser Asylgesuch ablehnen könnten. Zitat: „Diese Befürchtung hat insofern einen realen Hintergrund, da die türkische Regierung beim gegenwärtigen Stand der Entwicklung der bilateralen Beziehungen zur DDR eine Verhärtung zu vermeiden sucht."

Tatsächlich, so geht es aus den Stasi-Dokumenten hervor, machte der namentlich nicht genannte BRD-Diplomat mit

Unterstützung seines amerikanischen Partners allen Einfluss auf die Vertreter des türkischen Außenministeriums geltend, um die Überantwortung in die Hände der BRD-Vertretung zu gewährleisten.

Jürgen und ich hatten also Schutzengel. Oder besser gesagt: durchsetzungsstarke Diplomaten, die sich sehr für uns eingesetzt haben. Sonst wären wir vielleicht nicht Tage später mit dem Flieger in München gelandet, sondern in Ost-Berlin oder irgendwo in der sowjetischen Taiga.

Aber beantwortet das auch die Frage, weshalb wir in den Tagen von Istanbul im Grunde freies Geleit hatten? Eher nicht. Denn gerade ich bin mit meinen langen hellblonden Haaren im November 1976 in Istanbul sehr aufgefallen. Da wir abends den Schutz des Pfarrhauses, das wir eigentlich nicht verlassen sollten, dennoch für ein paar Bierchen aufgaben, waren wir leichte Ziele. Hatte es wirklich genügt, dass wir die diplomatische Unterstützung aus der BRD und den USA besaßen?

Nein, da war noch etwas mehr. Inzwischen weiß ich, dass es einen historischen Zufall gab. Genau am Tag unserer Flucht, am Dienstag, den 16. November 1976, herrschte in Ost-Berlin eine Lage, die viel Aufmerksamkeit beanspruchte. Insbesondere von Stasi-Chef Erich Mielke, aber auch von nachrangigen Entscheidungsträgern des Ministeriums für Staatssicherheit. Denn an dem Tag, an dem Jürgen und ich in Istanbul die Chance unseres Lebens beim Schopfe packten, gab die DDR den Beschluss bekannt, den Liedermacher Wolf Biermann mit sofortiger Wirkung auszubürgern, ihm also die Staatsbürgerschaft zu entziehen. Ab nachmittags in den stündlichen Nachrichtensendungen des DDR-Rundfunks und später in der Hauptnachrichtensendung des DDR-Fernsehens „Aktuelle Kamera“ wurde der immergleiche Wortlaut verlesen: „Die zuständigen Behörden der DDR haben Wolf Biermann, der 1953 aus Hamburg in die DDR übersiedelte, das Recht auf weiteren Aufenthalt in der

Deutschen Demokratischen Republik entzogen." Die Nachricht schlug im In- und Ausland hohe Wellen. Umgehend wurde in der DDR außergewöhnlich öffentlich geäußerter Protest von zahlreichen Intellektuellen laut, und auch außenpolitisch sorgte die Entscheidung für diplomatische Turbulenzen. Der Musiker, der wohl wie kaum ein anderer an die Idee des Arbeiter-und-Bauern-Staates glaubte, gab Jürgen und mir im übertragenen Sinne Sperrfeuer. In jedem Fall benötigte Biermanns inszenierte und vorbereitete Ausbürgerung viel Aufmerksamkeit. Vielleicht genau so viel, dass sich um die mutmaßliche Republikflucht von zwei unbekannten Junioren-Nationalspielern aus Halle an der Saale niemand so recht kümmerte.

Gemocht habe ich Biermanns Musik nie. Den Typen, der in die andere Richtung geflohen war, habe ich nicht verstanden. Oder ich wollte ihn nicht verstehen. Schließlich war sein Metier die Politik, mit der ich eben nichts zu tun haben wollte. Schon lustig, dass er für uns offenbar zum Fluchthelfer geworden ist.

Ich bin überzeugt davon, dass die DDR-Führung und ihr Sicherheitsapparat in diesen Novembertagen überfordert waren. Im Vergleich zu Biermann waren wir die deutlich kleineren Lichter. Wir waren keine A-Nationalspieler oder international bekannte Superstars. Wir waren der Norbert aus Polleben und der Jürgen aus Teuchern. Zwei Typen, mit denen sich dann über zehn Jahre mindestens zehn inoffizielle Mitarbeiter, verschiedene Majore, Oberstleutnante und wie sie sich alle bei der Stasi so nannten, herumschlagen mussten.

Zwei ganze Tage, nur unterbrochen durch ein bisschen Schlaf, die Mahlzeiten und ein paar Hunderunden habe ich jetzt investiert. Investiert, um wichtige Zusammenhänge zu verstehen. Und was steht also unterm Strich. Kurz gesagt: In den entscheidenden Tagen unseres Lebens hatten mein Freund Jürgen und ich einfach Glück.

War unsere erfolgreiche Flucht also ein großer Zufall? Einer der Lieblingssätze meines Mitflüchtlings lautet bis heute: „Norbert, ich glaube nicht an Zufälle." Vielleicht hat Jürgen recht. Über 150 Bundesliga-Spiele hat er für die Eintracht gemacht. Gemeinsam haben wir 1980 den UEFA-Cup gewonnen. Er ging 1987 in die Türkei, zu Rizespor, wo er noch 60 Spiele in der Süper Lig bestritt. Dort hätte er den Mauerfall fast verschlafen. Nach der Wende führte ihn die Liebe nach Weißenfels. Er ist in der ehemaligen DDR aber nicht lange geblieben. Stattdessen wanderte er Mitte der 1990er-Jahre nach Südamerika aus. Er war Hotelier, Kneipier, Trainer, Gründer einer Fußballschule und was weiß ich noch. Kontakt haben wir nur noch ab und an mal über WhatsApp. Er liebt lange Sprachnachrichten. Ich nicht. Aber ich weiß, dass ich ihm immer dankbar sein werde. Denn allein wäre ich in Istanbul das Risiko niemals eingegangen. Danke, Torro, mein Freund!

Zu Burkhard Pingel habe ich leider auch wenig Kontakt. Uns ist das Leben dazwischengekommen. Aber ich weiß, dass er beruflich sehr erfolgreich war. Heute ist er, wie ich höre, häufig in seinem Haus an der Ostsee. Ich denke oft an unsere Zeit und unsere Freundschaft. Und daran, dass auch er im Westen hätte Karriere machen können. Aber es kam eben anders.

Zu meiner Familie in Polleben habe ich immer noch einen sehr guten Draht. Mit meinen Geschwistern, deren Partnern, Partnerinnen oder auch deren Kindern telefoniere ich häufig. Meistens alle paar Wochen sonntags. Dann ist einer nach dem anderen dran. Katrin, meine kleine Schwester. Die mich noch als Kind fragte, ob man mir meinen Dialekt weggenommen hätte. Uwe, mein großer Bruder, der immer noch kein Freund großer Worte ist, aber das Herz am rechten Fleck trägt. Und Jutta, meine große Schwester, die immer ein Auge auf mich hatte. Bis heute. Nur mein Bruder Hein hat sich irgendwann von der Familienbande losgesagt. Das ist schade. Zumal er in der Nähe von Frankfurt lebt. In Polleben ist inzwischen meine Nichte Maja in mein Elternhaus eingezogen. Wenn ich alle zwei Jahre mal da bin, treffen wir uns dort. Häufiger kommt es dazu nicht mehr. Was nicht bedeuten soll, dass ich nicht an Polleben hänge. Ich liebe die Region, die Menschen und vor allem meine Familienangehörigen sehr.

Am 16. November 1976 musste ich mich entscheiden. Entweder für das eine Leben – oder das andere. Für eine von zwei Welten.

Ich würde alles wieder genauso machen.

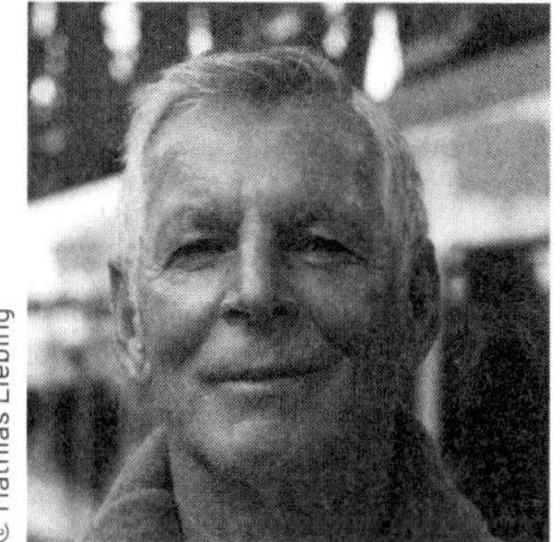

© Mathias Liebing

ZUM AUTOR

Norbert Nachtweih, geboren 1957 in Sangershausen, spielte in der DDR-Oberliga bei FC Chemie Halle, bevor er 1976 in den Westen floh. Mit Eintracht Frankfurt wurde er 1981 Pokalsieger, später wechselte er zum 1. FC Kaiserslautern und zu FC Bayern München, wo er die Deutsche Meisterschaft und den DFB-Pokal gewann. Im Rahmen seiner Autobiografie nahm er erstmalig Einblick in seine Staslakte.

IMPRESSUM

Projektkoordination: *Dr. Marten Brandt*
Layout und Satz: *Datagrafix GSP GmbH, Berlin | www.datagrafix.com*
Gestaltung von Umschlag und Bildstrecke: *Groothuis. Gesellschaft der Ideen und Passionen mbH | www.groothuis.de*
Lithografie: *Frische Grafik, Hamburg*
Druck und Bindung: *GGP Media GmbH, Pößneck*

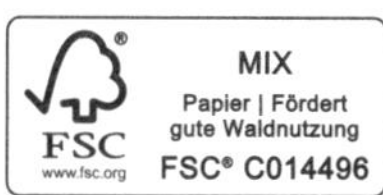

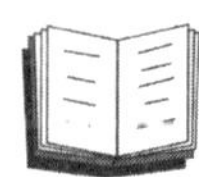

1. Auflage 2024

Neumühlen 17
D-22763 Hamburg
ISBN: 978-3-98588-091-1

LIEBE LESERINNEN, LIEBE LESER

wie schön, dass Sie ein Buch von EDEL SPORTS lesen! Wir lieben große Geschichten, herausragende Persönlichkeiten und starke Meinungen aus der faszinierenden Welt des Sports und freuen uns sehr, dass Sie diese Leidenschaft mit uns teilen. Sport ist Emotion, Entertainment und Business zugleich. Geben Sie uns gern Ihr Feedback auf Instagram (@edel.sports) oder schreiben uns an: *info@edelsports.com*

UNSER VERLAGSHAUS

Mit Standorten in Hamburg und München zählt die Edel Verlagsgruppe zu den größten unabhängigen Buchanbietern Deutschlands. Zur Gruppe gehören die Verlage Dr. Oetker Verlag, Edel Sports, KARIBU und ZS.

EDEL Sports – Ein Verlag der Edel Verlagsgruppe
www.edelsports.com
www.instagram.com/edel.sports

EUROPAMEISTER, WELTEN-BUMMLER, LEBENSKÜNSTLER

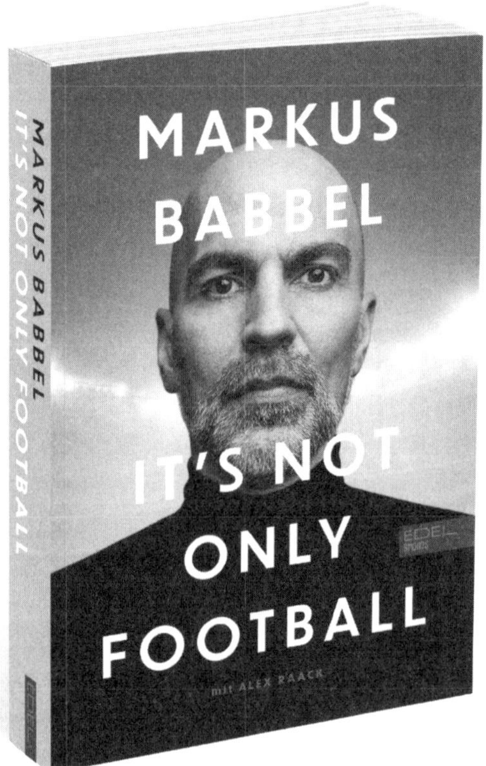

Markus Babbel
It's not only Football

ISBN 978-3-98588-043-0

Mehr als nur Fußball: eine ungewöhnliche Lebensgeschichte

DIE WUNDERBARE WELT DES FUSSBALLS

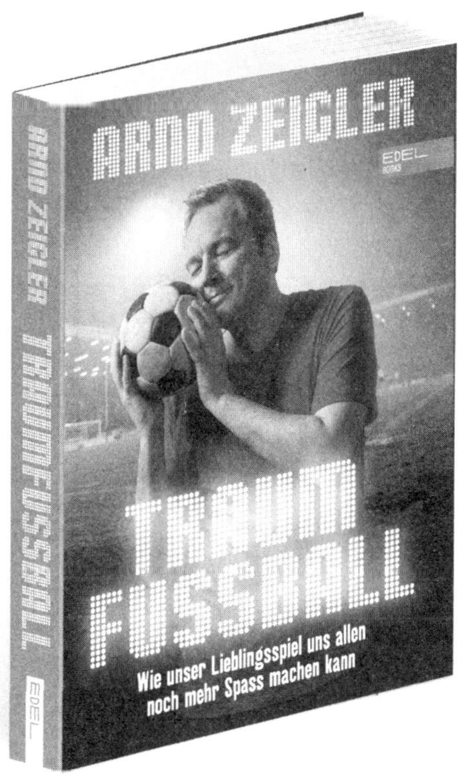

Arnd Zeigler
Traumfußball

ISBN 978-3-98588-092-8

Geschichten, Fundsachen, Sammelbilder: eine Liebeserklärung